전후 중국경제사
(1945-1949)

전후 중국경제사
(1945-1949)

김지환

고려대학교출판부
KOREA UNIVERSITY PRESS

책머리에

蔣介石 국민정부는 왜 패하였을까? 왜 중국공산당에게 패권을 넘겨주고 臺灣으로 패퇴할 수밖에 없었을까? 이 문제는 중국현대사를 전공하는 연구자들의 공통되는 관심사이며, 이 문제에 대한 답을 얻는 것이 연구의 지향점이라고 해도 과언이 아닐 것이다. 사실 이 책 역시 이 문제에 대한 관심으로부터 출발한다. 이 책에서는 蔣介石의 결정적인 패인을 국민정부의 계급적 기초이자 최대의 지지자라고 할 수 있는 공상자본가들의 이탈과 지지 철회에서 찾고 있다. 그렇다면 왜 이러한 사태까지 몰리게 된 것일까?

이 책에서는 이와 같은 자본가들의 정치적 이반은 국민정부가 시행한 경제정책과 불가분의 관계가 있다고 본다. 따라서 경제정책의 내용과 성격, 그리고 이에 조응하는 자본가들의 대응과 상호관계를 분석함으로써 蔣介石 국민정부의 패퇴와 中華人民共和國의 수립의 단서를 경제사적 시각에서 찾아보고자 하는 것이 이 책의 주요한 목적이라고 할 수 있다. 이러한 맥락에서 보자면 이 책의 대제목을 '蔣介石은 왜 패하였는가' 혹은 '국민정부의 경제정책과 자본가의 정치 동향'이라고 붙이는 것이 어쩌면 가장 적절할지도 모르겠다.

그러나 국공내전의 과정에서 蔣介石 국민정부가 패퇴하고 중화인민공화국이 수립된 것은 수 십년의 역사적 격변과 역정 끝에 마침내 도달한 종국점이라고 할 수 있을 것이다. 따라서 단기간으로 한정하여 제기한 문제에 대한 해답에 접근하거나 재단하는 일은 대단히 무리가 될 수 있다고 여겨진다. 더욱이 위에서 제기한 문제는 국공 간의 군사장비와 사기 등 군사적 우열, 동아시아 국제 정세를 둘러싼 열강 간의 세력 관계 및 중외 관계, 항일전쟁과의 관계, 국민의 지지, 중국 사회에 대한 자본주의와 사회주의 사이의 현실성과 이념적 효용성 등 정치, 경제, 군사, 사회, 문화, 사상 등 각 방면에 걸쳐 세밀히 분석할 때 비로소 문제에 대한 완정한 해답이 도출될 수 있을 것이다. 이러한 이유에서 이 책의 제목을《전후 중국경제사(1945-1949)》로 하여 이 문제에 대한 경제적 측면의 단서를 제공하는 데 만족하려 한다.

1945-1949년은 종국점에 도달하는 과정에서 결정적인 시기가 아닐 수 없으며, 따라서 이 시기의 연구는 매우 중요한 의미를 지닌다고 할 수 있다. 또한 국민정부와의 관계에서 특별한 의미를 갖는 공상자본가의 동향은 정부의 경제정책과 불가분의 관계를 가질 수밖에 없다는 점에서 이 시기 국민정부의 경제정책과 이에 대한 자본가의 동향을 살펴보는 일은 각별한 의미를 지닌다고 생각된다.

물론 여기에서 국민정부와 자본가들과의 관계를 모두 살펴보는 일은 불가능한 일이며, 따라서 주로 당시 최대의 공업부문이라고 할 수 있는 방직공업에 초점을 맞추고자 한다. 지금은 전자공업이나 항공산업, 컴퓨터산업, 심지어 우주산업에 이르기까지 다양하고 방대한 규모로 공업이 발전하고 있지만, 1949년 이전까지만 하더라도 방직공업은 전체 공업의 50-60% 정도의 비중을 차지하여 대표성을 가질 수 있다고 본다.[1] 지역적으로는 上海에 초점을 맞추고 있는데, 上海는 대표적인 공업도시로서 시기에 따라 차이가 있기는 하지만 중국 공업 설비의 60-70%가 집중되어 있어 공업의 발전과 정부의 경제정책을 조응하여 분석해 볼 수 있는 지역적 대표성을 가질 수 있다고 본다.

방직공업에 초점을 맞추면 자연히 中國紡織建設公司(약칭 中紡公司)의 설립 배경과 경영에 대한 역사적 평가를 비켜갈 수 없게 된다. 종래의 전통적인 연구 속에서, 이 회사는 四大家族의 전형기업으로서 평가되어 왔으며, 성립 목적은 四大家族의 蓄財로, 경영에 대한 평가에서는 민족공업의 발전을 저해한 독점적 국영기업으로서 평가되어 왔음은 주지의 사실이다. 이 문제는 사실 근대 이후 소위 관료자본, 즉 국가자본의 평가와도 불가분의 관계가 있다.[2]

중국에서는 개혁개방 이후 관료자본에 대한 종래의 전통적인 연구와

---

1 비록 1930년대의 통계이기는 하지만, 1933년 당시 중국 방직공업이 전체 공업에서 차지하는 비중은 다음과 같았다. 공장 수는 총 2,435개 공장 가운데 821개 공장, 자본액은 총 406,872(千元) 가운데 166,828(千元)으로 41%, 노동자 수는 총 500,233명 가운데 308,678명으로 61.7%, 제품 판매액은 총 1,113,974(千元) 가운데 483,585(千元)으로 43.4%에 달하였다. 岡部利良,《舊中國の紡績勞動研究》, 九州大學出版會, 1992, p.3.

2 종전 직후 중국 방직공업에 대한 연구는 절대량이 부족할 뿐 아니라 연구의 범위도 전후 中國紡織建設公司의 성립과 그 성격을 규명하는 데 집중되어 있다. 현재까지의 대표적인 연구 성과는 다음과 같다. 陸仰淵, 〈中紡公司的建立及其性質〉,《近代史研究》1993年 2期 ; 朱婷, 〈中紡公司-國家壟斷資本企業的特征, 作用及影響〉,《上海經濟研究》1999年 4期 ; 川井伸一, 〈戰后中國紡織業の形成と國民政府-中國紡織建設公司の成立過程〉,《國際關係論研究》6號, 1987年 ; 川井伸一, 〈大戰后の中國棉紡織業と中紡公司〉,《紀要》97期(愛知大, 1992. 9.) ; 川井伸一, 〈中紡公司と國民政府の統制〉,《戰后國民政府史の研究》, 2001. 10. ; 金志煥, 〈中國紡織建設公司的民營化與股票發行探析〉,《近代史研究》146期, 2005. 4. 따라서 전후 경제건설과 관련하여 최대 공업인 방직공장 설비의 복구 문제와 적산 처리 과정에서 드러난 자본가의 동향, 전후 면업 통제정책, 통화팽창 가운데 방직공업의 위치와 역할 등 수 많은 문제들이 전혀 연구되지 않은 채 공백 상태로 남겨져 있는 형편이다. 이러한 이유 가운데 하나는 바로 이 시기의 연구에 대한 중국 연구자들의 정치적 민감성과 편향성에 기인하는 바가 적지 않다고 생각된다.

평가에 대한 이견이 제기되기 시작했으며, 특히 1985년 重慶에서 개최된 '대후방경제학술회의'에서 중일전쟁 시기 국가자본에 대한 새로운 평가가 제기된 이후 사실상 현재에 이르러서는 이 평가가 주류를 형성하게 되었다고 해도 과언이 아니다. 주요한 골자는, 관료자본이라는 용어의 비과학성과 모호성에 대한 지적과 함께 국가자본이라는 용어의 보편적 사용을 제창하게 되었다는 사실이다. 또한 중일전쟁 시기의 국가자본에 대한 역사적 평가에서도 종래 연구의 부정 일변도는 역사적 사실에 부합되지 않으며, 국가자본은 후방의 공업, 농업 및 경제건설에 기여하여 항전의 물질적 기초를 지지하였다는 긍정적인 평가가 제기된 것이다.[3]

그러나 전시 국가자본에 대한 평가가 이전의 부정 일변도로부터 벗어날 수 있었던 근거는 무엇보다도 제2차 국공합작이라는 정치적 조건을 전제로 하였다는 사실도 부정할 수 없으며, 따라서 그만큼 이 문제가 정치적으로 민감하다는 사실을 반증하는 예이기도 하다. 이러한 이유에서 소위 국공내전 시기 국가자본의 대표적 기업인 中國紡織建設公司에 대한 평가는 현재까지의 연구에서 주목할 만한 변화가 없는 것도 현실이다.

1945년 종전 직후 국민정부는 적산사창을 접수하여 국영기업인 中國紡織建設公司를 설립하게 된다. 이 책에서 다루는 문제가 경제정책 가운데 방직공업에 초점을 맞추는 이상 中國紡織建設公司가 역사적 평가로부터 비켜갈 수는 없을 것이다. 무엇보다도 中國紡織建設公司와 이를 통해 전개된 국민정부의 경제정책은 마땅히 실사구시에 입각하여 엄밀하게 논증하고, 다시 이를 바탕으로 올바른 역사적 평가가 이루어져야 함은 두말할 필요도 없을 것이다.

---

3 丁日初,〈論抗日戰爭時期的國家資本〉,《民國檔案》1986年 4期 ; 黃立人,〈論國民政府遷都重慶的意義與作用〉,《民國檔案》1996年 2期 참조.

본문에서 이와 같은 문제가 종전 직후 경제적 조건과 상황에 근거하여 다양한 사료를 바탕으로 논증되겠지만, 개괄하자면 종래의 연구는 대부분 中國紡織建設公司의 정치적 성격, 즉 독점성, 특권성, 매판성, 四大家族의 축재, 재정·경제적 목적 등을 편향적으로 강조하고 있다. 그러나 재정적 목적을 지나치게 강조할 경우 국민정부가 이 회사를 통해 시행한 생산 제품의 저가 투매정책 등 일련의 경제정책을 어떻게 설명할 수 있겠는가? 이것은 바로 재정적 목적이 반드시 中國紡織建設公司의 핵심적인 기능이 아니었음을 반증하는 것이 아닐까? 종전 직후 중국 사회의 경제적 조건을 홀시할 경우, 국민정부의 전후 경제정책 속에서 이 회사가 차지하는 위치와 기능 그리고 그 작용에 대한 엄밀하고 객관적인 평가에 도달하기는 어려울 것이다.

국민정부의 경제정책, 그리고 中國紡織建設公司의 설립 및 활동에 대한 평가는 마땅히 종전 직후 중국 경제의 현상과 조건으로부터 출발하지 않으면 안 된다. 이 회사는 국영기업으로서 국민정부의 경제 통제정책과 불가분의 관계를 가지고 있었다는 점에 유의해야 할 것이며, 따라서 역사적 평가 역시 국민정부 경제정책의 일부라는 관점에서 이루어지지 않으면 안 된다.

필자는 중국 復旦大學에서 박사학위 논문으로《中國紡織建設公司研究》를 완성하여 제출하였다. 사실 이 논문은 앞서 언급한 전통적 학설을 정면으로 반박한 것으로서, 중국에서 발표할 경우 심사위원들이 과연 어떻게 받아들일 것인가 걱정이 많았던 것도 사실이다. 그런데 오히려 이 논문은 대학원에서 우수 논문으로 선정되어 復旦大學出版社에서 출판할 수 있는 기회가 주어지는 영광을 누렸다. 復旦大學은 北京大學, 淸華大學과 함께 세계 100대 대학의 하나로 선정되었으며, 1905년도에 설립되어 올해로 103주년을 맞이하게 된다. 그런 전통을 가진 復旦大學出

版社에서 한국인 저서의 출판은 이것이 처음이었다.

이 책이 復旦大學出版社에서 출판된 필자의 저서를 그대로 번역한 것은 아니다. 2003년도 필자가 귀국한 이후《역사학보》,《동양사학연구》,《중국근현대사연구》,《근대사연구》,《중국사회경제사연구》 등 국내외 학술지에 기존의 연구를 바탕으로 독립적인 주제하에 개별 논문 형식으로 자료를 보충하고 살을 붙여 발표한 것들을 책의 전체적인 구도에 맞게 정리하고 다듬은 것이다.

특히 본 주제와 관련된 기존의 연구가 전통적인 견해로부터 벗어나지 못하고 있다고 한다면, 본서는 항전 시기 국가자본에 대한 새로운 평가를 내전 시기로 확대시키는 의미를 가지고 있다고 감히 말할 수 있을 것이다. 본서는 중국방직건설공사에 대한 기존의 전통적 견해에 반론을 제기하고 있으며, 더욱이 국민정부의 경제정책을 통해 국가권력과 자본가의 관계를 규명하고, 다시 이를 통해 蔣介石 국민정부의 패퇴와 중화인민공화국 성립을 경제사적 시각으로 분석하여 단서를 제공하고자 하였다.

이와 같은 목적을 달성하기 위해 무엇보다도 필자는 1차 사료의 수집에 가장 많은 시간을 할애했다. 이 주제와 관련된 적지 않은 원시사료가 南京의 中國第二歷史檔案館과 上海市檔案館에 보존되어 있으며, 그밖에 上海市圖書館, 復旦大學圖書館, 東華大學圖書館(舊紡織大學), 南京市圖書館, 北京社會科學院經濟研究所 등을 빠짐없이 조사하였다. 中國第二歷史檔案館의 경우 南京에 위치한 관계로 필자가 당안관 근처에 위치한 航空航天大學의 초대소를 숙소로 정하여 장기간 묵으면서, 아침에 당안관으로 출근하여 저녁까지 앉아 관련 사료를 읽고 필요한 부분을 필사하였다. 上海檔案館의 경우 필자가 유학하던 復旦大學에서 경전철을 타고 가서 하루 종일 당안사료를 조사하는 것은 일상적인 일이었다. 또한《申報》,《大公報》,《解放日報》,《新華日報》,《民國日報》,《商報》,《紗布日報》등 일간신문들을 1945년에서 1949년까지 한 장 한 장 넘겨가며 관련 사실과 대조하였다. 비록 필자의 재능과 표현이 부족하여 훌륭한 서술이 되지는 못하겠지만, 사료만이라도 충실히 하자는 마음으로 임하였다.

처음에 필자는 제목에서 1945-1949년의 시기를 규정할 수 있는 명칭을 여러 가지로 생각해 보았다. 중국에서는 이 시기를 해방전쟁 시기, 혹은 국공내전 시기라고 명명하고 있다. 전자의 명칭은 1949년 중화인민공화국의 수립 및 중국의 공산화를 해방으로 보기 때문에 붙여진 명칭으로서 다분히 가치 지향적인 의미를 내포하고 있다고 볼 수 있다. 그러나 중국에서 1949년 이후를 해방으로 지칭한다 하여 우리나라와 일본 등 동아시아 국가들이 이를 보통명사화한 용어로 받아들여 종전 직후인 1945-1949년을 해방전쟁 시기라고 명명할 필요는 없다고 본다.

국공내전 시기라고 명명하기에도 동아시아적 보편성에 비추어 시기를 규정할 수 있는 보편적 명칭이 되기엔 적합하지 않다고 생각되었다. 또한 우리가 1945년을 해방으로 명명한다고 해서 이 시기를 해방 직후로 명명한다고 하더라도 이것이 동아시아적 범주에서 볼 때 마찬가지로 보편성을 결여할 우려가 있다고 보았다. 이러한 의미에서 필자는 시기에 대한 가치 지향적 의미를 결락하고 동아시아에서 보편적으로 받아들여질 수 있는 '전후 중국경제사'로 명명하게 되었다. 물론 이럴 경우 전쟁 발발 이후와 혼동의 우려가 있으므로 괄호를 붙여 구체적으로 1945-1949년을 명기하였다.

사료 수집과 해석, 그리고 본서의 집필 과정에서 復旦大學 은사이신 吳景平 선생님의 가르침과 은혜를 잊을 수 없다. 선생님께서는 학문적 엄밀성과 학자로서의 자세를 몸소 가르쳐 주셨다. 또한 復旦大學 趙蘭

亮 교수는 자신의 일처럼 조언을 아끼지 않았으며, 重慶 西南大學의 劉志英 교수 역시 수시로 당안관에서 함께 연구하면서 분발할 수 있는 동기를 제공해 주었다. 戴建兵, 馬陵合, 馬軍, 何品, 張徐樂, 王晶 교수와 張秀莉, 史麗麗 선생에게도 감사드린다.

김준엽 선생님과 박원호, 김현구, 목은균, 김택민 선생님의 관심이 없었다면 쉽게 이 책을 완성하기 어려웠을 것이다. 필자가 학문의 길을 걸으면서 낙담하지 않고 정진할 수 있도록 항상 용기와 힘이 되어 주시는 조명철 선배님께 이 자리를 빌어 깊은 감사의 마음을 전하고 싶다. 김선민 선배님, 임상범 선배님, 강경락 선배님의 애정 어린 충고와 보살핌에 감사드린다. 민경현 선생님의 관심과 격려에 감사의 마음을 표하며, 박상수 선생님에게도 고마움을 전하고 싶다. 경북대학교 사학과의 강진아 선생님은 필자로 하여금 진지하게 학문을 대하는 모습을 항상 보여 주고 있다.

현재 필자가 근무하고 있는 고려대학교 중국학연구소의 최용철 소장님의 배려에 감사드리며, 어려울 때마다 따뜻한 보살핌을 베풀어 주시는 백영길 선생님의 격려에 머리 숙여 감사드린다. 이 책이 나오기까지 애써 준 중국학연구소의 김화진 선생님에게도 감사의 마음을 전한다.

2008년 12월

안암골에서 김지환

차례

항전 승리 이후

일본 제국주의의 침략으로부터 벗어날 수 있었지만

이제는 물자부족과 물가급등, 통화팽창 등의

새로운 경제적 어려움에 직면하였다.

수많은 적산기업은 폐쇄되었으며,

여기에서 일하던 수십만의 노동자들은

스스로를 '승리실업자'라고 자조하였다.

—《解放日報》, 1945. 11. 23.

제1장

전후 적산처리와 자본가의 동향

제2차 세계대전 종전 직후 공업 설비의 복구가 지체되면서 물자 부족 현상이 극심하였다. 이는 다시 가공할 정도의 물가 상승을 야기했으며, 물가 급등은 다시 노동운동을 촉발하여 정권의 안정을 위협하였다. 특히 양식과 면사포, 연료 등 일용필수품의 부족은 전후 중국 경제를 극도의 어려움에 처하게 만든 직접적이고도 주요한 원인이었다. 때문에 중국 공업 가운데 가장 큰 비중을 차지하고 있던 방직공업의 생산설비를 복구하는 일은 일용필수품의 증산과 실업노동자의 해소, 물가 안정 등과 관련하여 전후 경제건설의 핵심적인 과제로 부상하였다.

한편, 방직공업의 전국적인 동업단체인 華商紗廠聯合會는 중일전쟁 이후 국민정부와 함께 후방으로 천이하지 않고 그대로 上海 등 적 점령구에 잔류함으로써 전후 정치적 정당성을 상실하였으며, 이로 말미암아 정부 정책에 대한 자산계급의 영향력을 크게 감소시키는 결과를 초래하였다. 뿐만 아니라 국민정부를 따라 重慶 등 서남 지방으로 천이했던 후방 방직공업은 종전 직후 중국 방직업계에서 이미 지배적인 세력으로 부상해 있었다. 따라서 이들과 전시 적 점령구(전후 수복구)의 방직공업 사이에는 상이한 입장과 이해가 엄존하였다.

국민정부의 입장에서 볼 때, 전후 경제건설은 시급한 과제였으며, 따라서 이를 위해서는 방직공업 내부의 이질성을 해소하고, 이를 통해 방직공업의 전체 역량을 생산력을 회복하기 위한 생산설비 복구에 투입하지 않으면 안 되었다. 특히 이러한 과정에서 전체 방직공업 가운데 70% 전후의 절대적인 비중을 차지하고 있던 上海를 비롯한 蘇浙皖區(江蘇省, 浙江省, 安徽省) 방직공업의 처리는 전후 경제건설과 관련하여 매우 민감한 문제가 아닐 수 없었다.

이러한 배경하에서 여기에서는 다음과 같은 몇 가지 문제를 규명하고자 한다. 첫째, 전후 국민정부의 경제건설 과정에서 핵심적인 위치를 차지했던 방직공업의 생산 복원 문제를 둘러싸고 上海 등 蘇浙皖區의 방직자본가들을 중심으로 조직된 동업공회인 第六區機器棉紡織工業同業公會(약칭 6구공회)에 대한 전시 항전 지역이었으며 국민정부 통치 지역이었던 重慶 등의 방직공업 및 중국 사회 일반의 인식 양태를 살펴보고자 한다. 둘째, 양자의 이해가 국민정부의 정책 수립 과정에서 어떻게 반영되는가를 살펴보고, 나아가 정책 수립의 근거를 전후 경제적 조건 속에서 규명해 보고자 한다. 셋째, 국민정부의 정책이 자본가들에게 어떻게 투영되었으며, 자본가들은 다시 이와 같은 정책에 어떻게 대응하였는지 살펴보고자 한다.

1945년에서 1949년 사이의 시기는 중화인민공화국의 성립과 국민정부의 패퇴가 극적으로 교차하는 중요한 시기이다. 따라서 국민정부의 계급적 기초라 할 수 있는 자산계급의 정치적 동향을 살펴보는 일은 이와 관련하여 매우 중요한 문제라 생각된다. 이들의 정치적 동향은 바로 국민정부의 경제정책과 불가분의 관계에 있으며, 전후 방직공업의 복원은 이 문제와 밀접한 관계를 가지고 있다고 보여진다.

이와 같은 연구는 아시아, 나아가 세계사 전반의 문제이며, 동시에 우리 현대사의 주요한 문제이기도 한 전후 처리 문제와 관련하여 단서를 제공할 수 있을 것이다. 중국현대사에서 1945년 이후 전후 처리 문제는 우리와 마찬가지로 매우 중요한 의미를 가지고 있으며, 적산의 처리와 이에 대한 자산계급의 대응과 인식 등은 그 주요한 구성 부분이 아닐 수 없다.[4] 여기에서는 전후 경제건설 과정에서 국민정부가 입안하여 실시한 경제정책의 근거를 당시 전후 사회경제적 조건으로부터 규명함으로써 이 문제와 관련된 단서를 제공해 보고자 한다.

1. 종전 후 수복구 공상업의 친일 논쟁

중일전쟁 시기인 1942년 3월, 중국 공업의 중심 지역인 上海와 江蘇省 등의 방직자본가들은 사창대표대회를 개최하고 中華民國紗廠聯合會를 결성하였다. 다음 해 4월 초 汪精衛 정부 실업부는 전시물자를 통제하고 동업공회를 효율적으로 관리하기 위해 紗廠聯合會를 개조하여 蘇浙皖紗廠同業公會를 발족시켰다. 이를 위해 실업부는 丁方源, 聶潞生, 王啓宇, 童潤夫, 程敬堂, 唐星海, 劉靖基, 郭棣活, 江上達, 郭企青, 吳昆生, 聞蘭亭 등 50여 명을 발기인으로 지정하였다. 이들은 준비회의를 거쳐 4월 6일에 정식으로 성립대회를 개최하여 규약(장정)을 통과시키고, 동업공회의 성립을 선포하였다. 이 자리에서 聶潞生을 이사장으로 선출하

4 전후 처리 문제에서 전시 친일파와 방직공업과의 관련성 및 그 처리에 대한 전론적인 연구는 아직 없으나, 전후 친일파의 처리 문제에 대한 포괄적인 연구는 古厩忠夫, 〈戰后地域社會の再編と對日協力者〉, 《戰后中國國民政府史の研究》, 中央大學出版部, 2001. 10. 참조.

고 程敬堂을 부이사장, 丁方源, 唐志良, 劉靖基 등을 상무이사로, 唐星海, 郭棣活, 郭企青, 江上達 등을 이사로, 聞蘭亭, 王啓宇, 吳昆生, 童潤夫를 감사로 선출하였다.[5]

동업공회는 본부를 上海에 두고, 江蘇, 浙江, 安徽의 3성 및 上海, 南京 두 도시에 위치하는 모든 면방직공장으로 하여금 회원으로 가입하도록 하였다. 汪精衛 정부는 이 동업공회를 통해 각종 면업 통제정책을 실시하였다. 예를 들면 1944년 4월에 蘇浙皖紗廠同業公會는 汪精衛 정부의 생산 및 공출 계획에 입각하여 각 사창에 면사포의 생산과 공출을 할당하였다. 1945년 5월 현재 동업공회의 회원 사창은 모두 47개 공장에 달하였다.[6]

이 밖에 1943년 3월, 일본은 점령구 내의 물자를 대량으로 약탈하기 위한 정책의 일환으로서 汪精衛 정부의 적극적인 주도 아래 全國商業統制會를 설립하였는데, 수많은 방직자본가들이 이 통제회에 적극 참여하였으며, 앞장서서 그 활동을 주도하였다. 예를 들면 上海永安紗廠의 郭順 등은 全國商業統制會의 감사를 겸직하면서 일본군에 대한 헌기헌철 운동(비행기와 철의 공출 및 헌납 운동)에 적극적으로 앞장섰다.[7] 1944년 7월 4일, 全國商業統制會 아래 綿業統制委員會가 성립되어 聞蘭亭이 주임위원을 겸직하였으며, 申新紗廠의 童侶青은 부주임위원, 永安紗廠의 郭順, 大生紗廠의 陳葆初, 民豐紗廠의 江上達이 위원으로 임명되었다. 면업통제위원회 아래 다시 면화수매협회와 收花總辦事處를 분설하여 吳昆生이 收花總辦事處의 업무경리에 취임하였으며, 郭順이 재무경리를 맡았다. 綿業統制委員會와 그 부속 기구는 汪精衛 정부의 면업 통제

5 《申報》, 1943. 4. 9. 및 4. 18.

6 上海市檔案館藏檔, 檔號：S30-1-8：紗廠業一年來業務槪況.

7 上海社會科學院經濟研究所編, 《上海永安公司的產生, 發展和改造》, 上海人民出版社, 1981. p.167；上海市檔案館, 《日僞上海市政府》, 檔案出版社, 1986. 12. pp.695-697.

정책을 실행하기 위한 집행기관으로 충실히 그 역할을 수행하였다.

종전 직후 聞蘭亭과 江上達이 한간죄로 체포되어 투옥되자, 사창동업공회와 면업 유관기구의 상무이감사, 비서장 및 임원들은 모두 몸을 피해 연합회의 활동이 완전히 중단되고 말았다. 이후 국민정부 경제부 인원이 蘇浙皖紗廠同業公會 및 기타 유관 기구의 모든 장부 기록을 일일이 조사하여 봉인한 다음, 국민정부의 처리 명령을 기다렸다.[8] 비록 방직자본가 가운데 聞蘭亭과 江上達이 친일의 죄목으로 체포되기는 하였으나, 그 밖의 수많은 방직자본가들은 몸을 숨긴 채 국민정부의 처분만을 기다리는 형편이었다.

이와 같이 종전 직후 蘇浙皖區의 방직자본가들은 정치적 정당성을 결여하고 있었으며, 여론 또한 연일 친일파 문제의 즉각적이고 단호한 처리를 주창하였다. 다음의 사료는 당시 중국 일반의 분위기를 잘 보여 주고 있다. "경제한간(경제계의 친일파)이란 상업상, 경제상 일본 제국주의와 내통, 연계한 일체의 관련자를 포함한다. 예를 들어 전국상업통제회, 면업통제회 등이 대표적인데, 이들은 적을 위해 중국의 물자를 착취, 통제, 수매하였으므로, 여기에서 주도적으로 활동했던 사람들은 마땅히 특급 이상의 정치한간(정치적 친일파)과 동등한 죄로 다스려야 한다."[9] 경제부 전시생산국 特派員辦公處의 章劍慧는 훗날 회고록에서 "적이 조직한 紗廠聯合會에 참여했던 인사들은 매우 두려운 마음으로 전전긍긍하면서 나에게 정부 쪽에 잘 말해 주도록 부탁하였다. 다행히 대한간(친일파 거두)을 제외하고는 죄를 묻지않아 이 문제가 관대하게 처리되었다"[10]

---

8 孫笮甫, 〈抗日戰爭時蘇浙皖紗廠業同業公會和原棉委員會〉, 《上海文史資料存稿匯編》 7, 上海古籍出版社, 2002. p.422.

9 鄭振鐸, 〈鋤漢奸論〉, 《上海週報》 2期, 1945. 9. 15. p.6.

10 章劍慧, 〈雪泥雜記—八秩回憶錄〉, 《中國近代紡織史硏究資料彙編》 第二輯, 中國近代紡織史編輯委員會, 1988. 12. p.18.

라고 회고하였다.

이러한 분위기 속에서, 방직자본가들의 관심은 바로 적산사창을 어떻게 접수하고 처리할 것인가에 집중되었다. 국민정부는 전쟁이 한창일 때부터 이미 여러 차례에 걸쳐 방직공업의 민영화 방침을 공언해 왔기 때문에, 전쟁이 종결되자마자 重慶 등 후방 방직자본가들은 다투어 적산사창을 민영화할 것과 민영화된 적산사창의 경영권을 후방 방직자본가들로 하여금 배타적이며 우선적으로 승계하도록 해야 한다고 목소리를 높였다. 1945년 8월 28일, 후방 지역에 위치한 각 사창의 대표들은 全國棉紡織業同業公會聯合會를 결성하기 위한 성립대회를 개최하여 束雲章을 이사장으로, 杜月笙, 李升伯, 榮爾仁 등을 이사로 선출하였으며, 吳味經, 蔣迪先을 각각 총부간사로 선출하였다.[11] 비록 全國棉紡織業同業公會聯合會가 스스로를 전국성의 동업공회임을 내외에 널리 표방하였으나, 실제로는 후방 방직공업의 이해와 주장을 대변하고 있었다. 성립대회에서 동연합회는 "방직공업은 경공업에 속하므로 마땅히 민영으로 귀속되어야 한다 〔…〕 정부는 접수한 적산사창을 마땅히 후방 각 사창으로 하여금 승계할 수 있도록 우선권을 부여해야 할 것"[12]이라고 결의하였다.

종전 직후 후방 방직자본가들은 끊임없이 국민정부에게 적산사창의 즉각적인 몰수를 요구하였을 뿐만 아니라, 나아가 적과 합작했던 사창까지도 몰수하여 후방 방직공업으로 하여금 경영하도록 해야 한다고 주장하였다. 1945년 8월 국민정부 경제부가 작성한 '收復區民營工鑛事業調整計劃'은 전후의 이와 같은 분위기를 잘 반영하고 있다. 이 계획에서 전체 綱要의 제2항은 "수복구 민영 공광사업 가운데 적이 몰수한 부분

11 《大公報》, 1945. 8. 30.

12 《大公報》, 1945. 9. 30.

은 이를 원주인에게 반환할 예정이나, 만일 부역 행위가 있었을 경우 별도로 처리한다"라고 규정하였으며, 제5항은 "수복구의 민영 공광사업 가운데 이적 행위를 한 경우 적산으로 간주한다"라고 규정하였다.[13]

1945년 10월 5일, 후방 방직업계의 저명인사인 榮爾仁은 행정원장 宋子文에게 '국민정부가 접수한 일본 사창 및 인조섬유공장에 대한 건의서'를 제출하고 "중국에 있는 모든 일본인 소유의 사창뿐만 아니라 일제와 합작했던 중국인 소유 사창에도 역시 동일한 처분을 내려야 한다. 그리하여 이를 전시 경제에 공헌이 많았던 후방 사창에게 그 손실의 정도에 따라 배상해야 할 것"[14]이라고 주장하였다.

당시의 신문 보도는 전시 적 점령구에 있었던 방직공업에 대한 중국 일반 및 후방 방직자본가들의 인식과 태도를 잘 보여 주고 있다.

> "전후 생산 복원도 좋고 국가 대계도 좋다. 그러나 만일 '시비를 분명히 하고, 충간을 구별한다'는 원칙에 입각하여 문제를 해결하지 않는다면 백성들의 원성은 그치지 않을 것이다 〔…〕 그러나 수복구에서 철저히 친일파 자본을 몰수하는 문제에 대해 정부가 아직 명확한 답변을 내놓지 않고 있다. 적 점령구(전후 수복구)에서 적의 생산을 도운 자가 바로 경제 친일파이다. 친일파에게 마땅히 가해져야 할 징계가 없다면, 민족 기율은 어디에서 찾을 것이며 민족의 도덕은 또 어디에서 찾을 것인가? 적에게 부역한 공업 친일파에게는 징계뿐만 아니라 그들의 재산도 반드시 남김없이 몰수해야 한다 〔…〕 몰수한 적산사창을 후방 방직공업으로 하여금 접수하거나 우선적으로 승계할 수 있는 권리를 부여하도록 정부에 촉구한다."[15]

---

13 中國第二歷史檔案館編, 《中華民國史檔案資料匯編》 第5輯 第3編(財政經濟4), 江蘇古籍出版社, 2000. 1. p.397.

14 上海社會科學院經濟研究所編, 《榮家企業史料》 下册, 上海人民出版社, 1980. p.400.

15 《新華日報》, 1945. 8. 19., 8. 25. 및 9. 11.

방직업계의 대표적인 정기간행물인 《紡織染工程》도 다음과 같은 견해를 피력하였다. "친일파와 간상에게는 염치의 관념도 없으며 민족정신도 찾아볼 수 없다 〔…〕 이들 친일파들이 공장의 기계를 적에게 공출함으로써 방직기계는 적의 병기로 개조되었으며 〔…〕 또한 원료와 생산품을 적에게 공급함으로써 그들이 우리 강토를 침략하고 인민을 도륙할 수 있도록 방조하였기 때문에 간상의 죄가 결코 친일파보다 가볍다고 볼 수 없다."[16] 1945년 10월에 거행된 전국공업협회 이감사회의에서 이사장 吳蘊初는 上海 공광업의 상황을 보고하면서, 공업 친일파가 여전히 上海의 공광사업을 장악하고 있으며, 친일파 검거 작업이 철저히 진행되지 않고 있다고 공개적으로 비판하였다.[17]

한편, 蘇浙皖區로 대표되는 수복구 지역의 방직자본가들은 전후 공업건설 문제, 특히 적산사창의 접수와 처리 문제에 대해 후방과는 상이한 입장과 태도를 견지하고 있었다. 이들은 重慶 紡織業界로 대표되는 후방 방직자본가들이 우선적인 승계의 권리를 주장하는 자체가 이미 독점과 배타적 성질을 내포하고 있다고 간주하였다. 다시 말해서, 우선 승계의 권리 자체가 이미 적산사창의 민영화 과정 가운데 수복구 방직공업의 참여를 배제하고 있음을 의미한다는 것이다. 이는 다음의 기록에서 잘 살펴볼 수 있다. 즉 "대후방의 공상계는 또다시 전시에 조국을 위해 분투하고 공헌이 지대하다는 이유로 각종 우선권을 요구하고 있으며, 수복구 공상계의 이마에 僞〔친일〕이라는 꼬리표 하나를 떡 붙여 놓고 여기에 참여하는 것을 용납하지 않고 있다."[18]

이와 같이 종전 직후 후방과 수복구 방직공업 사이에는 서로 다른 이해

16 〈抗戰勝利與復興紡織工業〉, 《紡織染工程》 7卷(抗戰勝利號), 1945. 10. 15. p.2.

17 《大公報》, 1945. 10. 25.

18 張一帆, 〈勝利以來的經濟〉, 《民主》 14期, 1946. 1. 12. pp.344-345.

가 존재하여 각기 상이한 입장에 처해 있었음을 알 수 있다. 따라서 종전 직후 중국 경제건설의 과정에서 이들 방직업 사이의 융합과 합작을 회복하는 일은 두말할 것도 없이 매우 시급한 과제였음에 틀림없다. 1945년 11월 12일, 中國紡織學會 上海 지부는 일종의 좌담회 형식을 빌어 후방 방직공업 회원을 환영하는 자리를 마련하였는데, 여기에서 한 회원은 중국 방직공업 간의 통일과 단결을 호소하면서 "이제 오랜 친구들이 한자리에 모이게 되었다. 최근 두 달여 동안 항상 重慶人, 上海人이라는 이름이 귀에 들릴 뿐만 아니라, 나아가 오랜 친구를 양 부류로 구분하려 한다 〔…〕 우리 모두는 마음가짐을 바로 하여 重慶人, 上海人의 구별을 일소하지 않으면 안 된다"[19]라고 주장하였다. 이로부터 종전 직후 지역 간의 대립과 특히 수복구에 대한 후방의 인식이 곱지 않았음을 잘 알 수 있다.

이러한 이유에서 수복구 방직자본가들은 후방 방직업계가 적산사창을 독차지하려는 주장과 움직임에 대해 경계와 불만을 가지고 지켜보고 있었다. 이들의 속내는 다음과 같은 기록에서 잘 살펴볼 수 있다. 즉 "현재 上海에서는 도처에서 重慶人이 上海人을 압도하고 있다. 上海는 전에는 적 점령구였으며 현재는 수복구로서, 그 토지와 인민은 친일파 관료 이외에 重慶과 하등 달리 취급되어서는 안 된다. 국민도, 국가도 重慶人을 주인으로 간주하고 上海人을 노예로 간주한다. 정부가 접수한 일본 사창을 민영에 교부한다고 하더라도 重慶人만을 대상으로 하고 다른 사람들에게는 혜택을 주지 않는 일이 있어서는 안 된다 〔…〕 적산기업을 민영에 교부할 때, 重慶, 昆明, 西安紗廠 등 후방 방직공업을 주요한 대상으로 한다면 매우 공정치 못한 처사가 아닐 수 없다."[20] 上海의 여

19 〈本會歡迎總會理事長暨會員記〉,《紡織》(勝利特刊), 中國紡織學會上海分會出版委員會, 1945. 12. p.68.

20 錢貫一, 〈如何分配日本紗廠〉,《紡織》(勝利特刊), 中國紡織學會上海分會出版委員會, 1945. 12. p.9.

론 역시 "종전 이후 수복구의 기업과 기관은 수복구 내의 인민과 마찬가지로 모두 피정복자의 위치에 처해 있다"[21]라고 지적하여 이러한 상황을 잘 기록하고 있다.

이에 따라 적지 않은 수복구 방직자본가들은 후방 방직자본가가 적산사창을 독점하는 사실에 불만을 표했을 뿐만 아니라, 나아가 적산사창의 민영화 정책 자체에 반대 입장을 공공연히 표출하였다. 이들은 "항전승리는 국가 전체와 관련된 일로서, 특정한 개인이나 단체 혹은 기구가 사사로이 그 승리의 대가를 독점하려 해서는 안 된다. 여기에 전방, 후방의 구분이 있어서는 안 되며, 그 승리, 그 영광은 마땅히 국가 전체에 돌려야 한다"[22]라고 소리를 높였다. 이와 함께 이들은 "적산공장 및 각 공장에 부속된 기계설비는 바로 항전의 대가이기 때문에 이를 국영으로 개조하여 대량으로 의복을 제조하여 저렴하게 배급함으로써 백성들로 하여금 최소한의 대가를 향유할 수 있도록 해야 한다"[23]고 주장하였다. 이들의 주장은 적산기업을 민영화한 이후 후방 방직공업으로 하여금 우선적으로 승계하도록 해야 한다는 후방 측의 주장과는 완전히 다른 내용이었다.

2. 경제 위기와 上海 공상업계의 조직화

항일전쟁에서의 승리에도 불구하고 전쟁이 남긴 경제적 타격은 매우 심대하였다. 8년전쟁 이후 중국 경제는 이미 엄중한 곤경에 빠져 있었으며,

21 《上海週報》36期, 1946. 5. 11. p.7.

22 〈勝利, 建國與紡織事業〉,《紡織》(勝利特刊), 中國紡織學會上海分會出版委員會, 1945. 12. p.3.

23 王子宿,〈利用接收敵僞紡織廠改歸國營計劃芻議〉,《紡織》(勝利特刊), 中國紡織學會上海分會出版委員會, 1945. 12. p.25.

따라서 국민정부로서는 시급히 경제건설에 착수하여 생산력을 신속히 회복시켜 민생을 구제하는 데 진력하지 않으면 안 되었다. 이 가운데에서도 양식과 면직물, 연료 등 일용필수품의 수급은 매우 불안정하였으며, 이는 물가 급등의 주요한 원인이 되었다.

물가의 상승은 자연히 생활비의 증가를 초래하여, 上海에서는 연일 노동운동이 끊이지 않았다. 여론은 "上海 한 곳에서만 90% 가까운 공장이 정업하여 실업노동자가 90만 명 이상에 이른다. 일본이 투항한 이후 수복구의 일본 공장이 모두 조업을 정지하였으며, 접수 기간 중에도 공업설비의 신속한 복구가 이루어지지 않고 있다"[24]고 보도하였다. 실업노동자들은 스스로를 '승리 실업자'라고 불러, 항전 승리에도 불구하고 경제 상황이 오히려 악화된 상황을 풍자했으며, 나아가 국민정부에 대한 노골적인 비판을 서슴지 않았다. 수많은 공장 설비는 가동을 중지하고 멈춰 섰으며, 이는 일용필수품의 공급 부족을 초래하여 다시 물가를 급등시키는 악순환이 반복되었다. 종전 직후 上海 등을 진원지로 물가가 급등하고 노동운동이 격렬하게 전개되었으며, 마침내 정권 자체의 안정을 크게 위협하는 정도로까지 발전되었다.

이에 국민정부는 실업자를 구제하기 위해 양식을 분배하는 등 서둘러 구휼정책을 실시했지만, 물가 억제와 실업 구제를 위한 근본적인 해결책은 바로 전쟁으로 파괴된 산업 설비를 시급히 복원하여 생산력을 제고하는 방법 외에는 없었다. 그러므로 전국의 공업 가운데 절대적인 비중을 차지하는 上海 지역의 생산설비 복구가 관건이 되었으며, 국민정부가 구상하고 있던 전후 경제건설과 공업 생산력의 복원을 위해서는 上海 자본가들의 절대적인 협조가 불가결하였던 것이다.

국민정부는 上海 및 蘇浙皖區 방직공업의 신속한 복원을 위해 국민정

24 平心, 〈再談物價〉, 《上海週報》 8期, 1945. 10. 27, pp.2-3.

부는 적극적으로 동업공회연합회의 창설을 추진하였다. 1945년 11월 16일, 경제부 蘇浙晥區特派員辦公處의 지도 아래, 蘇浙晥區 사창 대표들은 上海 南京路에 위치한 永安公司에서 동업연합회를 창립하기 위한 제1차 준비회의를 개최하고 王啓宇, 郭順, 榮鴻元 등을 준비위원 겸 소집인으로 선출하여 모든 준비업무를 맡아서 처리하도록 위임하였다. 이와 함께 王啓宇, 薛明劍, 劉丕基 등 6명으로 하여금 第六區機器棉紡織同業公會章程을 기초하도록 하였으며, 동시에 한 달을 기한으로 회원을 모집하고 입회등기 등을 처리하기로 결정하였다. 1945년 11월 23일, 준비위원은 제2차 준비회의를 개최하고, 永安公司 9층에 정식으로 사무실을 개설하기로 결정하였다.[25]

12월 7일, 준비위원회는 다시 제3차 준비회의를 개최하여 經濟部蘇浙晥區特派員辦公處 및 社會部京滬特派員辦公處, 上海區敵僞産業處理局 앞으로 蘇浙晥紗廠業同業公會 및 그 부설 기구를 第六區機器棉紡織同業公會가 접수 관리할 수 있도록 허가를 요청하고, 이와 함께 회원자격심사위원회를 설치하기로 의결하였다. 12월 21일, 社會部京滬特派員辦公處 특파원의 지도 아래, 제4차 준비회의가 개최되었는데, 회의에서 주석 王啓宇는 입회를 신청한 사창이 이미 92개 공장에 이른다고 보고하였다. 이와 함께 회의는 1946년 1월 12일에 성립대회를 개최하기로 의결하였다. 이와 같이 국민정부 경제부 및 기타 각 부처가 동업공회의 성립 과정에서 앞장서 준비회의를 지도하는 등 적극적으로 간여하였음을 알 수 있다. 1946년 1월 9일에 개최된 제5차 준비회의에서 주석 王啓宇는 회원자격심사위원회의 심사를 거쳐 합격한 회원 공장이 모두 126개 공장에 이른다고 보고하였다.[26] 마침내 1946년 1월 12일, 第六區機器棉

25 上海市檔案館藏檔, 檔號:S30-1-48:第六區機器棉紡織工業同業公會籌備會會議紀錄.

26 上海市檔案館藏檔, 檔號:S30-1-48:第六區機器棉紡織工業同業公會籌備會會議紀錄.

紡織同業公會는 성립대회를 개최하였는데, 이 대회에는 蘇浙皖區의 119개 사창 대표 152명이 참가하여 아래와 같이 이감사를 선출하였다.

이사 : 郭順, 童潤夫, 王啓宇, 唐星海, 奚玉書, 郭棣活, 吳昆生, 郭企靑, 劉丕基, 劉國鈞, 陸子冬, 嚴欣淇, 董春芳, 陸容庵, 張文魁, 章劍慧, 程敬堂.

감사 : 吳漱英, 邊瑞聲, 沈燕謀, 胡國樑, 韓志成, 吳中一, 王雲程.

그런데 위의 이감사 명단을 살펴보면, 6구공회의 임원이 기본적으로 전시의 蘇浙皖紗廠同業公會를 사실상 거의 그대로 계승했다는 사실을 알 수 있다. 이 밖에 성립대회는 아래와 같은 몇 가지 현안을 발의하여 통과시켰다.

(1) 榮鴻元 등 발의 : 민영사창 가운데 약탈이나 파괴당한 것은 정부에 구제와 배상을 요구한다.

(2) 吳中一 등 발의 : 국영사창과 민영사창은 동등한 대우를 받아야 하며, 민영사창을 불공평하게 대우하거나 그 발전을 저해해서는 안 된다.

(3) 陸容庵 등 발의 : 행정원에 면사포의 수출 제한을 해제하도록 청원한다.

(4) 陸容庵 등 발의 : 민영사창의 발전을 저해해서는 안 되며, 中國紡織建設公司의 생산품은 南洋群島 등에서의 소비를 목적으로 제한하도록 청구한다.

(5) 吳漱英 등 발의 : 정부에 저리의 차관을 방직공장에 공여해 주도록 청원한다.[27]

성립대회에서 6구공회는 공개적으로 전시 기간 동안 자신들의 입장과

27 《紡織週刊》7卷 3期, 1946. 1. 29. pp.56-57.

앞으로 동업공회의 사명에 대해 다음과 같은 견해를 피력하였다.

> 방직공업은 국가 경제건설에서 중요한 부분이며, 그 가운데에서도 蘇浙皖(江蘇省, 浙江省, 安徽省) 3성은 그야말로 전국에서도 방직공업이 가장 발달한 지역이다. 따라서 금후 건국의 과정에서 우리 동업공회의 전체 회원이 얼마나 중요한지는 더 말할 나위도 없다 〔…〕 전시에 동업 가운데 대후방으로 천이한 사창도 물론 국가에 공이 많았다고 생각되나, 사창 가운데 환경이나 시간 문제로 부득불 적 점령구에 잔류했던 사창 역시 적의 철권 착취 아래에서 오히려 고통이 더욱 심하였다. 그럼에도 불구하고 이들 사창은 대부분 민족 정기를 잃지 않고 적의 위협에도 굴복하지 않았으므로 후방으로 천이한 사창에 뒤질 것이 없다고 생각되며, 오히려 약탈당하거나 파괴된 것이 천이한 사창보다도 더욱 많다 〔…〕 정부는 이와 같이 파괴되고 약탈당한 사창에 대한 구제와 복구에 우선적으로 협조해야 한다.[28]

위의 선언은 그야말로 전시 上海 등 蘇浙皖區 방직공업의 정치적 정당성을 일면 강변하는 것으로, 종전 직후의 두려움과 자괴감으로부터 벗어나 동업공회의 성립을 기초로 하여 스스로의 역할을 천명하고 있는 사실에 주목된다. 물론 이러한 자신감의 회복은 아직 많은 한계를 내포하고 있으며, 동업공회의 성립조차도 국민정부의 적극적인 주도하에서 비로소 이루어질 수 있기는 하였지만, 그럼에도 불구하고 전후 경제건설과 공업 생산력의 회복이라는 대의명분과 객관적 필요성에 기초한 국민정부와의 이해 공유 속에서 이루어지고 있음을 상기할 때, 스스로의 독자적 역량이 확대될 가능성에 대한 강한 신뢰와 자신감을 잘 표현하고 있다고 생각된다.

---

28 上海市檔案館藏檔, 檔號 : S30-1-49 : 第六區機器棉紡織工業同業公會成立大會紀錄.

국민정부의 입장에서도 전국의 생산력을 신속히 회복시키는 데 방직공업이 매우 중요한 의미를 가지고 있음을 충분히 인식하고 있었다. 국영 방직기업인 중국방직건설공사의 총경리 束雲章은 "중국 건설은 방직공업으로부터 시작하지 않으면 안 된다. 예를 들어, 면방직공업이 발달하면 기타 경공업도 따라서 번영하기 시작할 것이며, 이러한 기초 위에서 중공업의 발전도 비로소 가능하기 때문이다. 방직공업이 발전하게 되면 기계, 화공 등의 분야가 모두 순조롭게 발전하게 될 것이다. 만일 방직공업이 없었다면 上海도 오늘날과 같은 발전을 구가할 수는 없었을 것이다. 이를 전국으로 그 범위를 넓혀 보면, 국가의 총체적인 경제계획에서 방직공업의 중요성을 잘 알 수 있다"[29]라는 입장을 표명하였다.

翁文灝의 후임으로 경제부장에 오른 陳啓天 역시 "현재 중국에는 그나마 방직공업만이 비교적 큰 규모를 갖추고 있으며 또한 가장 현대화되어 있다. 경제부는 방직공업을 중심 공업으로 상정하고 있는데, 방직공업이 발달하면 기타 농공상 각 산업도 이에 따라 발전할 것이기 때문이다. 예를 들어, 방직공업은 대량의 기계 수요를 가지고 있기 때문에 방직공업의 발달은 자연 기계공업의 발전을 수반하게 된다. 또한 방직공업은 동력을 필요로 하기 때문에 동력공업도 따라서 발전할 것이다. 동력과 기계공업 양자가 발전하면 광업도 자연히 흥기할 것이다. 원료의 측면에서 말하자면, 방직공업의 발달은 자연 면화 생산 농가의 번영과 모방직업의 발달을 가져와 목축업도 자연 발전하게 될 것이다. 방직공업의 염색 부문도 염료 및 기타 화학제품의 수요로 말미암아 화학공업이 더불어 발전할 것이다. 한 마디로 방직공업을 중심으로 공상업을 발전시키는 것이 대도라 할 수 있다"[30]라고 주장하였다.

29 束雲章, 〈中國紡織建設的現狀和前途〉, 《紡織建設月刊》 1卷 3期, 1948. 2. 15. p.3.
30 〈以紡織爲中心工業〉, 《公益工商通訊》 3卷 7期, 1948. 7. 15. p.2.

이렇게 볼 때 전후 중국 경제건설과 공업 복원의 과정에서 방직공업은 매우 중요한 위치를 차지하였으며, 방직공업의 생산력을 신속히 회복시키기 위해서는 蘇浙皖區, 특히 上海 방직공업의 협조가 관건이었음을 알 수 있다. 이러한 이유에서 국민정부는 蘇浙皖區特派員辦公處 등 행정기관을 동원하여, 적극적으로 蘇浙皖區 방직자본가로 하여금 第六區機器棉紡織同業公會를 결성하도록 진력하였던 것이다. 국민정부가 이들과의 협력를 통해 전후 경제건설을 추진하였기 때문에 정책 실시 과정에서 자연히 이들의 이해를 배려한 것은 당연한 일이었다고 생각된다.

종전 직후 적산사창의 처리 문제에 대해 후방 방직자본가들은 계속해서 자신들의 배타적 독점권을 주요한 내용으로 하는 민영화 방안을 주장해 왔다. 그러나 국민정부는 이들의 요구를 수용하지 않았으며, 적산사창을 일괄적으로 접수하여 국영기업인 中國紡織建設公司를 설립하였다. 적산사창의 국영화 자체가 이미 경제정책에서 후방 방직공업의 요구 및 이해와는 부합되지 않는 내용이었던 것이다.[31]

다시 말해 국민정부가 적산사창을 접수하여 中國紡織建設公司를 설립하여 국영으로 경영한 것 자체가 이미 후방사창과 上海 등 6구공회와의 이해 대립 속에서 전자의 손을 들어 주지 않았음을 의미하는 것이다. 특히 국민정부는 전후 경제건설 과정에서 면업 통제정책을 추진하면서 전시 정치적 정당성 등의 문제로 곤경에 빠져 있던 6구 방직자본가들과의 적극적인 협력을 모색하였던 것이다.

국민정부는 바로 국영사창인 中國紡織建設公司와 上海 등 방직공업 선진 지역에 포진한 6구공회를 통해 이후 강력한 면업 통제정책을 추진하였으며, 이는 바로 국민정부가 추진한 전후 경제건설의 핵심적인 내

31 이에 대한 상세한 내용은, 金志煥, 〈國營與民營之間的取舍〉, 《中國社會經濟史硏究》 2006年 1期 참조.

용이었다. 이렇게 볼 때, 국민정부는 전국 방직공업 가운데 70% 이상의 비중을 차지하는 上海 및 蘇浙皖區 방직자본가의 협조 없이는 이와 같은 정책의 추진이 불가능하다는 인식을 가지고 있었던 것으로 보인다.

3. 항전 지역 공업경제의 전후 처리

전시 重慶 등 국민정부가 통치했던 지역의 경제는 주로 소규모의 중소공업에 의지하여 지탱되었으며, 따라서 전시 물질적 기초를 제공했다는 측면에서 항전 승리에 대한 이들의 공헌은 두말할 필요도 없을 것이다. 예를 들어 1944년 현재 후방의 신식 기계제 방직공업에서 생산된 면사는 매년 6만 8천여 건에 불과하였으나, 木機와 수방직업에서 생산된 면사는 매년 40여만 건에 이르러 기계제 생산 면사機紗의 무려 여섯 배에 달하였다. 기계제 생산 면포는 매년 100여만 필에 불과하였으나, 수공업으로 생산된 수직포는 무려 900만 필로 기계제 면포機布의 9배에 달하였다.[32] 이와 같이 수방직업은 전시 기간 중 생산의 중추를 담당하였다.

그러나 전쟁이 막바지로 치달으면서 경제 상황이 날로 악화되자 국민정부는 물자를 통제하는 경제 통제정책을 실시하지 않을 수 없었다. 종전 이전부터 이미 대후방의 공업은 경영상 매우 어려운 처지에 놓여 있었다. 예를 들면 직포업의 경우 전쟁 막바지인 1945년 초 이래 원면의 부족으로 말미암아 각 사창이 이미 조업 단축을 실행하고 있었다. 1945년 5월 이후 重慶의 토포업 가운데 50% 전후가 조업 단축을 실시하였으며, 成都 지역 역시 50% 정도가 조업 단축을 실시하여 도처에서 織戶의 생산 중단과 직포공장의 도산이 줄을 이었다.

종전 직후 후방 공업은 이미 심각한 곤경에 처해 있었으며, 여기에 물

32 高叔康,《中國手工業概論》, 商務印書館, 1944. 7, p.35.

가의 불안정으로 말미암아 일반의 구매력이 축소되면서 생산품의 적체가 한층 가중되었다. 이러한 상황 속에서 전시 군대에서 필요로 하는 군포를 각 중소 방직창에 도급하고 관리하던 국민정부 軍需署가 군수품의 구매를 일방적으로 취소하였으며, 더욱이 이미 체결된 계약분마저도 취소하자, 후방 공업은 전반적으로 조업 중단과 감산의 절망적인 상황 속으로 빠져들었다. 방직공업의 경우, 면화와 면사, 면포는 전시 통제정책으로 말미암아 정부가 독점적으로 공급하고 있었으나, 계약이 취소된 이후에는 면화의 공급이 정지되고 말았다. 重慶 토포창 4백여 개 공장은 전시 군대에서 필요로 하는 군포를 도급받아 생산하였으나 종전 직후 관할 부서인 군수서가 군포의 구매를 중지한 이후 원료의 공급과 제품의 판매 모두 심각한 어려움에 봉착하였다.

1946년 9월, 중소공업문제좌담회의 보고에 따르면, 후방 中小工廠聯合會 소속의 군포, 침직, 피복, 모포, 염색 정리 등 1,110여 개 공장 가운데 조업을 중단했거나 아직 정식으로 중단하지는 않았지만 실제적으로 중단하고 있는 공장이 이미 약 80% 이상에 달하였는데,[33] 이러한 수치는 후방 공업의 붕괴 상황을 잘 웅변해 주는 것이다. 더욱이 국영기업인 中國紡織建設公司에서 생산된 제품이 물밀듯이 후방으로 유입되었으며, 설상가상 군포 역시 모두 중국방직건설공사에서 생산된 제품으로 충당되게 되었다. 따라서 국영사창인 中紡公司와 국민정부의 경제정책에 대한 후방 방직자본가의 원한은 짐작하고도 남을 것이다.

1945년 8월 25일, 重慶 공업계는 긴급회의를 개최하고 공업 복원 등의 문제를 협의한 이후 '工業復員建議書'를 채택하여 이를 정부에 전달하였다. 그 주요 내용은 다음과 같다.

33 《經濟週報》3卷 12期, 1946. 9. p.10.

(1) 정부는 계속해서 생산품을 구입해 줄 것.

(2) 정부는 100억 원 상당의 공업 대출을 긴급히 실시할 것.

(3) 정부는 경영이 어려운 공장과 광업을 직접 매입해 줄 것.[34]

후방 공업의 위기는 다시 엄중한 상업적 위기를 촉발하였다. 종전 후 重慶의 수많은 商號들이 문을 닫았는데, 이 가운데 규모가 큰 것이 永昌, 西隆 등 10여 개에 이르렀으며, 傅陵에서도 東昌 등 10여 개 萬縣에서도 67개, 南充에서도 60여 개, 內江에서도 200여 개, 貴陽에서도 60-70개에 달하였다. 이 밖에 昆明, 西安, 成都, 三泰, 囊中, 永川 등지의 商號도 처지가 크게 다르지 않았다. 따라서 重慶市商會 등 각지의 상회는 다투어 건의서를 제출하고 정부에 상업 대출을 청원하였다.[35]

공상업의 위기는 다시 노동자의 실업 및 노동운동으로 이어졌다. 1945년 10월 17일, 重慶市工人請願團 대표 朱同康, 付景文 등은 社會局에 '四要'(4가지 해야 할 것)와 '三不'(3가지 하지 말아야 할 것)을 요구하는 요구서를 제출하였다. 주요한 내용은 실업노동자를 긴급 구제하기 위해 要吃(식량), 要住(주거), 要交通工具(귀향을 위한 교통수단), 要恢復工作(일자리 회복) 등을 요구하였다. 이 밖에 현직 노동자의 고용을 보장하기 위한 不關廠(공장 폐쇄 불가), 不降低待遇(임금 인하 불가), 不裁減工人(노동자 해고 불가)의 三不을 요구하였다.[36] 같은 날, 遷川工廠聯合會는 제68차 회원대회를 개최하고, "적산의 공광사업 가운데 민영 범위에 속하는 것은 신속히 우선적으로 전시 후방에서 종사했던 민영공광기업으로 하여

34 〈國內經濟動態〉,《中央銀行月報》2卷 2期, 1947. 2. p.57.

35 〈國內經濟動態〉,《中央銀行月報》2卷 2期, 1947. 2. pp.57-58.

36 〈重慶市工人請願團要求救濟的呈文〉, (彭明主編)《中國現代史資料選輯》 第六册, 中國人民大學出版社, 1989. 3. pp.439-440.

금 경영하도록 해야한다"[37]라고 천명함과 동시에 정부에 공업의 구제를 청원하기로 결의하였다.

10月 31日 오전, 全國工業協會, 遷川工廠聯合會, 工業協會重慶區工會 등은 긴급연합대회를 개최한 후 '현재의 긴급 정세에 대한 후방 공업계의 선언'을 통과시켰다. 이들은 선언문에서 "정부는 후방 민영 공업계 인사를 초빙하여 각 수복구의 적산 창광을 접수하는 데 협조하도록 해야 하며, 동시에 우대 조건으로 이들에게 공여할 것"[38]을 주장하였다. 회의가 끝난 이후, 참석자 대표 106명은 바로 조별로 나누어 내리는 비를 무릅쓰고 행정원으로 몰려가 宋子文 원장과의 면담을 요청하였다.[39]

그러면 이와 같은 후방 공업 자본가들의 청원에 대해 국민정부는 어떻게 대응하였을까. 1945년 8월 25일, 遷川工廠聯合會, 全國工業協會와 重慶區工會 등 3개 공업단체는 회원대회를 개최하였는데, 이 자리에는 경제부장 翁文灝도 참석하였다. 회의에 참석한 회원 대표는 모두 후방공업에 대한 국민정부의 명확한 구제 의지를 기대하였으나, 翁文灝는 도리어 "현재 공업 구제의 문제에 관해서, 두 가지 방면으로 나누어 이야기할 수 있다. 첫째, 정부의 구제에는 많은 어려움이 있어 무원칙하게 무조건적으로 일괄해서 구제할 수는 없다. 따라서 국가에 도움이 되는가, 구제할 가치가 있는가 하는 점을 가지고 판단하지 않을 수 없다. 둘째, 현재 모두들 비관적인 마음을 가지고 있는데, 이렇게 해서는 안 되며, 마땅히 떨치고 일어나 장래의 일에 나서야 한다"고 역설하였다. 더욱이 翁文灝는 "공업계 스스로도 분발하지 않으면 안 된다. 예를 들어 업무 효율을 제고시키고, 노동자와 지출을 경감하고 이를 통해 생산 원가를 낮

37 《新華日報》, 1945. 10. 18.

38 《新華日報》, 1945. 11. 1.

39 《新華日報》, 1945. 11. 1.

춰야 한다. 작은 단위는 가능한 한 합병을 단행해야 하며 사실상 경영을 지속하기 어려운 공장은 애통하지만 문을 닫을 수밖에 없다"[40]라고 강조하였다.

종전 직후 행정원장 宋子文이 기존 후방 각 공장과 도급관계를 규정한 군수서의 계약을 일괄적으로 취소한 이후 후방 공장들은 생산라인을 감축하지 않을 수 없었다. 그러자 四川省 이외 지역 출신의 노동자들이 분분히 해산비를 발급하여 조기에 귀향할 수 있게 해주도록 요구하였다. 이에 따라 1946년 1월 3일, 胡厥文 등 후방의 공상대표 200명이 전시생산국의 張茲闓를 찾아 이러한 사정을 호소하였다. 그러나 張茲闓가 宋子文 이외에는 이 문제를 해결할 수 없다고 이들에게 전하자, 이들은 다시 행정원에 가서 청원하였다. 宋子文은 공상업 대표들을 접견한 자리에서 "공업에 관한한 나는 전혀 그 내용을 알지 못하니 나에게 말해도 아무런 소용이 없으며, 翁文灝를 찾아가 상의하도록" 지시하였다. 그러자 각 공장 대표는 정부가 계약을 취소한 이후 공장의 생산이 중단되어 노동자의 임금을 지불하기 힘들다고 토로하면서, 행정원이 공장, 기계 등을 구매하여 직공 해산비를 마련할 수 있게 해 달라고 요청하였다. 그러나 宋子文은 "이런 낡은 골동품과 같은 기계를 구입하여 上海로 가져가 무엇에 쓰겠는가?"[41]라고 일언지하에 거절하고 말았다. 1월 6일, 공상업 대표는 다시 翁文灝에게 중소공업의 구제를 요청하였으나, 翁文灝마저 "지금의 공장은 자금, 설비, 기술의 각 방면에서 공업이라고 할 수도 없을 정도이며, 차라리 공장 문을 닫는 편이 낫다"[42]라고 회답하였다.

후방 중소공업의 곤경에 대해, 행정원장 宋子文, 경제부장 翁文灝 등

---

40 《新華日報》, 1945. 8. 26.

41 顔耀秋, 〈抗戰期間上海民營工廠內遷紀略〉, 《20世紀上海文史資料文庫》(3), 1999. 9. p.390.

42 徐崇林, 〈中國中小工廠聯合會在重慶〉, 《四川文史資料選輯》 十九輯, 1979. 9, p.76.

국민정부 수뇌부는 적극적으로 해결하려는 의지가 결여돼 있었다. 비록 전시 기간 동안 국가에 대한 중소공업의 공헌이 막대하기는 하였으나, 국민정부는 결코 이들과의 협력 속에서 전후 중국 경제건설을 추진하려 하지 않았다. 이러한 이유는 비록 전승에 대한 중소공업의 공헌은 인정하지만, 전후 중국 경제건설의 담당자로서는 부적합하다는 국민정부의 인식에 기반하고 있었다. 실제로 후방의 중소공업 및 수공업 설비는 전후 신속한 복원과 경제건설에 부적합한 점이 없지 않아 있었던 것도 사실이다. 일찍이 1944년 12월, 유명한 방직업 전문가인 李錫劍은 공업 기술자의 시각에서 전후 방직공업의 개량 문제에 대해 국민정부에 다음과 같이 건의한 바 있다.

> 우리나라가 만일 방직공업 등의 공헌이 없다면 장기적인 항전은 불가능할 것이다 〔…〕 그러나 소형 설비는 이미 낡고 원동력의 소모율이 매우 높다. 여기에서 생산된 제품은 그 질량이 떨어지며, 생산 원가도 높을 수밖에 없다. 가장 합리적인 방안은 모두 통폐합하여 각종 소공장을 비교적 완정한 조직체로 합병한 뒤, 과학화, 합리화를 추구하지 않고서는 살아남을 수 없다. 또한 인사의 조정, 기계의 개량, 조직의 정리만이 공업 효율을 제고할 수 있는 시급한 과제이다.[43]

이와 반대로, 앞서 살펴본 바와 같이 국민정부는 이미 中紡公司 및 上海 등 수복구 공업의 선진적인 설비 및 관리체계에 의지하여 생산력을 회복시키고, 전후 경제건설에 착수하려는 계획을 수립해 두고 있었다. 종전 직후인 1945년 8월에 국민정부 경제부가 작성한 '後方國營民營工鑛業調整計劃'에 의하면 "후방의 국영 공광업은 사회의 수요에 의거하

43 上海市檔案館藏檔, 檔號 : Q192-1-848 : 關於我國紡織工業之前途.

여 각각 확충, 정리, 개조, 합병 혹은 이전을 시행한다 〔…〕 후방의 중요 민영 공광사업은 전후 수요에 적응할 수 있는 능력의 정도에 따라 각기 보호하거나 경영 방법의 변경을 지도하며, 이 가운데 이전해야 할 것은 반드시 정부의 심의 결정을 거쳐야 한다"[44]라고 규정하였다.

대후방 방직자본가 가운데 陝西大華紗廠 총경리 石志學은 上海에 와서 방직공장을 참관한 이후 "上海 방직공업의 객관적 조건은 후방 지역보다 훨씬 좋다. 만일 노동운동만 없다면 당신들은 무슨 걱정이 있겠는가?"[45]라고 감탄을 금치 못하였다. 신문 보도 역시 "수복구 사창은 그 기기가 매우 우수하여, 대량 생산을 통해 생산 원가가 저렴하여 내지에 수출해도 경쟁력을 가지고 있다. 그러나 후방 각 공장은 여전히 노후한 기계를 돌려 생산량이 적고 생산원가도 높으니 어떻게 살아남을 수 있겠는가?"[46] "공업전문가의 눈으로 보면 형세는 이미 명확하다. 대후방의 기계를 수복구로 다시 옮겨 가는 일은 불가능할 뿐만 아니라, 옮겨 간다고 할지라도 거대 공업과 경쟁할 방법이 없다."[47]

이렇게 볼 때, 전시 경제에 대한 후방 방직공업의 막대한 공헌에도 불구하고, 이들이 종전 이후 중국의 경제건설을 담당하기에 역량이 부족하였음은 객관적인 사실이었던 것으로 보인다. 따라서 이들이 적산사창을 후방 방직공업에 분배하여 경영하도록 국민정부에 요구한 것은 전시 공헌에 대한 보상이라는 측면에서 제기한 것이다. 그러나 국민정부의 입장에서는 적산사창의 처리와 전후 경제건설의 문제를 단지 전시 공헌에 대한 보상이라는 측면만을 가지고 고려할 수는 없었을 것이다.

---

44 中國第二歷史檔案館編, 《中華民國史檔案資料匯編》 第5輯 第3編(財政經濟4), 江蘇古籍出版社, 2000. 1. p.271 및 p.301.

45 李崇威, 〈爲建設中國棉紡織工業努力〉, 《紡織工業》, 上海市商會, 1948. p.C17.

46 《大公報》, 1945. 10. 14.

47 《新華日報》, 1945. 9. 11.

4. 항전 지역 공업자본가의 정치 동향

종전 직후 국민정부 軍需署가 물자의 도급 구매를 정지한 이후 대후방 공업은 심각한 위기에 직면하게 되었지만, 국민정부는 국영 中國紡織建設公司와 6구공회의 선진적인 설비를 적극 활용하여 방직공업의 생산력을 신속히 회복하고 나아가 전후 경제건설을 추진하고자 했음은 이미 살펴본 바와 같다. 이러한 이유에서 일부 여론은 국민정부가 적극적으로 6구공회를 지지하는 태도에 대해 비판적인 의견을 개진하였는데, 이는 다음의 기록에서도 잘 나타나고 있다.

"곤경에 빠진 후방의 공업에 대해 宋子文은 모두 불합격으로 도태되어야 할 존재로 여겨, 결국 이들 민족공업이 모두 도태의 길로 들어섰다. 반대로 上海의 매판 공업자본가들에 대해서 宋子文은 경영이 견실하고, 기업심이 왕성하며, 높은 기술력을 보유하고 있다고 칭찬을 아끼지 않는다 〔…〕 전시에 하나의 사창이 일개 사단 병력을 부양할 수 있었으며, 적이 바로 이를 통해 지구전을 수행할 수 있었음은 의심할 여지가 없다. 그러나 그는 上海 각 사창이 적에 부역한 사실을 외면하고 申新紗廠의 榮德生을 감싸 주었으며, 永安紗廠의 郭順에게도 정식으로 여권을 발급해 주어 미국으로 도망갈 수 있도록 해 주었다."[48] "대후방 중소 공장이 비록 상당히 낙후되었다고는 하나 이를 발전시키고 설비를 개량하여 근대화되도록 도와야지 결코 翁文灝 부장이 말한 바와 같이 문을 닫게 해서는 안 된다."[49] 대후방의 공업자본가 吳更梅는 심지어 "대공장을 축소해야 하며, 소규모 공장은 이들을 타도해야 한다"[50]라는 극단적인 감정

48 《經濟通訊》2卷47 · 48期合刊, 1947. 12. 13, p.1501.

49 徐崇林, 〈一年來的中小工聯〉, 《中小工聯》1卷1期, 中小工廠聯合會, 1946. 10, p.2.

50 平心, 〈再談物價〉, 《上海週報》8期, 1945. 10. 27, p.18.

을 서슴없이 드러내었다.

한편, 종전 직후 중국 공업의 곤경 속에서 방직자본가를 비롯한 중소공업 자본가들은 적극적으로 정치에 참여하여 자신의 이익을 정책에 반영시켜 나가고자 하는 참정운동을 전개해 나갔다. 이러한 움직임은 후방 공업이 이미 전시 경제통제에 대한 반발심을 가지고 있던 차에, 종전 직후 국민정부의 공업정책이 이들의 요구와는 배치되는 방향으로 전개되자 본격적으로 드러나게 된 것으로 보인다. 실제로 종전 직후 방직업계는 분분히 업계 인사의 참정, 의정의 필요성을 제창하였다. 이에 따라 방직업계 인사들은 각종 동업단체를 통해 국민정부에 자신들의 주장과 정책을 적극 제출하였다. 이들은 참정회, 국민대회 및 정치협상회의 등에 자신들의 경제적 주장을 제출하였을 뿐만 아니라 나아가 내전의 정지, 국공화해 등 정치적 주장까지도 대담하게 제기하였다.

중국 방직업계의 대표적인 정기간행물이라 할 수 있는《紡織週刊》은 "나아가 정치를 논하지 않는다면 민주국가의 주인으로서 자질이 없는 것이다. 방직 기술자는 착실하게 정치 무대에 진출하여 영향력을 행사해야 하며, 건국의 길에서 중요한 역할을 자임해야 한다"[51]고 역설하였다. 또한 이 잡지는 "방직업계는 우리 산업계에서 가장 많은 노동자와 가장 웅후한 자본력을 지녀 거대한 역량을 보유하고 있다. 우리는 마땅히 단결하여 반내전의 조류로 산업계를 영도해 나아가야 한다"[52]고 주장하였다.

中國紡織學會의 黃希閣도 방직업자의 참정 문제에 대하여 "중국을 구하고 화평을 도모하기 위해서는 무엇보다도 기술자의 정치 참여가 필요하다 〔…〕 정부가 실시한 방직공업의 통제정책은 사실상 실패로 끝나고

51 《紡織週刊》7卷 6期, 紡織週刊社, 1946. 3. 26. p.127.

52 《紡織週刊》7卷 15期, 紡織週刊社, 1946. 4. 29. p.482.

말았는데, 이는 바로 기술자가 정치에 참여하지 않은 결과이다”[53]라고 주장하였다. 저명한 경제계 인사 吳承禧도 “무엇보다도 평화와 민주를 쟁취하는 것이 시급한 과제이다. 민족자본가는 더욱 적극적으로 일체의 민주세력과 연계하여 정치에 참여하고 정권에 간여해야 한다. 화평과 민주정치의 국면하에서 민족 자산계급의 사업과 이익이 비로소 가장 유력한 보장을 받게 될 것이며, 아울러 가장 순조로운 발전을 기대할 수 있게 될 것이다”[54]라고 주장하였다.

경제계의 대표적인 인사인 千家駒도 내전을 즉각 중지할 것을 주창하며 “일개 사단급 군대가 매월 소모하는 비용이 12억 원에 달하는데, 만일 이 비용으로 학교를 세운다면 30여 개 대학의 경비를 지원할 수 있다”[55]고 강조하였다. 中國紡織學會 上海分會도 “모두가 동감하듯이 중국 내전 위기는 매우 비통한 일이 아닐 수 없다. 그러나 내전이 절대로 현실화되어서는 안 되며, 국민 가운데 아무도 내전에 찬성하지 않기 때문에, 누가 이를 발동하더라도 반드시 실패하게 되어 있다”[56]고 주장하였다.

1946년 7월 1일부터 5일까지, 국민정부 경제부는 공상업계 영수와 경제전문가를 소집하여 경제계획위원회 전체회의를 개최하였다. 이 회의에 참석한 인사들은 정치 안정이 물가 관리와 기타 경제정책의 선결 조건임을 강조하였다. 1946년 8월 8일, 경제 위기가 날로 엄중해지면서, 上海市商會, 全國工業協會上海分會 등은 上海工商界晉京請願團을 조직하였다. 바로 다음 날인 9일, 청원단은 국민정부, 국민당 중앙당부, 행정원, 입법원, 경제부와 재정부 등에 각각 유관 인원을 파견하여 조속히 경

53 黃希閣,〈技術家應否參加政治〉,《紡織年刊》, 中國紡織學會, 1948. p.19.

54 《經濟週報》4卷 3期, 1947. 1. 16. p.10.

55 《經濟週報》4卷 4·5期, 1947. 1. 30. p.29.

56 《紡織》(勝利特刊), 中國紡織學會上海分會出版委員會, 1945.12. p.69.

제정책을 결정하여 경제 현상을 개선하고 공상업 위기를 구제해 주도록 청원하였다. 청원에서 이들은 내전의 소모가 통화팽창과 물가 급등을 초래하고, 이것이 다시 공상업의 생산 원가를 상승시키기 때문에 내전 중지를 요구하는 것임을 명확히 천명하였다.[57]

종전 직후 중소 공업계에서는 자구운동을 전개하여 中小工廠聯合會를 조직하였는데, 조직과 자구운동에서 특히 軍布業聯誼社가 핵심적인 역할을 수행하였다. 항전 시기부터 重慶의 공상업자들은 자신들의 이익을 보호하기 위해 이미 수많은 공상단체를 설립해 두었는데, 中小工廠聯合會는 바로 이들 단체 가운데 하나인 軍布業聯誼社를 기초로 진일보 발전하여 결성된 동업조직이었다. 전시 海燕織布廠의 田鐘靈, 裕服織布廠의 李學民 등이 동업 방면의 王智仁, 朱俊明, 高樹德과 楊正誼 등 10여 명과 연계하여 1943년 가을에 대회를 개최하고 정식으로 軍布業聯誼社의 성립을 선언하였다. 重慶市社會局은 이 조직을 승인하였으며, 여기에는 모두 300여 개의 군포창이 참가하였다.

전시 기간 동안 軍布業聯誼社는 중국공산당과 밀접한 관계를 유지하면서 동업 간의 이익을 대변하고 도모해 왔다. 중국공산당의 영도 아래 이들은 갖은 방법을 동원하여 국민정부 軍需署에 대한 투쟁을 전개해 왔으며, 중국공산당 계열의 《新華日報》 등은 이들 織戶의 투쟁을 적극적으로 옹호하고, 軍需署의 착오를 맹렬히 비판하였다. 중국공산당은 투쟁의 성과를 발전시키고 공고히 하기 위해, 각종 업종 간의 단결을 도모하여 重慶第一藥品生產合作社 책임자 羅叔章과 田鐘靈, 李學民 등을 동원하여 軍布業聯誼社의 기초 위에서 中小工廠聯合會를 조직하였다. 1945년 9월, 田鐘靈, 李學民, 張群華와 王智仁 등 9명은 中小工廠聯合會를 조직하기 위한 제1차 준비회의를 개최하였다. 이때 이들은 중국공산

57 《紡織週刊》7卷 21期, 紡織週刊社, 1946. 8. 14. p.665.

당의 董必武에게 구체적 방침을 내려 줄 것을 요청하였는데, 董必武는 여기서 "여러분이 건립하려는 中小工廠聯合會는 민족공상업의 생존을 도모하기 위해 조직된 것으로, 우리들은 이를 적극적으로 지지한다"[58]는 뜻을 전하였다.

1945년 9월 17일, 毛澤東은 重慶에서 공상업계의 영수인 劉鴻生, 吳蘊初, 胡西園과 章乃器 등을 접견한 자리에서, 국민당의 정치적 독재와 경제적 압박을 종식시키고 독립 자유의 신중국을 건립하는 길만이 민족경제를 부흥시킬 수 있는 유일한 길임을 강조하였다. 10월 19일, 毛澤東은 西南實業協會의 회의에서 전후 공업건설의 선결 조건은 바로 정치환경의 안정에 있음을 강조하였다. 따라서 무엇보다도 국공 쌍방이 군사상의 정전을 통해 충돌을 피하고 교통을 신속히 회복시켜야만 비로소 공업의 복원이 순조롭게 진행될 수 있다는 사실을 강조하였다.[59] 같은 해 11월 9일, 中國全國工業協會와 동협회의 重慶市分會, 그리고 遷川工廠聯合會 등 3단체는 내전 정지를 위한 긴급 선언을 발표하고 "정부 및 중공 쌍방에 즉각 정전을 촉구하며, 아울러 국민정부는 신속히 政治協商會議를 개최하여 정치투쟁을 해소하고 화평건국강령을 제정할 것"[60]을 촉구하였다.

1946년 1월 10일, 田鐘靈, 李學民, 張群華와 王智仁 등 9명이 中小工廠聯合會 籌備大會(준비대회)를 개최하였는데, 여기에는 토포, 군포, 수건, 염직, 화공, 탄광, 제지, 주정 및 제약공장 및 동업공회 대표 17개 업종의 대표자가 참석하였다. 3월 7일, 中小工廠聯合會는 정식으로 성립을 선언하였는데, 여기에 참석한 회원공장은 총 140여 개 공장이었으며 입회

58 徐崇林,〈中國中小工廠聯合會紀實〉,《重慶文史資料選輯》第1輯, 1979. 6. p.114.

59 徐崇林,〈中國中小工廠聯合會紀實〉,《重慶文史資料選輯》第1輯, 1979. 6. pp.113-114.

60 《新華日報》, 1945. 11. 9.

공장은 무려 280여 개 공장에 달하였다. 회의는 徐崇林을 이사장으로, 田鐘靈, 陳鈞, 張群華, 王智仁, 吳宗楷과 蔣代廷 등 7명을 상무이사로, 李學民, 李國璋과 蔡達元 등 3명을 상무감사로 선출하였다. 회의에서 中小工廠聯合會는 선언문을 발표하고 (1)정치민주화, (2)경제민주화, (3)전국경제회의의 신속한 개최, (4)관료자본 및 경공업 국영의 반대를 천명하였다.[61]

1946년 1월 10일부터 2월 1일에 걸쳐 政治協商會議가 重慶에서 개최되었는데, 회의에는 38명이 참석하였다. 이들의 구성을 살펴보면 국민당 8명, 공산당 7명, 민주동맹 9명, 청년당 5명, 사회인사(무당파 인사) 9명으로 이루어져 있었다. 1월 8일, 中小工廠聯合會 籌備大會도 이 회의에 의견서를 제출하고 "항전 기간 중 직포업을 예로 들면, 우리는 거의 6만 대에 이르는 鐵木織機를 동원하여 무려 3억 필의 면포를 생산하였다. 따라서 군포이건 민포이건 오로지 중소 직포창의 생산에 의지하여 해결할 수 있었다 〔…〕 그러나 정부는 공개적으로 중소공업이 조속히 문을 닫아야 한다고 주장한다 〔…〕 정부는 적으로부터 몰수한 원료를 저렴한 가격으로 후방 공장에 공급해야 하며, 특히 군포업, 花布業, 軍毯業(군모포업)에는 시급히 2개월 분의 원료를 공급해야 한다"[62]고 요구하였다.

그런데, 中小工廠聯合會의 의결안은 사실상 중국공산당의 영도하에서 이루어진 것임을 알 수 있다. 이러한 사실은 中小工廠聯合會 이사장의 회고록에 잘 나타나 있는데, 그는 여기서 "정치협상회의 기간 중, 우리는 董必武의 지시에 따라 '政治協商會議意見書'를 준비하였다. 董必武는 친필로 문장을 수정하였다"[63]라고 회고하였다. 이때 董必武는 中

61 徐崇林, 〈一年來的中小工聯〉, 《中小工聯》 1卷 1期, 中小工廠聯合會, 1946. 10. p.5.

62 〈中國中小工業聯合會對政治協商會議意見書〉, 《中小工聯》 1卷 1期, 中小工廠聯合會, 1946. 10. pp.23-24.

63 徐崇林, 〈中國中小工廠聯合會紀實〉, 《重慶文史資料選輯》 第1輯, 1979. 6. p.115.

共中央重慶局(中共南方局)의 서기로서, 周恩來와 민주당파, 진보인사와의 광범위한 접촉을 적극 주선하였다. 더욱이 董必武는 重慶局 소속 남방 각 성 중공지하당의 조직과 활동을 지원하고, 이들 조직을 통해 무장투쟁을 획책하였다.[64] 2월 8일, 中小工廠聯合會 회의에서 董必武는 "현재 발생하고 있는 중소공업의 위기는 결코 공업문제가 아닌 정치문제임"을 강조하였다. 中共代表團辦事處와 南方局의 許滌新, 張友漁와 李澄之 등은 일상적으로 中小工廠聯合會 측과 긴밀히 접촉하면서 이들의 활동을 적극 지원하였다. 1946년 中小工廠聯合會가 거행한 많은 좌담회와 보고회에는 으레 중공 대표단의 李澄之, 許滌新, 張友漁 등이 참석하여 연설하였다.[65]

政治協商會議에서 중국공산당 대표단은 '和平建國綱領草案'을 제출하였는데, 이 가운데 제8항이 바로 재정경제 개혁에 관한 주장이었다. 여기서 이들은 全國經濟會議의 정기적 개최 및 경제계 인사의 참여를 통한 경제건설 방침의 결정, 경제 통제정책의 폐지, 경제민주와 기업자유의 실행, 국영과 민영의 범위를 확정하고 국영공업의 특혜를 취소할 것, 민영공업의 지원 등을 주장하였다.[66]

1946년 2월 3일 中小工廠聯合會는 국민정부 주석 蔣介石에게 중소공업의 중요성과 전시의 공헌에 대한 보상을 요구하는 의견서를 제출하였다. 동연합회는 의견서에서 먼저 8년 항전 기간 중 중소공업이 후방 생산량의 80% 이상을 담당하였음을 환기하였다. 이와 함께, 중소공업이 붕괴하는 원인은 바로 국민정부가 실시하고 있는 잘못된 경제정책에 기인하였음을 주장하면서, 정부의 정책을 정면으로 비판하였다. 이와 함

---

64 林濃,〈中共參政員董必武〉,《陪都人物紀事》, 重慶出版社, 1997. 5, p. 68.

65 徐崇林,〈中國中小工廠聯合會在重慶〉,《四川文史資料選輯》第19輯, 1979. 9. p.72.

66 〈政治協商會議與工商業〉,《經濟通訊》1卷 2期, 1946. 1. 26. pp.3-9.

께 연합회는 다음과 같은 요구를 제출하였다.

(1) 정부는 중소 공장의 생산 복원 비용으로 500억 원을 대출해 주고 3년 이후에 원금과 이자를 상환하도록 할 것.
(2) 정부가 접수한 적산 중소형 공장은 모두 후방의 중소공업계가 그 경영권을 승계하도록 하거나 임대, 혹은 위탁 경영하도록 할 것.[67]

1946년 4월, 重慶에서 거행된 國民參政會에서 참정원 邵從恩, 周道剛, 胡政之, 朱叔, 王國源 및 余蘊蘭 등 50여 명은 국민정부의 경제정책을 정면으로 비판하면서 다음과 같은 3항의 요구사항을 제출하였다.

(1) 정부는 즉시 中國紡織建設公司의 경영을 중단할 것.
(2) 정부는 中國紡織建設公司의 기계설비를 전시 기간 동안 면제품을 생산하여 국가에 공헌한 사창으로 하여금 경영하도록 할 것.
(3) 이들 기계설비를 저렴한 가격으로 10년간 임대해 주거나, 혹은 저렴한 가격으로 분배하여 10년간 분할하여 상환하도록 배려해 줄 것.[68]

이상 이들의 요구와 주장을 살펴보면, 국민정부가 종전 직후 실시한 경공업의 국영화와 中國紡織建設公司의 설립은 후방 공업자본가가 국민정부에 등을 돌린 주요한 원인이 되었음을 잘 알 수 있다. 1946년 中小工廠聯合會는 '평화의 쟁취와 반내전을 위한 운동'을 전개하였는데, 불과 수일 만에 서명자가 4,271명에 이르렀다. 1946년 10월, 重慶中小工廠聯合會는 종전 직후 국민정부가 중소공업을 헌신짝처럼 버렸다고 비판하면서 화평 건설을 쟁취하기 위한 선결 조건은 바로 정치민주

67 徐崇林,〈一年來的中小工聯〉,《中小工聯》1卷 1期, 中小工廠聯合會, 1946. 10. p.6.
68 《經濟通訊》1卷 10·11期, 1946. 4. 6. pp.21-23.

화 및 경제민주화를 실현하는 데 있음을 주장하였다.[69] 中小工廠聯合會를 비롯한 후방 방직자본가, 기타 공업자본가들은 이후 1949년까지 계속해서 국민정부의 정책상 착오에 대해 대담하게 문제를 제기하였으며, 나아가 반내전 등의 정치운동에도 적극적으로 참여하였다. 비록 여기에서 1949년까지의 이러한 상황을 모두 서술할 수는 없지만, 이미 종전 직후 이들 후방의 공업자본가들은 국민정부의 경제정책에 강한 불만을 표시하였으며, 이러한 경제정책상의 불만은 정치문제에 대한 대담한 의견의 개진으로 발전하고 있음을 잘 알 수 있다.

결론

국민정부는 전시 기간부터 이미 여러 차례에 걸쳐 방직공업의 민영화 방침을 천명해 왔으며, 따라서 전후 적산사창의 처리 과정에서 국민정부와 함께 오지로 이전한 후방 방직공업의 주도권과 우선 승계 권리는 당연한 것으로 받아들여져 왔다. 그러나 전후 물가의 급격한 상승과 통화팽창, 이와 수반하여 연일 발생한 노동운동 등은 전후 경제건설의 순조로운 발전을 저해하였을 뿐만 아니라 정권의 안정마저 위협하는 정도에 이르게 되었다.

후방 방직자본가들은 전시 경제에 대한 자신들의 공헌에 합당한 보상을 요구하였으며, 그 구체적인 방법은 바로 적산사창의 몰수와 분배 혹은 저가의 구매를 통해 경영권을 확보하는 것이었다. 그러나 국민정부의 입장에서 볼 때, 전후 엄중한 경제위기의 상황 속에서 단지 전시 보상에 근거하여 전후 경제건설의 큰 틀을 짜는 것은 불가능한 일이었으며, 더욱이 후방 방직공업을 비롯한 중소공업계는 사실상 전후 경제건설을

69 《紡織週刊》7卷 27期, 紡織週刊社, 1946. 10. 6. pp.848-849.

담당할 수 있는 역량도 갖추지 못하고 있는 형편이었다.

따라서 국민성부는 전쟁 기간 동안 정치적 정당성의 문제로 말미암아 곤경에 빠져 있던 공업 선진 지역인 上海 및 蘇浙皖區 방직공업의 역량을 6구공회로 조직화하고, 이들의 협력을 끌어내 전후 경제건설의 핵심적인 부문이었던 방직공업의 복원과 건설에 착수하게 된 것이다. 더욱이 후방 방직공업이 요구해온 적산사창에 대한 배타적 승계 권리를 부정하고 이를 모두 국영으로 귀속함으로써, 국영사창과 6구공회의 역량을 통해 강력한 경제 통제정책을 실시하려 하였던 것이다.

비록 여기에서 살펴본 시기는 종전 직후의 단기간에 해당되지만, 이미 후방 공업자본가들은 국민정부의 경제정책에 대해 상당한 반감을 노골적으로 표시하고 있었음을 알 수 있다. 뿐만 아니라 이들은 참정운동을 전개하여 국민정부의 경제정책의 입안 과정에 자신들의 이해와 주장을 적극적으로 반영하고자 하였으며, 경제정책상의 불만은 종종 정치문제에 대한 불만과 대담한 비판으로 발전하고 있음도 알 수 있었다.

이 시기에 후방 공업자본가들의 정치적 동향이 국민정부를 이탈하여 완전히 중국공산당에 경도되었다고 할 수는 없겠지만, 적어도 전시 중국공산당의 영향력이 강하였던 軍布業聯誼社의 기치 아래에서 방직자본가를 비롯한 후방 중소공업 자본가들이 이에 공감하여 스스로의 이익단체를 결성하고, 政治協商會議나 國民會議 등 일련의 사건 전개를 통해 중국공산당과 더욱 밀접한 관계를 유지하면서 국민정부의 정책에 비판적인 태도와 이의를 제기하는 사실은 이후 국공내전의 심화 과정 속에서 이들의 정치적 발전의 방향성과 그 가능성을 이미 충분히 보여 주고 있다고 생각된다. 실제로 국민정부가 추진한 경제정책의 실패가 확연히 드러나게 되는 1948년에 이르게 되면, 중국공산당은 지하당의 주도로 수많은 공상자본가 상류층 인사를 적극적으로 포섭하게 되며, 이들은 국민정부의 공장 설비 이전에 맞서 노동자들과 함께 護廠運動(공장 보호운동)을 전개하며, 나아가 이들 가운데 적지 않은 사람들이 중화인민공화국 수립 이후 대륙에 그대로 남았던 사실은 많은 것을 시사해 준다고 생각된다.

이렇게 볼 때, 국민정부는 전후 적산기업의 처리와 공업 복원 및 경제건설의 정책 입안 과정에서 이미 단기간 내에 자신들의 주요한 계급적 기초라 할 수 있는 후방 공업자본가들의 지지를 급속히 상실해 갔음을 알 수 있다. 이는 동시에 그들의 이익을 옹호해 줄 수 있는 새로운 대체 권력에 대한 가능성을 모색하는 과정이기도 하였다.

제2장

적산 접수와 국영기업의 설립

제2차 세계대전 종전 직후 국민정부가 당면한 시급한 과제 가운데 하나는 신속히 공업을 복원하고 생산력을 제고함으로써 전후 경제건설을 추진하는 것이었다. 전후 양식, 면사포, 연료 등 일용필수품의 부족은 물가상승과 통화팽창의 직접적인 원인이 되었고, 생계비의 상승을 초래하여 노동운동이 끊이지 않았으며, 마침내 정권의 안정마저 위협하는 수준에 이르게 되었다. 이와 관련하여 최대의 공업 부문이며, 수많은 노동자를 수용할 수 있는 방직공업의 신속한 복원은 물가 및 실업 문제를 해결할 수 있는 근본적인 치유책이 될 수 있었다. 따라서 중국 방직공업에서 절반 정도의 비중을 차지했던 적산사창, 즉 在華日本紗廠의 접수와 처리는 매우 중요한 의미를 가지고 있었다.

1945년 종전 이후 중국 경제에 관한 전론적 연구가 매우 드문 현실을 감안할 때, 국민정부의 적산 접수에 관한 연구는 상대적으로 풍부한 편이라 할 수 있다. 이들 연구의 주요한 논점은 주로 접수의 부정적 측면을 강조하는 것으로서, 예를 들면 중국공산당을 배제한 국민정부의 독단적 접수는 결국 정치적으로 내전의 원인을 제공하였을 뿐만 아니라, 관료의 부패와 재정적 수탈을 근거로 이루어진 적산의 접수는 민족공업의 발전에 파멸적 결과를 초래하였으며, 나아가 관료자본의 팽창과 독점의 계기가 되었음을 강조하는 내용이다.[70]

기존의 연구가 주로 적산의 접수 과정에서 나타난 국민정부의 부패상을 입증하는 데 초점을 맞추고 있다고 한다면, 이 글에서는 먼저 적산의 접수 과정이 실제로 기존의 연구에서 지적한 바와 같이 혼란과 부패 속에서 이루어졌는지를 살펴보고, 실제 그러했다면 그 원인이 무엇인지 규명해 보고자 한다. 필자의 생각으로는, 국민정부의 적산 접수는 그 자체만을 분리하여 부패 문제로 몰아간다면 접수의 배경과 목적의 전체상을 이해하기 힘들다고 판단된다. 따라서 여기에서는 적산 가운데 최대의 비중을 차지하는 적산사창의 접수와 그 결과로서 성립된 국영사창, 즉 中國紡織建設公司의 설립 배경과 목적을 순차적으로 살펴볼 것이다.

특히 필자는 기존 연구의 정치적 시각에서 벗어나 경제적 조건에서 앞서 제기한 문제들을 재검토함으로써 보다 명확한 전체상을 도출해 내고자 한다. 이를 통해 국민정부가 적산사창의 접수와 국영사창의 성립을 통해 달성하려고 했던 목적은 무엇이며, 그 결과 어떠한 효과를 달성하였는지 살펴보고자 한다. 마지막으로 이와 같은 정책의 결과에 대해 공상자본가들의 대응과 인식을 살펴봄으로써 중화인민공화국 성립의 도정에서 국가권력과 자본가 사이의 관계를 명확히 드러내 보이고자 한다.

70 高榮, 〈試論接收中國民黨對民族工業的摧殘〉, 《史學集刊》 1996年 6期 ; 王國君, 〈抗戰勝利后國民黨對東北的接收〉, 《黑龍江社會科學》 1994年 5期 ; 楊發祥, 〈大接收與大接管略論〉, 《江西社會科學》 2000年 6期 ; 翁有利, 〈二戰終結日本對我國歸還與我國實際接收問題〉, 《社會科學戰線》 2005年 2期 등 참조.

1. 물가 급등과 노동운동

종전 직후 대량의 법폐가 重慶 등 전시 국민정부 통치구로부터 上海로 물밀듯이 밀려들었으며, 이러한 유휴자본Idle Capital은 화폐가치를 보존하기 위해 황금과 달러, 일용필수품의 구매와 투기, 사재기 등에 뛰어들었다. 이는 결국 다시 일용필수품의 부족을 가속화시켜 물가의 상승을 부추기는 악순환이 반복되었다. 더욱이 1945년 9월 27일 국민정부 재정부가 위폐(中儲券)의 법폐에 대한 태환율을 200:1로 공포한 이후, 위폐의 가치 하락과 사용금지를 우려한 시민들이 법폐와 일용품의 구매를 통해 가치를 보존하고자 하면서 上海의 물가는 말 그대로 폭등하였다.

10월 말, 재정부장 兪鴻鈞은 上海 물가가 폭등한 원인을 첫째, 후방으

上海 주요 상품의 도매물가 변동표(1945년 9월 및 11월, 단위:元)

상품명	단위	9월 11일	11월 22일
황금	兩	26,000	83,000
쌀	擔	3,100	10,085
밀가루	包	600	3,600
황두	擔	1,200	5,000
포미	擔	450	3,200
담배	箱	95,000	890,000
인조사	擔	39,000	600,000
두유	擔	4,450	25,000
기계사	擔	120,000	1,100,000
20번수면사	件	65,000	550,000
고형비누	箱	2,200	13,000
설탕	磅	2,000	22,500

資料出處:《大公報》, 1945. 12. 14.

上海 주요 상품의 소매물가 변동표(1945년 9월 및 11월, 단위:元)

상품명	단위	9월 13일	11월 21일	11월 27일
석탄	擔	285	2,562	3,082
땔감	擔	300	2,571	2,679
소금	斤	7	55	56
설탕	斤	108	975	832
면포	尺	60	510	483
담배	10支	8	75	60
고형비누	块	21	150	140
채소	斤	12	12	14
생선	斤	50	248	294
국수	斤	17	77	75

資料出處 :《大公報》, 1945. 12. 14.

로부터 上海로 몰려든 사람들로 인한 수요의 급속한 증가, 둘째, 공장의 폐쇄 및 정업, 셋째, 우편, 전기요금 등 공공요금의 상승, 넷째, 물자 수송의 어려움 등으로 설명하였다.[71]

생산설비 복원의 지체와 물가의 폭등은 실업의 증가와 노동운동의 확산을 야기하였다. 물가 상승으로 인한 생활비 압박으로 上海에서는 연일 노동운동이 끊이지 않았다. 1945년 8월 18일 中華毛織廠의 노동자 384명이 쟁의에 돌입한 이후 9월 10일, 9월 21일, 10월 29일 연이어 시위에 나서며 복직을 요구하였는데, 上海警察分局이 출동하고서야 겨우 진압될 수 있었다. 宏康毛織廠의 노동자들도 10월 13일, 14일, 15일, 16일, 27일 연이어 시위에 참여하였으며, 上海紗廠의 노동자들도 10월 10일부터 쟁의에 돌입하여 전체 노동자의 복직을 요구하였다. 이에 經濟

71 《時事新報》, 1945. 10. 24.

部特派員辦公處가 직접 노동자 대표와 담판을 벌인 후 최종적으로 가능한한 신속히 복직시키기로 합의하고 나서야 겨우 해결될 수 있었다.

1945년 9월 27일, 上海의 淞滬警備司令部는 모든 파업과 노동쟁의 및 이를 선동하는 행위를 법에 의거하여 처벌할 것임을 선포하였다. 그러나 이러한 선포는 아무런 효력도 발휘하지 못하였다. 10월 10일 裕豊紗廠 제1, 2, 3, 4, 5, 6창의 700여 노동자들이 전체 복직을 요구하며 쟁의에 돌입하였다. 그리하여 경제부 대표 桂季桓이 공회 대표 章祝三과 협의를 거쳐 "노동자들이 먼저 등기하도록 한 이후, 上海市 黨部와 社會局 및 총공회 대표가 함께 추첨을 통해 공장에서 필요로하는 인원만큼 고용하기로"[72] 합의하였다. 10월 15일에도 日華紡織 3, 4창의 393명의 노동자가 해산비[73]의 증액과 노임 문제로 쟁의에 돌입하였다. 이 밖에 大康紗廠, 內外綿, 公大 4창, 同興 2창 등에서 모두 복직 문제로 크고 작은 쟁의가 발생하였다.[74]

이와 같이 노동자의 실업문제가 심각한 사회문제로 등장하였으나 공장에서는 이들을 복직시킬 수 있는 수용 능력을 가지고 있지 못하였다. 이에 국민정부 사회부는 실업노동자를 구제하기 위한 '收復區失業勞動者 臨時救濟辦法綱要'를 반포하였으며, 上海市 각 유관기관 및 단체와 회동한 후 '上海市失業勞動者 臨時救濟委員會'를 구성하여 1945년 10월 1일 정식으로 업무를 개시하였다. 위원회는 모두 17명으로서, 사회부 대표 2명, 경제부 대표 1명, 재정부 대표 1명, 교통부 대표 1명, 양식

72 南京中國第二歷史檔案館藏檔, 檔號 : 475-17 : 經濟部接管日華等紗廠人員填報所謂接收日本紗廠工潮情形紀錄表(1945).

73 노동자가 해고되거나 일시 정직된 이후 이들을 귀향시키기 위해 지급하는 여비 등의 위로금.

74 南京中國第二歷史檔案館藏檔, 檔號 : 475-17 : 經濟部接管日華等紗廠人員填報所謂接收日本紗廠工潮情形紀錄表(1945).

부 대표 1명, 第三方面軍總司令部 대표 1명, 上海市社會局 대표 1명, 上海市警察局 대표 1명, 上海市黨部 대표 1명, 上海市青年團 대표 1명, 上海市總公會 대표 2명, 上海市商會 대표 2명, 선후구제총서 上海分署 대표 1명, 淞滬警備司令部 대표 1명으로 구성되었으며, 실업노동자의 조사 및 구제업무를 담당하였다.

10월 5일 上海市政府는 '失業勞動者臨時救濟會議'를 개최하고 "일본군이 투항하기 이전에 스스로 이직한 실업노동자를 우선적으로 구제하며, 일자리를 주선해 주도록 노력한다. 이와 함께 수복구 공장 설비를 복원한 이후에 노임은 표준임금을 결정한 이후 시정부가 공포하여 실행한다"[75]라고 결정하였다.

10월 23일 사회부장 谷正綱은 上海의 실업 문제가 매우 심각하다는 사실을 중앙에 보고하고, 실업의 원인은 접수 공장이 아직 생산설비를 복구하지 못해 생산에 착수하지 못했기 때문이라고 지적하면서 다음과 같은 방법을 건의하였다.

(1) 아직 접수하지 않은 공장의 노동자에게는 월급 3개월분을 해산비로 지급한다.
(2) 이미 접수했으나 아직 복직되지 못한 노동자들에게도 3개월분의 월급을 보조한다.
(3) 이미 접수한 공장의 노동자에게도 3개월분의 월급을 지급하고 복직시킨다.[76]

물가의 폭등으로 생계가 어려워지면서 노동운동의 확산과 과격화가 우려되는 가운데 上海市失業勞動者 臨時救濟委員會는 실업노동자에게

75 《時事新報》, 1945. 10. 6.
76 《時事新報》, 1945. 10. 24.

매달 식량 6斗에 해당되는 현금을 3개월 동안 지급하였다. 1945년 10월부터 11월 30일까지 두 달 동안 지급된 구제금은 모두 751,224,281원에 달하였다.[77]

上海市 실업구제금 통계표(1945년 11월 30일까지)

구제 내용	해당 공장	노동자 수	구제 금액
구제위원회 직접 구제	74	8,597	48,487,255
경제부의 보조비	78	44,958	408,561,125
해군부의 보조비	4	5,467	73,804,500
공장의 자체 출연	166	31,499	220,326,025
총계	323	90,640	751,224,281

資料出處: 上海市通志館年鑒委員會,《上海市年鑒》, 中華書局, 1946.12, p.N20.

그러나 실업노동자의 문제를 해결하기 위해서는 근본적으로 생산설비의 복구를 서둘러 공업의 생산력을 신속히 회복시키고 일자리를 창출하는 길밖에 없었다. 실제로 1945년 8월부터 12월까지 발생한 441건에 달하는 노동운동의 원인을 분석해 보면, 가장 많은 항목이 바로 해고로 인한 분규로서 모두 141건에 달하였다. 다음으로 많은 원인이 해고되거나 일시 정직된 노동자에게 지급하는 여비나 해산비와 관련된 내용으로 총 95건에 달하였다. 세 번째가 복직의 요구로 모두 86건에 달하였다. 세 항목을 합한 것이 전체의 73%에 달하였다.[78]

이렇게 볼 때, 이 시기에 노동운동의 주요한 원인은 바로 고용(해고) 문제에 있었으며, 전후 공장의 폐쇄와 생산설비 복구의 지체가 주요한 원

77 《解放日報》, 1946. 2. 24.

78 中國第二歷史檔案館編,《中華民國史檔案資料匯編》第5輯 第3編(財政經濟4), 江蘇古籍出版社, 2000. 1. pp.210-211.

종전 직후 노동운동의 분석(1945-1946년)

쟁의 원인	1945년(8-12월)	1946년
노임 인상, 대우 개선	48	544
해산비	95	84
장려금, 구휼비	8	41
노임 보조	3	14
구제 요구	2	21
적산 물자의 배급	8	5
식량 배급	5	
복공 요구	86	127
해고 분규	141	176
노동 협약		
공작 시간		
공장 규율 및 제도 관계		
공장 측 조치 반대	7	28
기타	12	113
불명	26	16
총계	441	1,169

資料出處: 中國第二歷史檔案館 編,《中華民國史檔案資料匯編》第5輯第3編(財政經濟4), 江蘇古籍出版社, 2000.1, pp.210-211.

인이었음을 잘 알 수 있다. 따라서 국민정부의 입장에서도 구제비의 지급은 결코 근본적인 해결 방법이 될 수 없었으며, 전후 공업의 복원과 생산력의 회복만이 근본적인 해결책임을 잘 인식하고 있었다. 이러한 의미에서 적산공장의 신속한 접수와 처리는 이와 직접적으로 관계된 매우 중요한 문제였음에 틀림없다.

일찍이 국민정부의 기관지적 성격을 가진《中央日報》는 전후 경제 복원의 특질에 대해 다음과 같이 주장하였다. "전후 경제건설은 복원 업무의 궁극적인 목표이다. 만일 우리들이 경제 복원정책을 시행하면서 단지 소극적인 구제업무에 치우치게 된다면 우리들이 투입하는 물력과 인력이 소모되어 전후 생산건설사업과 전혀 무관하게 된다. 그렇게 된다면 우리들은 복원작업을 완수할 수 없을 뿐 아니라 근본적인 구제정책의 목적 역시 달성할 수 없게 될 것이다."[79]

이와 같은 인식에서, 행정원장 宋子文은 적산기업의 폐쇄가 엄중한 실업문제를 양산하였음을 친히 목도한 이후 적극적이고도 신속하게 생산설비를 복구하도록 지시하였다. 10월 13일, 宋子文은 접수 대원들에게 장기간에 걸친 적산기업의 폐쇄가 엄중한 실업문제를 양산할 뿐만 아니라 사회질서에 심각한 악영향을 미칠 수 있음을 우려하면서, "이미 접수한 공장은 기계와 물자를 신속히 정돈하고, 아직 접수하지 않은 것은 신속히 접수하며, 접수한 이후 정리를 마친 기업은 신속히 생산력을 회복시키도록"[80] 지시하였다. 경제부장 翁文灝 역시 上海가 중국 공업의 중심이라는 중요성에 비추어 각 사창의 설비를 우선적으로 가동하여 생산을 회복할 수 있도록 지시하였다.[81]

2. 국민정부의 적산 접수 정책과 접수 정황

일찍이 1943년 12월, 국민정부는 '敵産處理條例'를 반포하고, 敵産處理委員會를 설립하여 일본의 패망 이후 적산의 접수를 대비하도록 하였다. 이후 1945년 초, 資源委員會는 '收復區工鑛事業整理原則 및 處理方法'을 입안하여 일본이 패망한 이후 적산공광기업을 몰수하여 계획경제를

79 《中央日報》, 1945. 8. 20.
80 《民國日報》, 1945. 10. 14.
81 《時事新報》, 1945. 10. 11.

실행함으로써 중국의 공업화를 가속화시킨다는 계획을 입안하였다. 같은 해 8월 1일, 국민정부 경제부는 收復區工鑛事業整理委員會 조직규정 및 收復區特派員辦公處의 조직규정을 공포하고, 규정에 따라 특파원판공처가 일곱 지역으로 나누어 설치되었다. 즉 (1) 蘇浙皖區(江蘇, 浙江, 安徽), (2) 湘鄂贛區(湖南, 湖北, 江西), (3) 粵桂閩區(廣東, 廣西, 福建), (4) 冀熱察綏區(河北, 熱河, 察哈爾, 綏遠), (5) 魯豫晉區(山東, 河南, 山西), (6) 東北區, (7) 臺灣區로 나누어 각 판공처의 책임하에 적산공광기업 및 유관사업을 접수 및 정리하도록 규정하였다.[82]

蔣介石은 8월 15일 당일 즉시 각 省市의 책임자를 임명하고 이들의 책임하에 신속하게 지방행정과 질서를 회복시키도록 지시하였다. 즉 南京에는 馬超俊, 上海 錢大鈞, 北平 熊斌, 天津 張廷諤, 青島 李先良, 濟南 何思源, 保定 孫連仲, 太原 閻錫山, 察綏 傅作義, 熱河 劉多荃, 開封 劉茂恩, 武漢 王東原, 長沙 吳奇偉, 廣州 陳策, 杭州 黃紹竑, 南昌 晉浩森, 安慶 李品仙, 鎭江 王懋功, 廣州灣 登龍光 등이 임명되었다.[83]

8월 21일, 湖南省 芷江에서 중국육군총사령부 참모장과 일본의 중국파견군 참모부장이 8월 25일 이후 중국 군대가 南京, 北京, 上海 등지에 진주하기로 합의하였다. 그런데 이후 적산을 접수하는 과정에서 국민정부와 공산당 사이에 국부적인 충돌이 발생하자, 蔣介石은 중앙 정부가 모든 적산을 접수할 것임을 선언함과 동시에 공산당의 독자적인 접수를 금지하였다. 그러나 중국공산당 제18집단군 총지휘관 朱德은 중공 세력 범위 내에서의 접수 권리를 주장하였다. 8월 21일 행정원 제709차 회의는 '收復區重要工鑛事業處理辦法'을 통과시키고 국민정부의 현지 행정기관 및

82 中國第二歷史檔案館編, 《中華民國史檔案資料匯編》 第5輯 第3編(財政經濟4), 江蘇古籍出版社, 2000. 1. p.486.

83 《中央日報》, 1945. 8. 16.

임시기구가 일체의 적산을 선행적으로 접수하도록 규정하였다. 8월 29일, 경제부는 '收復區敵國資産處理辦法'을 공포하고 적국이 중국에서 보유하고 있던 일체의 공사 사업자산 및 권익을 일괄 접수한다고 선포하였다.

9월 15일, 중국육군총사령 何應欽는 '일본재산처치판법' 3항을 다음과 같이 반포하였다. 즉 첫째, 중국 혹은 연합국의 재산 가운데 일본의 관병에 의해 점유되었던 것은 즉시 정부에 반납해야 하며, 아울러 이들 재산이 누구에게 매도되었는지 혹은 조차되었는지 보고해야 한다. 둘째, 일본 관병의 소유나 현재 사용되고 있는 건축물과 모든 문서 및 당안 등의 이출이나 훼손을 금지한다. 셋째, 일본 관병이나 혹은 일본 교민의 소유인 은행, 상점, 공장 등은 개인 혹은 단체의 소유를 불문하고 모두 목록을 만들어 이들 재산의 조목과 소재지를 설명해야 한다.[84]

중앙 정부의 통일적 지휘와 통제가 갖추어지지 않은 상태에서 시행되는 접수의 혼란과 폐해는 충분히 예상할 수 있는 일이었다. 따라서 이를 예방하기 위한 취지에서 국민정부는 일찍이 1945년 8월 23일 각 부서 및 유관 城市政府 등 모든 중앙 및 지방 각급 행정기관으로부터 파견되어 접수공작에 참여한 사람들은 모두 중국 육군총사령의 통일적 지휘 및 감독을 받도록 지시하였다.[85] 같은 날 경제부장 翁文灝도 성명을 발표하고 모든 공광사업은 정식으로 접수하기 이전에 반드시 그 자산과 설비를 보존해야 하며, 사사로이 이관하거나 변동이 있어서는 안 된다고 명령하였다.[86] 더욱이 翁文灝는 만일 고의로 혼란을 초래할 경우 반드시 엄중한 조사를 거쳐 법에 따라 처리할 것임을 경고하였다.

이러한 지시와 경고에도 불구하고, 종전 직후 적산 접수 및 그 처리 과

84 《申報》, 1945. 9. 17.

85 《中央日報》, 1945. 8. 24.

86 《申報》, 1945. 8. 24. 및《中央日報》, 1945. 8. 24.

정은 매우 복잡하였으며 지극히 문란하였다. 이는 수많은 당시의 자료들과 회고록에서 잘 나타나고 있다. 이러한 이유는 종전 직후 행정원이 현지의 행정기관 및 임시기구 등의 선행적 접수를 허용했기 때문에, 접수 초기에 아무런 계통과 통일성 없이 각 군정기관이 다투어 적산의 접수에 착수하였기 때문이다. 上海의 적산은 적어도 10여 개에 달하는 서로 다른 기관의 명의하에 접수되었다. 예를 들면 軍統局, 中統局, 三民主義青年團 지하조직, 經濟部特派員辦公處, 軍政部特派員辦公處, 糧食部特派員駐滬辦公處, 上海市政府, 交通部, 招商局, 海軍, 海關 등이 각각 자신의 독자적 계통에 따라 접수하였으며, 이는 자연히 극도의 무질서를 초래하였다.

예를 들면, 해군과 軍政部特派員辦公處, 招商局이 모두 上海 黃浦江에 정박되어 있던 일본 함선을 접수하도록 각각 자신들의 소속원들에게 지시하였는데, 모두 같은 시간에 함선을 접수하도록 명령하였다.[87] 군통부가 漢奸의 주택 정문에 폐쇄의 집행통고를 붙여 놓으면, 三民主義青年團 관계자들이 뒷문으로 집안의 가산들을 모두 실어가 버리는 형편이었다. 특정한 기관이 먼저 접수에 착수하면 다른 기관의 접수 권리를 부정하였으며, 이러한 이유에서 적산의 접수 문제를 두고 종종 분쟁이 일어나 重慶으로 가서 소송을 제기하는 일마저 발생하였다.[88] 따라서 당시의 언론은 "접수 기관의 일원화가 절실하다. 특정 산업은 반드시 한 기관이 접수하도록 규정해야 하며 동시에 몇 개의 기관이 접수에 나서는 일은 절대 막아야 한다"[89]라고 보도하였다.

더욱이 적산의 접수 과정에서 수많은 탐오와 병폐가 발생하였다. 上海

87 傅錫寶, 〈上海敵僞逆産接收査扣保管處理內幕〉, 《20世紀上海文史資料文庫》(2), 上海書店出版社, 1999. 9. p.99.

88 張一帆, 〈勝利以來的經濟〉, 《民主》 14期, 1946. 1. 12. p.343.

89 《中央日報》, 1945. 10. 6.

市長 吳國楨은 회고록에서 "접수 기관들은 그야말로 정복자와 같았다. 접수된 재산에는 적산뿐만 아니고 중국인의 재산도 종종 포함되어 있었다"[90]라고 회고하였다. 접수 대원에 대한 上海 市民들의 인상은 매우 부정적이었는데, 이는 수복구에서 유행하던 노래 가사 가운데 "중앙 정부가 수복할 것을 오랫동안 갈망해 왔는데, 중앙 정부가 오고나서 더욱 심한 재앙을 맞게 되었다"[91]라는 내용을 통해서도 잘 알 수 있다. 이는 上海 시민들의 원성을 그대로 반영하고 있다고 생각된다.

이 밖에 접수한 적산공장의 물자를 기록한 장부는 모두 접수 대원들이 도착한 이후 지극히 한정된 기한 내에 작성된 것이다. 당시 일본인들은 패전의 상황에서 물자 현황을 기록한 장부를 작성하였는데, 통상적으로 창고 안에 있던 물자의 실제 수량은 장부상의 수치보다 훨씬 많았다. 일본인들은 이렇게 함으로써 자연히 탐오한 접수 대원들의 욕심에 부응하였던 것이다.[92] 10월 말 上海 시민들은 重慶 등 후방 지역으로부터 파견되어 온 접수대원들을 풍자하여 '重慶客'(중경손님)이라는 신조어를 만들어 냈다. 당시 上海의 접수공작에 참여한 米慶雲은 "항전 전, 上海 사람들은 四川 사람들을 '川耗子'(사천쥐)라고 놀렸는데, 이들은 시골 출신으로 어수룩하여 도처에서 사기당하기 일쑤였다. 그런데 현재는 '重慶人'의 영예를 얻게 되었다. 上海人들에게 양식을 주고 춤을 추게 하는 주인이 된 것이다. 이들이 이렇게 떠받들어지는 이유는 바로 '重慶人'이기 때문이다"[93]라고 회고하였다.

---

90 吳修垣譯, 馬軍校注,《從上海市長到臺灣省主席-吳國楨口述回憶》, 上海人民出版社, 1999. 11. pp.2-3.

91 吳雲溥, 〈接收原來是劫收〉,《中國近代經濟史話》, 江蘇人民出版社, 1984. p.124.

92 許季超, 〈國民黨海軍接收上海方面日僞物資之史料〉,《文史資料存文匯編》3, 上海古籍出版社, 2002. p.409.

93 米雲慶, 〈從重慶至上海的接收見聞〉,《文史資料存稿選編》抗日戰爭(下), 中國文史出版社, 2002.2, p.739.

그러면 이와 같은 혼란 상황은 어떠한 이유로 발생하게 되었으며, 실제로 그러했는지 살펴보도록 하자. 일찍이 經濟部蘇浙皖區特派員辦公處의 張茲闓는 회고록에서 이와 같은 현상을 근본적으로 부정하였다. 그는 "나는 일찍이 어떠한 문서에서도 접수의 횡포라는 사실을 접한 적이 없다. 나도 이러한 말이 떠도는 것을 들은 적은 있다. 그러나 이것도 공개적으로 언급된 적은 없으며 시정잡배들의 유언비어에 불과했다고 생각된다. 그 당시 정부에 불만을 가지고 있던 자들의 유언비어가 매우 많았다. 이는 아마도 좌경분자나 혹은 친일의 혐의가 있는 자들이 고의로 유포한 것이라 생각된다"[94]라고 회고하였다.

張茲闓의 부인에도 불구하고 당시 신문은 "불과 20여 일 만에 北京과 上海 일대의 민심은 모두 정부로부터 떠나갔다"[95]라고 보도하였다. 필자는 張茲闓의 주장에는 일정한 이유가 있다고 생각된다. 왜냐하면 경제부 蘇浙皖區 特派員辦公處는 9월 19일이 되어서야 비로소 적산공장의 접수에 착수하였기 때문이다. 이는 宋子文이 입법원에 보고한 자료를 통해서도 입증된다. 즉 1947년 3월 1일 宋子文은 입법원에 "적산의 접수와 처리의 과정 중에서 확실히 적지 않은 방면에서 일탈행위가 발생하였다. 그러나 행정원 敵僞産業處理機關이 성립된 이후 접수는 비로소 질서를 회복하기 시작하였다"[96]라고 보고한 것에서, 사실상 8월 15일 직후 일정 기간 동안은 행정원을 중심으로 한 체계적인 접수가 이루어지지 않았으며, 통일성을 갖추지 못한 수많은 현지 기관에 의해 무질서가 자행되었음을 짐작할 수 있다. 또 다른 접수인원은 "승리 후 1개월 동안 정부의 어떤 조치도 찾아볼 수 없었다. 우리의 예상보다 승리가 빨

94 張茲闓, 〈勝利接收的經驗〉, 《傳記文學》 10卷 3期, 1967. 3. p.47.
95 《大公報》, 1945. 9. 27.
96 《申報》, 1947. 3. 2.

랐으며, 정부는 갑자기 맞이한 승리로 미처 준비가 부족하여 사전에 충분한 대비가 없었다. 그리하여 9월 21일에 이르러서야 비로소 경제부 특파원이 접수를 시작하게 된 것이다"[97]라고 회고하였다.

제2차 세계대전 말기 국민정부의 당, 정, 군, 특수기관 등은 모두 上海에 지하공작단과 요원을 침투시켜 운영하고 있었으며, 이들은 汪精衛 정부의 조직 및 친일파의 재산을 이미 파악해 두고 있었다. 따라서 1945년 8월 15일, 일본이 투항을 선포한 즉시 上海 전역에서 적산 및 역산을 접수하기 시작하였다. 이것이 바로 당시 上海에서 말하는 무자비한 접수의 참극을 연출한 것이다.[98]

이 밖에 수복구 공광업의 접수 공작은 원래 매우 복잡한 요소를 가지고 있었다. 왜냐하면 수복구의 각종 공광업은 복잡한 소유 및 경영방식을 가지고 있었기 때문이다. 즉 어떤 공장은 원래 중국의 국영사업이던 것이 적에 의해 몰수된 것이고, 어떤 것은 일본인에 의해 설립된 것이며, 어떤 것은 일본인이 설립한 기업에 중국인들이 주식이나 일부 자본을 투자한 것도 있었다. 어떤 것은 중국인 개인 혹은 공사의 소유였으나 적에 의해 강점된 것도 있었고, 어떤 것은 민영이지만 일본인이 일부 자본을 주식으로 투자한 것도 있었으며, 어떤 것은 중국에 있던 외국인의 산업이 일본에 倂呑된 것도 있었다.

이상과 같이 종전 직후 上海, 北京, 靑島, 天津 등 대도시에서 자행된 접수 대원들의 횡포는 국민정부의 수복을 열망하던 수많은 시민들의 기대를 이반하였다. 물론 일본의 항복이 국민정부의 예상보다 빨리 찾아왔으며, 따라서 실제로 국민정부에 의한 체계적인 접수는 9월 중순 이후

97 〈八年來的回憶〉,《紡織染工程》8卷 1期, 1946. 9. 15. p.2.

98 楊宦, 〈軍統接收上海逆産及鄧葆光,陳乃昌爲人民保全財産的情況〉,《文史資料存文稿選編》抗日戰爭(下), 中國文史出版社, 2002. 2. p.718.

에서야 비로소 이루어질 수 있었다. 그럼에도 불구하고 이러한 접수 과정에서 나타난 시민들의 민심 이반은 생각보다 엄중하였다. 이는 당시 신문에서 "구토를 수복하면서 절대로 민심을 잃지 말아야 한다. 정부에서 파견된 접수 대원들은 정복자로서 수복구로 돌아와 승리의 시위를 하는 것이 아님을 명심해야 한다"[99]라고 접수의 폐해로 인한 민심 이반을 경고한 것에서도 잘 알 수 있다.

3. 적산기업 국영화 정책의 배경과 목적

제2차 세계대전 종전 직후 국민정부가 당면한 최대의 문제는 무엇보다도 신속한 공장설비의 복원과 생산력의 회복을 통해 전후 경제건설에 매진하는 일이었음에 틀림없다. 더욱이 중국 공업 가운데 가장 큰 비중을 차지하고 있던 방직공업의 경우, 적산사창, 즉 재화일본방직공장의 접수와 처리는 전후 경제건설의 과정에서 핵심적인 문제로 부상하였다. 일본 공장의 선진적 설비를 신속히 복원하여 생산에 투입하는 것은 전후 실업의 해소를 비롯하여 일용필수품의 공급과 물가 안정을 위해 시급한 일이 아닐 수 없었다.

종전 직후 적산사창의 폐쇄와 생산활동의 정지는 격렬한 노동운동을 야기하였다. 1945년 9월 2일, 일본이 '무조건투항서'에 서명한 이후 上海의 在華日本紗廠은 대부분 영업 정지와 공장의 폐쇄를 선언하였으며, 이는 곧 대량의 실업을 야기하였다. 9월 중순 신문은 "일본이 투항한 이후 上海市의 120개 일본 공장 가운데 정식으로 정업을 선포한 것이 80%에 이른다. 上海市의 실업노동자는 이미 50만 명 이상에 달하였다 〔…〕 거리나 혹은 공장 부근 도처에 삼삼오오 모여있는 실업노동자들의 모습

99 《大公報》, 1945. 9. 14.

을 볼 수 있다. 9월 21일 일부 노동자들은 國民黨 上海市黨部에 정업과 실업의 신속한 해결을 촉구하였다"[100]라고 보도하였다.

종전 직후 재정부장 兪鴻鈞은 기자간담회에서 "上海의 가장 큰 난제는 노동자의 실업문제이다. 노동운동은 공장의 폐쇄 및 실업과 밀접한 관계를 가지고 있다"[101]라고 토로하였다. 접수 초기 각종 접수기관은 적산공장을 폐쇄하고 창고의 원료와 제품, 기타 물자의 이동을 엄격히 금지하였기 때문에 자연히 생산활동도 지속할 수 없었던 것이다.[102] 접수대원이 적산사창을 처리하는 방법은 먼저 공장을 봉쇄한 이후 정업을 명령하고 각 공장으로 하여금 노동자들에게 해산비를 지급하도록 하였다. 공장은 일반적으로 3개월분의 노임을 지급하였는데, 매달의 노임은 쌀 1담(擔=약 60킬로그램)에도 미치지 못하였다. 따라서 노동자 한 가족이 쌀 3담으로 3개월도 지탱할 수 없었을 뿐만 아니라, 전후 물가 폭등으로 쌀값은 계속 상승하였다. 때문에 노동자들은 하루가 멀다 하고 社會局과 經濟部特派員辦公處로 몰려와 실업의 구제 및 복직을 요구하였다.[103] 이러한 의미에서 적산사창의 신속한 접수와 복원은 실업문제를 근본적으로 해결할 수 있는 관건이 아닐 수 없었다.

이러한 견지에서 9월 18일 第三方面軍司令部는 육군총사령 何應欽의 명령에 따라 다음 날인 19일부터 經濟部特派員인 張茲闓와 회동하여 上海의 일본 방직공장들을 접수하기 시작하였다.[104] 말하자면 8월 15일부터 9월 18일까지 적산기업의 접수는 아무런 계통과 통일성이 없었으며,

100 《時代日報》, 1945. 9. 26. 및 《新華日報》, 1945. 9. 28.

101 《時事新報》, 1945. 10. 17.

102 胡素珊, 《中國的內戰》, 中國青年出版社, 1997. 11. p.36.

103 顏耀秋, 〈抗戰期間上海民營工廠內遷紀略〉, 《20世紀上海文史資料文庫》(3), 上海書店出版社, 1999. 9. p.392.

104 《中央日報》, 1945. 9. 19.

책임의식도 투철하지 않았다고 할 수 있다. 방직업계의 대표적인 정기간행물인《紡織週刊》은 적산기업의 접수에 대해 “경제부는 1945년 9월 하순부터 접수를 시작하였다. 따라서 8월 중순 이후 9월까지의 한 달 동안 상황은 매우 혼란스러웠으며, 기계설비와 원료 등은 훼손되거나 소실되어 그 피해가 매우 컸다. 뿐만 아니라 일본인들이 정부에 보고하기 이전에 물자들을 노동자들의 해산비로 지급하거나 혹은 사사로이 빼내어 판매한 수량도 상당히 많았다”[105]라고 기록하였다.

1945년 9월 20일, 經濟部特派員辦公處는 육군총사령부의 명령에 따라 上海 지역 일본 사창의 접수에 착수하였다. 당일 오전 10시, 經濟部特派員 張茲闓 및 전문위원 王子建, 陸紹運, 章劍慧, 桂季桓, 吳聞天, 顧鼎吉, 張家祉, 汪經鎔, 張慰慈, 郭可詵, 焦雨亭, 李泰雲, 汪泰經, 許邦友 등이 社會部司長 陸京士, 上海市政府 參事 曲萬森, 上海市黨部 공상과장 張振遠 등과 접수 문제를 논의하였다. 그리고 곧 바로 적산사창 가운데 가장 규모가 큰 內外綿紗廠 총공사로 함께 가서 日本在華紡績連合會 회장인 勝田俊治 및 각 사창의 책임자들의 영접을 받은 이후, 이들과 함께 접수와 관련된 제반 사항들을 논의하였다. 당시 접수에 참여했던 章劍慧는 당시의 상황을 다음과 같이 회고하였다.

> 모일 모시에 긴 탁자가 놓여 있는 실내에서 우리 특파원들은 자리를 잡고 앉아 있었다. 이후 일본 사창의 총경리, 경리 등 약 10여 명이 지극히 공손한 태도로 상반신을 굽히고 실내로 들어왔다. 그들로 하여금 맞은편에 앉도록 하였다. 특파원 측은 우리 정부의 명령에 따라 기한 내에 일본인들로 하여금 모든 공장 설비를 이관하도록 하였다. 눈앞의 일본인들은 모두 큰 회사의 책임자들로서 이전에는 거만

105 《紡織週刊》7卷 5期, 1946. 3. 5. p.115.

하기 그지없는 대자본가들이었다. 그러나 이때 머리를 숙이고 허리를 굽혀 공손히 명령을 받았으며, 조금도 원망하거나 불쾌한 표정을 보이지 않았다. 내심이 어떠하든, 이와 같이 순응하는 태도와 정신에 우리들은 경탄해 마지 않았다. 실제 접수 과정에서도 일본인들은 성의를 다해 모든 설비 및 장부 등을 하나하나 넘겨주었으며, 매우 체계적이고 정리가 잘 되어 있었다. 둘러보니 일본 사창의 경영 수준이 중국 사창보다 한 수 위였다.[106]

이어서 특파원들은 공장 책임자들에게 각 공장 및 분창 혹은 영업소 등 일체의 건물, 기계설비, 원료, 현금, 장부, 檔案 등을 모두 상세하게 목록으로 작성하여 제출하도록 지시하였다. 동시에 모든 자산을 책임지고 보관할 것과 훼손하거나 은닉, 판매, 이전 등의 행위를 금지하였다. 이와 같은 업무를 마치고 난 이후 다시 다른 공장으로 이동하였다.[107] 접수 과정에서 陸紹運 등은 內外綿, 豊田, 東亞紗廠 및 각 부속공장의 접수 및 정리를 주도하였으며, 章劍慧는 日華, 同興, 大康, 恒豊, 振華紗廠 등을 주도적으로 접수하였고, 顧鼎吉은 公大, 裕豊紗廠 등을, 桂季桓은 上海, 明豊紗廠을 접수하였다.[108]

처음에는 접수를 위한 준비가 여러 가지로 미비하였기 때문에 경제부는 임시로 上海의 민간공정사와 기술자, 대학교수 등을 동원하여 접수 업무에 협조해 주도록 요청하였다. 뿐만 아니라 접수 업무를 원활하게 진행시키기 위해 이미 공장을 떠나 虹口에 집결해 있던 일본인 가운데 숙련된 기술자들을 불러 접수 업무를 보조하도록 하였다. 접수 업무의 가장 중요한 작업은 접수한 물자의 장부 기록과 원래 일본인들이 가

106 章劍慧, 〈雪泥雜記-八秩回憶錄〉, 《中國近代紡織史研究資料匯編》 第2輯, 1988. 12. p.17.

107 《時代日報》, 1945. 9. 21.

108 《紡織染工程》(抗戰勝利特刊), 1945. p.56.

지고 있던 원시 장부와 오차가 없는지 일일이 대조하는 작업이었다.[109]

한편, 1945년 11월 12일 국민정부는 重慶에서 전국의 방직공업을 관리하기 위해 紡織事業管理委員會를 성립시키고 東雲章을 위원장으로, 李升伯, 吳味經, 楊錫仁, 尹任元 등을 위원으로 임명하였다. 위원회의 주요한 임무는 "적산사창 및 그 부속 자산을 접수하고, 이를 정리하여 신속히 생산활동에 착수할 수 있도록"[110] 하는 것이었다. 이어 11월 21일 방직사업관리위원회 제1차 회의에서 東雲章은 이미 접수한 적산사창을 모두 위원회의 관할하로 이전하여 경영할 방침을 시사하였다. 이어 11월 26일, 최고경제위원회에서 행정원장 宋子文은 "인민의 경제활동과 직접적으로 관련된 사업에는 그 발전을 위해 정부가 적극 간여할 뜻임"[111]을 밝혔다. 바로 다음 날 행정원 제722차 회의에서 宋子文은 적산사창을 국영화함과 동시에 이를 위해 中國紡織建設公司를 설립할 것을 선언하였다.[112]

이와 함께 紡織事業管理委員會의 東雲章을 中紡公司의 총경리로, 李升伯, 吳味經을 부총경리로, 楊錫仁, 尹任元 등을 이사로 임명하였다. 이는 紡織事業管理委員會와 中紡公司의 지도부를 동일인으로 구성함으로써 기존 국영기업에서 나타난 행정 수속의 비효율성, 조직의 방만함과 관리체계의 번잡함 등을 일소하고 신속한 업무의 처리와 작업 효율의 제고를 추구한 것이라 할 수 있다.[113]

中國紡織建設公司의 설립 목적에 대해 宋子文은 기자간담회에서 "일본 투항 시 적산사창은 모두 350여 만 추의 방추를 보유하고 있었다. 정

109 《紡織週刊》7卷 5期, 1946. 3. 5. p.115.

110 龍大均, 〈十年來之物資管制〉, 《十年來之中國經濟》, 中華書局, 1948. 3. p.73.

111 《申報》, 1945. 11. 27.

112 《申報》, 1945. 11. 28.

113 中紡公司를 비롯한 국민정부의 면업통제 계통에 대한 자세한 내역은 金志煥, 〈抗戰勝利后 國民政府의 綿業統制政策〉, 《東洋史學硏究》89輯, 2004. 12, pp. 230-231 참조.

부는 이들을 신속히 복구시켜야 했으며 지체할 시간이 없었다"[114]라고 밝혔다. 宋子文은《大公報》기자와의 회견에서도 "정부는 국민의 衣食住行에 대해 반드시 책임을 져야 한다. 지금과 같이 물가가 폭등하는 시기에, 정부가 방직 설비를 장악함으로써 비로소 면사포의 가격을 통제할 수 있다"[115]라는 의사를 표명하였다.

1946년 초, 중국국민당 제6계 중앙집행위원회 제2차 전체회의에서 의결된 '재정금융경제보고결의안'에서도 적산사창의 국영화에 대한 목적이 잘 나타나 있다. 즉 결의안은 "정부가 최선을 다해 물가를 안정시키고 난 연후에 비로소 건설에 착수할 수 있게 되는 것이다 〔…〕 따라서 현재의 급무는 물가의 안정이다 〔…〕 上海 등 지역의 적산사창들은 폐쇄되어 있고, 후방 사창은 생산을 중지하고 있어, 이것이 노동자의 실업과 사회불안을 야기하고 있다. 생산을 증대시키기 위해 현재 특히 민생공업의 발전에 주력하고 있으며, 접수한 공업 설비는 신속히 복구시켜야 한다. 이를 위해 국영사업의 효율에 주목한 것이다"[116]라고 선언하였다.

1945년 12월 7일, 國民參政會議에서 경제부장 翁文灝도 적산사창을 국영화한 목적에 대해 "정부는 방직공업의 신속한 복원과 생산력의 증대를 위해 국영사창을 설립하였다"[117]라고 분명히 밝혔다. 1946년 4월 2일, 紡織事業管理委員會가 경제부에 보낸 문건을 살펴보더라도 적산사창을 국영화한 목적이 잘 나타나 있다. 즉 "정부는 시급히 방직공업의 발전을 도모하지 않을 수 없었다. 정부가 대량의 면사와 면포를 장악해야만 보편적인 의류의 부족을 해소함으로써 물가의 상승을 통제할 수

114 《民國日報》, 1946. 1. 23.

115 《大公報》, 1946. 1. 27.

116 中央執行委員會秘書處,《中國國民黨第六屆中央執行委員會第二次全體會議宣言及重要決議案》, 1946. 4. pp.60-61.

117 《中央日報》, 1945. 12. 8.

있으며, 이를 통해 민생의 어려움을 해소할 수 있게 되는 것이다. 국영사창의 주요한 임무는 물가 상승의 억제에 있다"[118]라고 밝혔다. 즉 이로부터 적산사창의 국영화는 바로 전후 물가의 통제에 있었으며, 이는 결국 일용필수품의 공급을 통제함으로써 물가를 안정시키고, 나아가 생산설비의 복구를 통해 실업을 해소함으로써 노동운동을 종식시킬 수 있는 첩경임에 틀림없었다.

이와 같이 中國紡織建設公司는 중국공산당이 선전해 왔듯이 宋子文 등 관료자본이 자신의 재부를 축적하기 위한 목적에서 설립한 것이 아니고, 국민정부가 재정 부족을 보충하기 위해 설립한 것도 아니며, 더욱이 중국공산당과의 내전을 수행하기 위한 재정 염출의 목적에서 설립한 것도 아니었다. 이와 같은 종래의 설명은 다분히 종전 직후 중국의 사회경제적 현실과 조건을 홀시한 것으로서, 정치적 성격이 농후한 주장이라고 할 수 있다. 이러한 의미에서 中國紡織建設公司의 설립 목적과 경영은 마땅히 실사구시적으로 연구되지 않으면 안 될 것이다.

1945년 12월 13일, 행정원은 紡織事業管理委員會에 "적산사창 및 그 부속공장, 그리고 면화, 면사, 면포 등 일체의 원료 및 물자를 위원회의 규정에 따라 신속하게 접수하도록"[119] 지시하였다. 동시에 행정원은 敵僞産業處理局에도 "上海의 적산사창 및 부속공장의 모든 면제품들을 紡織事業管理委員會로 이관하도록"[120] 지시하였다. 위원회는 中紡公司로 하여금 적산사창의 이관에 대한 실무공작을 지시하였다. 이에 따라 12월 29일, 束雲章은 경제부특파원 및 기타 기관과의 협의를 거쳐 적산사창의 신속한 접수 및 복공, 생산의 증가를 통해 전국 인민에 대한 면제

118 南京中國第二歷史檔案館藏檔, 檔號 : 76-279 : 中紡公司紡管會經1946年度工作報告.
119 南京中國第二歷史檔案館藏檔, 檔號 : 475-73 : 經濟部紡織事業管理委員會業務報告.
120 上海區敵僞産業處理局秘書處編, 《上海區敵僞産業處理局章則匯編》, 1945. 12. 25. p.57.

품의 수요에 부응할 것을 선언하였다.[121]

4. 적산 방직공장의 접수와 국영기업의 설립

紡織事業管理委員會가 성립되기 이전에 上海의 적산사창은 이미 蘇浙皖區 經濟部特派員辦公處에 의해 일부 접수된 상태였다. 국영사창의 설립 이후 특파원판공처는 수차례의 협의를 거쳐 모든 적산사창을 紡織事業管理委員會 휘하의 中國紡織建設公司에 이관하기로 결정하였다. 1946년 1월 5일, 특파원판공처는 內外綿, 豊田, 日華, 同興, 公大紗廠 등 20여 방직공장, 방추 총 83만 추, 직기 총 16,000여 대를 이관하기로 결정하였다.[122] 1월 13일 오전 10시, 특파원판공처와 中紡公司는 上海의 漢口路 130호에서 회합하여 이관과 접수에 관한 제반 수속 및 절차에 관해 논의한 이후, 접수 및 이관의 방식을 다음과 같이 결정하였다.

(1) 1월 16일부터 정식으로 접수를 개시한다. 이관 시에는 일본인들이 작성한 장부 목록을 근거로 한다.
(2) 1월 16일부터 모든 적산공장은 국영사창에서 파견한 공장장의 관할하에 둔다.
(3) 접수공작은 5개 조로 나누어 실시한다. 제1조는 건축물 및 부동산, 제2조는 기계, 제3조는 물류, 제4조는 회계장부 및 문서, 제5조는 창고의 접수를 담당한다.
(4) 공장의 생산활동은 정상적으로 진행하며, 기계를 멈추어서는 안 된다.[123]

---

121 《申報》, 1945. 12. 30.

122 《文匯報》, 1945. 1. 6.

123 上海市檔案館藏檔, 檔號 : Q192-6-14 : 交接日資第一批紡織廠聯席會議記錄.

中紡公司는 1월 16일부터 접수를 개시하여 모두 20개 공장을 접수하였는데, 이 가운데 면방직공장이 19개, 염색공장이 1개 있었다. 中紡公司 총경리 束雲章은 첫째, 접수 물자가 특파원판공처로부터 이관된 장부 목록과 착오가 없는지 확인할 것, 둘째, 특파원판공처가 이관한 장부 목록 이외에도 일본인 경영 시기의 원시 장부와도 대조하도록 지시하였다.[124] 접수한 19개 면방직공장의 방추는 총 933,232추에 달하였는데, 이 가운데 생산 중인 것이 250,444추로서 조업률은 26.84%에 불과하였다. 직기는 총 16,016대 가운데 생산 중인 것이 5936대로 조업률이 37.06%에 불과하였다.[125] 제2차 접수는 1월 25일에 시행되었으며, 모두 17개 공장이 접수되었으며, 제3차 접수는 2월 6일에 이루어졌다. 이를 통해 모두 52개 공장이 접수되었다.[126]

이상에서 알 수 있듯이 종전 직후 적산기업의 조업률은 30% 전후에 불과하였으며, 이는 물가 상승과 실업, 노동운동 등의 근본적인 원인이었던 것이다. 따라서 조업률을 높여 생산을 증대시키는 것이 바로 전후 경제건설의 관건이 아닐 수 없었다. 中紡公司는 성립된 이후 생산력을 신속히 회복시키기 위한 취지에서 특별히 업무의 통일성을 추구하였다. 1946년 1월 16일 束雲章은 공장장 및 접수 대원 연석회의를 개최한 자리에서 "한 공장의 조치가 종종 다른 공장에 영향을 미쳐 쟁의가 발생할 소지가 있다. 그러므로 각 개별 공장에서 전체와 관련된 사항을 결정할 경우, 예를 들면 노동자의 대우나 임금 등의 문제는 반드시 총공사의 통일적 계획에 맞추어 실행해야 하며, 임의대로 시행해서는 안 된다"[127]라고 지시하였다. 이 밖에 이전의 회사 인장을 일절 사용하지 못하도록 금

124 上海市檔案館藏檔, 檔號 : Q192-5-17 : 紡織事業管理委員會會報記錄.

125 中國紡織建設公司,《紡建要覽》, 1948. 1. p.4.

126 南京中國第二歷史檔案館藏檔, 檔號 : 475-73 : 經濟部紡織事業管理委員會業務報告.

127 上海市檔案館藏檔, 檔號 : Q192-26-61 : 中紡公司廠長會報紀錄(1-12次).

지시키고, 대외적으로 '中國紡織建設公司'의 명의를 사용하도록 하였다. 1월 18일 中紡公司 廠長連席會議는 각 공장에서 생산된 제품에 이전의 '경제부접수'라는 인장을 '中國紡織建設公司出品'으로 고치기로 의결하였다. 2월 26일의 제5차 창장연석회의에서는 공장 명칭의 개칭 문제가 제기되었는데, 여기에서 두 가지 방안이 제출되었다. 하나는 숫자의 순서대로, 즉 中紡公司 上海 제1창, 제2창, 제3창 등으로 공장의 이름을 개칭하는 것이고, 다른 하나는 단독의 명칭을 사용하도록 하는 것인데, 표결 결과 숫자 배열이 19명, 후자가 17명으로 나와 숫자로 공장의 명칭을 붙여 사용하기로 결정하였다.[128]

中紡公司는 上海에 총공사를 두었으며, 그밖에 天津, 青島, 東北에서도 적산사창을 접수하여 분공사를 개설하였다. 天津分公司의 설립 과정을 살펴보면, 1945년 10월 국민정부 天津市長 張廷諤, 副市長 杜建時가 天津市工廠聯合會와 당지의 적산사창 접수에 관하여 논의한 이후 일본 영사관으로부터 일본 사창의 명부 등을 넘겨받아 공창연합회의 朱蒙昭, 張澤生, 馬思像, 李慧南, 馬慶幹 등의 협조를 얻어 이를 접수하였다. 접수가 완료된 이후에는 '工廠聯合會接收委員會'라는 인장을 찍은 목판으로 건물과 물자를 봉쇄하였다.[129] 이후 1945년 11월 말, 경제부 天津特派員辦公處가 다시 이를 접수하였다. 마침내 1945년 12월 20일, 中紡公司 天津分公司가 설립되어 楊亦周와 王瑞基가 각각 경리와 부경리로 임명되었다. 이미 12월 10일 楊亦周는 대원들을 이끌고 天津에 도착한 이후 經濟部特派員辦公處에 합류하여 적산사창의 접수 공작에 참여하였다. 12월 25일, 특파원판공처는 접수한 禮豊, 公大, 天津, 上海, 雙喜, 大康紗廠 등의 적산사창을 中紡公司 天津分公司에 이관하였다.

128 上海市檔案館藏檔, 檔號 : Q192-26-61 : 中紡公司廠長會報紀錄(1-12次).

129 張澤生,〈裕元紗廠的興衰史略〉,《天津文史資料選輯》4輯, 天津人民出版社, 1979. p.179.

青島의 경우도 국민정부 접수 대원이 도착하기 이전에 青島市長 李先良이 이미 적산사창을 접수하여 사람을 파견하여 관리하고 있었다.[130] 동시에 青島市政府는 물자의 손실을 방지하고 실업을 구제한다는 취지에서 계속해서 생산을 감독하였다. 이후 中紡公司 총경리 束雲章이 范澄川을 파견하여 青島의 적산사창을 접수하도록 하고, 이를 바탕으로 中紡公司 青島分公司를 설립하도록 하였다. 이에 1946년 1월 15일, 范澄川은 80명의 직원을 이끌고 청도로 가서, 1월 25일부터 經濟部特派員辦公處와 적산사창의 이관 업무를 협의한 이후 5월에 이르러서야 적산사창을 모두 접수할 수 있었다.

1945년 8월부터 12월까지 青島의 적산사창이 보유하고 있던 방추 가운데 4분의 1 정도만이 가동되어 생산활동에 참여하고 있었는데, 접수 이후 1946년 7월 현재 각 공장의 평균 생산률은 이미 80% 이상에 달하였다. 즉 방추 24만 추, 직포기 5천여 대가 생산활동에 참여하여 매월 면포 약 10만여 필을 생산하였다.[131] 1946년과 1947년 두 해 동안 8개 사창이 모두 영업에 참여하였으며 이 밖에 2개의 염색공장, 2개의 침직공장 등을 합병하고 정리하여 생산에 참여하도록 하였다. 각 공장의 노동자는 5천 명에서 2만여 명으로 증가하였으니 그만큼 일자리를 창출하여 실업노동자를 구제한 것이다.[132] 접수된 사창의 자산은 공장건물, 기계설비, 원료 및 제품을 포함하여 모두 750여억 원에 달하였다.[133]

이 밖에 동북지구는 일본이 투항할 당시 방추 56만 추와 직기 1만여

130 周志俊, 〈青島華新紗廠概況和華北棉紡業一督〉, 《工商經濟史料叢刊》 第1輯, 文史資料出版社, 1983. 6. p.27.

131 〈中國紡織建設公司青島分公司概述〉, 《紡織週刊》 7卷 18期, 1946. 7. 20. pp.560-561.

132 范澄川, 〈我在湖南,青島從事紡織事業的回憶〉, 《工商經濟史料叢刊》 第1輯, 文史資料出版社, 1983. 6. pp.46-47.

133 中紡青島分公司, 《青紡統計年報》, 1947. 1. p.5.

中紡公司 上海, 青島, 天津, 東北分公司의 기계설비 일람(1947년)

지역	공장 수	방추 수(주)	직기(대)
上海	18	887,364	17,548
青島	8	324,076	7,073
天津	7	323,832	8,640
東北	5	223,208	5,330
합계	38	1,758,480	38,591

資料出處 : 上海市商會,《紡織工業》, 1947. 7., p.L22.

대를 보유하고 있었다. 1946년 6월 초, 中紡公司는 총공정사 桂季桓으로 하여금 동북의 적산사창을 접수하도록 지시하였다. 그러나 동북지구의 정세가 내전으로 말미암아 불안정하였으며, 접수한 공장에서도 생산이 순조롭게 이루어지지 못하였다. 더욱이 각 사창의 기계 가운데 이미 약탈당하거나 훼손된 것이 70% 이상에 달하였다. 이러한 가운데, 7월 중순에 이르러 교통이 다소 회복되자 비로소 본격적으로 접수에 착수할 수 있었다. 1946년 8월 1일 桂季桓은 北平에 도착하여 경제부 동북구특파원 孫越崎와 회합하여 적산사창의 접수 문제를 협의하였다. 8월 9일 특파원판공처는 桂季桓에게 요양, 영구 및 금주의 사창을 이관하였으나, 대다수는 생산이 정지된 상태였다. 桂季桓은 束雲章의 지시에 따라 9월 중순에 瀋陽에 동북판사처를 설립하고 모든 업무를 자신이 맡아 처리하였다. 이후 10월 6일 中紡公司 동북분공사가 정식으로 설립되어, 桂季桓이 경리로 취임하였다. 1947년 1월부터 속속 적산사창을 접수하는 동시에 적극적으로 정리 및 복공작업을 병행하여,[134] 1947년 4월 현재 동북분공사의 방추 설비는 이미 14만여 추에 달하였다.[135]

134 中紡東北分公司,《中國紡織建設公司東北分公司一週年紀念刊》, 1947. pp.1-2.

135 中國紡織建設公司編,《中國紡織建設公司》, 1948. p.12.

5. 국민정부의 물가정책과 공산품의 투매

일찍이 1945년 10월 12일, 행정원장 宋子文은 上海 등에서의 물가 폭등과 통화팽창의 심각성을 인식하고 연일 관계장관회의를 개최하여 물가 상승의 억제, 실업의 해소, 노동운동의 방지 등 제반 문제를 논의하였다.[136] 그럼에도 불구하고 10월 말에 이르자 上海의 물가가 폭등하였으며, 특히 면제품 등 일용필수품의 상승률은 가공할 정도였다. 예를 들면, 10월 4일 20번수 면사 1件의 가격은 17만 원이었는데, 10월 30일에는 무려 57만 원으로 급등하였으며, 32번수 면사는 30만 원에서 100만 원으로 폭등하였다.[137]

이와 같이 물가가 급등하자 11월 3일 宋子文은 물가의 상승을 억제하기 위해 적산사창이 보유하고 있던 면사와 면포를 저렴한 가격에 투매하도록 지시하였다.[138] 이에 따라 上海區敵産處理審議委員會는 면제품의 대량 투매를 의결하는 동시에, 다음과 같은 구체적인 방법을 결정하였다.

(1) 11월 5일부터 申新, 先施, 永安, 大新, 中國國貨公司 등 5대 百貨公司를 통해 면제품을 위탁 판매한다.
(2) 陰丹士林布, 白細斜文布는 남성 1인당 구입량을 5碼로 한정하며, 여성의 경우는 3碼로 한정한다.
(3) 白絨布, 白布, 黑畢嘰는 1인당 구입량을 반 필로 한정한다.
(4) 소매가격은 시가보다 20% 저렴하게 판매하며, 도매가격은 소매가격보다 17% 저렴하게 책정한다.

136 《時事新報》, 1945. 10. 19.
137 《時事新報》, 1945. 10. 5. 및《時事新報》, 1945. 10. 31.
138 《時事新報》, 1945. 11. 4.

(5) 영업시간은 오전 10시부터 오후 5시까지로 정한다.[139]

이후 敵産處理審議委員會는 5대 百貨公司에 1만 필의 면포를 공여하기로 결정하였으며, 소매가격은 陰丹士林布 1마에 1,200원, 藍鳳細斜, 藍鳳細布, 龍頭細布는 1마에 500원, 絨布는 1마에 600원으로 책정하였다.[140] 이후 국민정부 經濟部特派員辦公處는 上海區敵產處理審議委員會의 결정에 따라 적산 면포를 11월 19일부터 5대 百貨公司에 위탁하여 2차 판매를 개시하였다. 11월 30일에는 3차 판매를 시작하였는데, 이때는 5대 百貨公司 이외에 大滬, 上海, 友信, 寶大祥, 協大祥公司 등도 참여하였다.[141]

1945년 12월 14일, 행정원은 上海 지역의 적산사창이 보유하고 있는 면화, 면사, 면포를 모두 紡織事業管理委員會로 이관하도록 지시하였다.[142] 다음해 1월 행정원은 국영사창인 中紡公司로 하여금 면사와 면포를 저렴한 가격에 투매하여 면사포의 가격 상승을 억제하도록 지시하는 동시에, 가격을 안정시키기 위해 면제품의 수출을 금지하였다. 이에 따라 1월 9일, 江海關은 행정원의 명령을 받들어 면사포 수출의 금지를 선언하고 당일부터 실시할 것을 선포하였다. 1월 5일, 紡織事業管理委員會 위원장 겸 中紡公司 총경리 束雲章은 기자와의 간담회에서 이후 上海 적산사창의 면사 및 면화 등 원료품들은 모두 국영사창으로 이관될 것이며, 이를 원료로 사용한 면포를 생산하여 다시 투매할 뜻을 밝혔다.[143]

1946년 초, 中紡公司가 이관받은 적산사창의 면제품은 대체로 다음

139 《財政評論》14卷 1期, 1946. 1. p.117.

140 《時代日報》, 1945. 11. 4. 및 11. 6.

141 《時代日報》, 1945. 11. 18. 및 《時事新報》, 1945. 11. 29.

142 上海區敵僞産業處理局秘書處編, 《上海區敵僞産業處理局章則彙編》, 1945. 12. 25. p.57.

143 《文匯報》, 1946. 1. 6.

과 같은 내원을 가지고 있었다. (1) 軍政部 특파원판공처가 이관한 汪精衛 정부 시기 綿業統制委員會의 장부 및 제품, (2) 軍政部 上海 피복창이 이관한 면제품 및 장부, (3) 中紡公司가 접수한 적산사창의 면제품, (4) 산업처리국이 이관한 면제품, (5) 정식으로 접수되지 않았으나 中紡公司가 인원을 파견하여 장부에서 누락된 것을 찾아내어 이관한 면제품 등이었다.[144]

1월 7일부터 中紡公司는 이관받은 적산사창의 면제품을 투매하기 시작하였는데, 가격은 42번수 藍鳳牌가 매 포 당 138만 원, 32번수가 110만 원, 20번수가 75만 원이었으며, 이는 시가보다 훨씬 저렴한 가격이었다.[145] 上海 지역 이외에도 中紡公司는 天津, 靑島, 東北分公司를 통해 적산사창으로부터 접수한 면제품을 투매하여 현지의 물가 상승을 억제하는 데 적지 않은 성과를 거두었다.[146]

1946년 1월 8일, 上海의 중국은행에서 행정원장 宋子文이 적산심의회를 친히 주재하며 中紡公司로 하여금 동계용 면포를 계속 투매하여 시장의 수요에 맞추도록 지시하였다.[147] 이와 함께 물가 상승의 억제 방법을 논의한 이후 창고 안에 남아 있던 적산사창의 면포 20만 필을 中紡公司를 통해 투매하기로 결정하였다.[148] 다음 날, 宋子文은 中紡公司 이감사연석회의를 친히 주재하며, 동공사의 면제품 투매 상황과 업무 계획을 보고 받았다. 이 자리에서 宋子文은 면사포 등의 가격 상승이 민생에 미치는 영향이 매우 크다는 사실을 강조하면서, 中紡公司가 현재 보유하고 있는 면제품을 계속적으로 투매하여 물가를 통제하도록 지시하였다.

144 中國紡織建設公司編,《紡建要覽》, 1948. 1. p.146.

145 《申報》, 1946. 1. 9.

146 中紡公司靑島分公司,《靑紡統計年報》, 1947. 1. 31. p.5.

147 《民國日報》, 1946. 1. 9.

148 《文匯報》, 1946. 1. 10.

오후 4시에 宋子文은 다시 束雲章을 접견하고 면사포 투매 및 적산사창의 정리 및 공업 복원의 문제에 관해 보고를 받았다.[149]

이와 같이 행정원장 宋子文은 上海의 물가 안정에 지대한 관심을 가지고 있었으며, 그 역할을 국영사창인 中紡公司에 부여하고 있음을 잘 알 수 있다. 中紡公司의 창설이 사실상 송자문의 주도하에서 결정되었음에 비추어 동공사의 주요한 임무가 바로 물가의 안정과 밀접한 관계를 가지고 있음을 잘 알 수 있다. 그러나 1946년 초부터 中紡公司가 투매를 통해 면제품의 가격 안정에 적극 나서자, 일반 민영사창은 이와 같은 저가 투매정책에 큰 불만을 표시하였다. 민영사창 방면에서는 다음과 같은 불만의 목소리가 터져나왔다.

> 中國紡織建設公司는 정부조직의 하나로서 영업 목적이 국가 사회의 공익을 실현하는 데 있다.[150]

> 동공사는 백성들의 부담을 경감시킨다는 미명으로 시가를 억누르고 있다. 이는 투기꾼들을 불러모으는 행위로서, 결국 면제품은 유휴자본의 투기 대상이 될 수밖에 없다. 국영사창이 면사 가격을 시가보다 저렴하게 투매한다면, 이는 이윤의 발생을 제한하여 결국 재생산을 불가능하게 하여 전체 생산을 위축시키게 될 것이다.[151]

민영사창의 반발은 국민정부의 투매정책이 적어도 1946년에 들어 일정한 효과를 거두고 있음을 웅변해 주는 것이다. 그러나 면사포 가격에

149 《民國日報》, 1946. 1. 14.

150 上海市檔案館藏檔, 檔號 : S30-1-53 : 第六區機器棉紡織工業同業公會理監事會議紀錄.

151 中國第二歷史檔案館編, 《中華民國史檔案資料匯編》 第5輯第3編(財政經濟5), 江蘇古籍出版社, 2000. 1. p.472.

대한 정부의 통제정책이 효과를 거두면 거둘수록 이는 근본적으로 방직 자본가들의 이해와는 상충되는 것이었다. 비록 면제품에 대한 국민정부의 가격 통제가 전후 일용필수품의 가격 안정과 통화팽창을 저지하기 위해 실행된 타당성과 합리성을 가지고 있었지만, 민영 방직자본가들의 입장에서 볼 때는 만물의 가격이 상승하는 가운데 면제품의 가격만이 효과적으로 통제되는 사실에 불만을 갖지 않을 수 없었던 것이다. 정부의 정책적 효과가 나타나 면제품 가격이 상대적으로 안정되었음에도 불구하고 이와 같은 효과가 면제품의 원료인 면화에서는 동등하게 나타나지 못했던 것이다.

예를 들면 1946년 1월 7일을 100으로 하여 1947년 10월 현재의 상품 시가 지수를 살펴보면 42번수 藍鳳牌 면사는 2,041, 20번수 藍鳳牌 면사는 2,749, 12파운드 龍頭細布는 1925를 기록하였다. 비록 면사포의 가격 상승이 놀라울 정도이기는 하였으나 면화의 상승에는 미치지 못하였다. 즉 浦東火機 면화는 무려 7,217, 쌀은 8,825, 석탄은 5,212를 기록하였다.[152] 이와 같은 경제적 불만은 종종 국민정부의 경제정책에 대한 비판을 넘어 경제자유의 요구 및 정치적 문제로까지 확대되었다. 더욱이 이와 같은 불만이 보편적이고 조직적으로 확산되면서 국민정부의 계급적 기초라 할 수 있는 자본가들의 지지는 정권으로부터 급속히 이탈되고 있었다.

결론

앞에서 살펴보았듯이, 종전 직후 국민정부가 직면한 가장 심각한 경제문제는 바로 물가 상승과 통화팽창이었다. 적산의 폐쇄는 수십만 명의

152 南京中國第二歷史檔案館藏檔, 檔號 : 475-2980 : 中紡公司董事會會議(二屆五次).

노동자를 실업으로 내몰았으며, 물가의 상승은 노동운동을 격화시켜 정권의 안정마저 위협하였다. 비록 국민정부가 실업노동자에게 일시적으로 구제비를 지급함으로써 노동운동의 발생을 억제하려 하였으나 이는 미봉책에 불과하였으며, 신속한 적산기업의 생산 재개와 생산력의 회복만이 전후 경제적 어려움을 치유할 수 있는 근본적인 방책임은 너무나도 명확하였다.

이러한 취지에서 국민정부는 적산사창을 신속히 접수하고 정리하여 생산활동을 재개하도록 함으로써 일용필수품의 수요에 부응하고 나아가 물가 상승을 억제하려 했던 것이다. 이러한 과정에서 효율성에 근거하여 적산사창을 신속히 접수하여 국영화함으로써 통일적 경영 및 신속한 생산 재개가 가능할 수 있었다. 이와 같이 적산의 접수와 국영사창의 설립은 상호 밀접한 관련을 가지고 있었기 때문에 총괄적이고 일관적으로 이해하지 않으면 정책의 정확한 배경과 목적을 이해하기 힘들다는 사실을 잘 알 수 있다. 다시 말해 적산의 접수 및 국영사창의 설립은 결코 四大家族 등 관료 개인의 부패로 설명될 수 있는 문제가 아니며, 전후 물가 상승과 통화팽창의 억제, 실업의 해소 및 전후 경제건설과 밀접한 관계를 가지고 있었던 것이다.

접수의 과정에서 발생한 부패나 탐오의 현상이 틀림없는 사실이기는 하였지만, 이는 어디까지나 국민정부 행정부가 접수에 착수하기 이전에 각 현지 기관에 의해 발생한 사건으로서, 접수 전체의 성격을 일괄하여 규정하기는 어렵다고 생각된다. 더욱이 국민정부의 적산사창 접수와 이를 바탕으로 한 국영사창의 설립은 일정한 성과를 거두었다고 할 수 있다. 中紡公司는 성립 직후부터 일관적으로 면제품의 투매를 통해 면사포 등 일용필수품의 수급 및 가격 안정에 진력하였으며, 이는 민영사창의 불만으로부터도 반증되고 있다.

그러나 문제는 국민정부의 경제정책이 일반 시민과 방직자본가들에게 미친 영향과 인식이라고 할 수 있다. 비록 접수 초기의 혼란상이 중앙정부의 주도하에 이루어진 것은 아니었지만, 불과 한 달 만에 北京과 上海의 민심이 정부로부터 떠나갔다는 신문 보도와 같이 초기 접수 과정에서 나타난 무질서와 부패상은 국민정부에 대한 일반의 신뢰를 크게 떨어뜨렸다. 뿐만 아니라 국민정부가 투매정책을 통해 달성한 면제품 가격의 안정도 방직자본가의 이해와는 상충되는 것이었다. 비록 국민정부가 시행한 경제정책이 전후 경제적 조건에서 볼 때 정당성과 합법성을 가지고 있었지만, 이러한 과정에서 나타난 일반 시민과 자본가들의 심각한 민심 이반은 이후 중국현대사의 전개에서 매우 중요한 요소로 작용할 수 있는 개연성을 가지고 있었던 것이다.

제3장

전후 처리와 일본 기술 인원의 留用

제2차 세계대전이 종결된 이후 전후 처리 문제는 중국뿐만 아니라 우리나라와 일본, 나아가 동남아시아 각국의 현대사에서 매우 중요하고 민감한 문제이나 전문적인 연구는 매우 부족한 실정이며, 이와 같은 학문적 공백이 종종 과거사를 둘러싼 분쟁 등 현실적 문제를 야기하고 있다고 할 수 있다. 이 가운데 종전 이후 중국에 잔류하고 있던 일본 교민의 처리 문제는 전후 배상 및 책임 등 현실의 문제와도 직접적인 연계를 가지고 있어 역사학적 접근이 현실에 기여할 수 있는 부분이기도 하다.

1945년 이전 재화 일본 기업과 일본 교민은 전 중국에 걸쳐 광범위하게 분포하였으며, 특히 중일무역의 중심지이며 일본 기업이 밀집되어 있던 上海 지역은 이들이 집중적으로 거주하던 지역이었다.[153] 종전 이

153 1930년의 통계에 따르면 일본과 중국의 무역액은 54,372만 海關兩에 달하였는데, 이는 일본 무역 총액의 4분의 1에 상당하는 규모였다. 이 가운데 上海와의 무역액이 16742.4만 海關兩으로서 동북 지역을 제외하고 일본의 대 중국 무역 가운데 절반 이상에 달하는 수치였다. 또한 일본의 대 중국 투자는 174,820만 엔이었는데, 이 가운데 4분의 1

후 국민정부는 육군총사령 何應欽에게 적국 포로 및 교민의 처리를 일임하였으며, 何應欽은 다시 육군 第三方面軍으로 하여금 日僑管理處를 설립하여 上海, 武漢 등 화남지역에 분포하는 일본 교민의 처리와 관리를 전담하도록 하였다. 이러한 과정에서 특히 중국 최대의 공업이며 적산의 최대 부문인 재화 일본 방직공업의 처리는 전후 적산처리 및 일본 교민 처리의 핵심적인 부분이 아닐 수 없다.

여기에서 살펴보려는 문제는 바로 제2차 세계대전이 종결된 이후 국민정부에 의해 실시된 대규모 일본 기술 인원의 중국 잔류 및 유용정책에 관한 것이다. 혹독한 8년의 중일전쟁이 종결된 이후 중국에서 적산의 몰수뿐만 아니라 전시 적 점령구에서 적에 부역한 한간, 즉 친일세력의 처리 요구가 비등한 것은 당연한 일이었다. 그럼에도 불구하고 국민정부는 친일파 처리에 매우 소극적이었을 뿐만 아니라 나아가 일본 기술 인원의 중국 잔류를 통해 이들이 보유하고 있던 선진적인 공업기술을 전후 경제건설의 과정에서 적극 동원하고자 하였다.

제2차 세계대전이 종결된 이후 국민정부의 일본 교민 처리에 관해서는 기존에 적지 않은 연구가 있으나,[154] 그 일환으로 시행된 일본 기술

에 상당하는 43,010 엔이 上海에 투자되었다. 東北을 제외한다면 上海에 대한 투자는 대중국 총 투자액의 66%에 상당하는 규모였다. 高綱博文, 〈上海的日本人居留民〉, 《上海的外國人》, 上海古籍出版社, 2003. 12. p.170.

154 대표적인 연구로서 何力群, 〈抗戰勝利后國民政府對日處置與構結〉, 《長春師範學院學報》 24卷 5期, 2005. 9. ; 劉崇德, 〈戰后日僑的集中管理〉, 《武漢文史資料》 6輯, 政協武漢市委員會, 1982. 3. ; 劉國武, 〈戰后中國對日俘日僑的遣返〉, 《求索》 1999年 5期, 1999. 10. ; 李正華, 〈論八 · 一五后在華的日僑日俘〉, 《雲南教育學院學報》 11卷 1期, 1995. 2. ; 陳祖恩, 〈上海日本人居留民戰后遣送政策的實相〉, 《社會科學》 2004年 12期, 2004. 12. ; 吳慶生, 〈中國戰區日俘日僑的收容, 管理與遣送〉, 《江西社會科學》 2002年 4期 등을 들 수 있다. 일본 교민 처리에 관한 국내의 전론적인 연구로는 金志煥, 〈中國 國民政府의 戰後處理와 日本 技術人員 留用〉, 《歷史學報》 193輯, 2007. 3.이 있으며, 이 밖에 국민정부의 전후 처리에 관한 연구로 金志煥, 〈中國 國民政府의 敵産紗廠 처리와 紡織資本家〉, 《歷史學報》 182輯, 2004. 6., 전인갑, 〈불철저한 淸算, 화석화된 遺産〉, 《大邱史學》 69輯, 2002. 11. 등이 있다.

인원의 유용에 관한 연구는 매우 적어 사실상 공백이라고 해도 과언이 아니다. 이에 대한 기존의 연구를 살펴보면, 국민정부가 재화일본사창을 접수하여 창설한 中國紡織建設公司의 부속 기관이라고 할 수 있는 中國紡織機器製造公司의 사례를 통해 일본 기술 인원의 유용 문제를 분석한 두 편의 연구논문이 있을 뿐이다.[155] 그러나 中國紡織機器製造公司는 中國紡織建設公司의 일부분으로서 전체에서 차지하는 비중이 매우 적었으며, 일본 기술 인원의 유용도 소규모에 그쳤음을 상기할 때 본 문제를 검토하기 위한 적절한 사례라고는 할 수 없을 것이다.

여기에서는 제2차 세계대전 종결 이후 일본 교민의 처리와 그 과정에서 나타난 일본 기술 인원의 중국 잔류 및 유용 문제를 적산의 최대 부분이며 일본 기술 인원의 유용이 가장 많았던 방직공업 부문에서 살펴보

155 이에 대한 현재까지의 연구로는 총 두 편의 논문이 있을 뿐이다. 朱婷은 〈抗戰勝利后國民黨政府的,'留用政策'與'中機公司'〉, 《學術季刊》 1998年4期, 1998. 8.에서 中紡公司 가운데 방직기기 제조를 전담하는 중국방직기기제조공사의 사례를 통해 일본 기술 인원 유용을 서술하였다. 그는 일본인 유용이 결과적으로 전후 경제건설과 기술 인재의 양성에서 긍정적인 효과를 초래하였다고 인정하면서도, 일본 기술 인원 유용 및 동공사의 설립을 행정원장 송자문이 이를 통해 방직공업을 독점하려는 목적에 따른 결과라고 주장함으로써 전통적인 관료독점자본론의 입장을 견지하고 있다. 더욱이 동공사의 설립 동기를 1945년 11월 일본 기술 인원의 건의를 국민정부가 받아들인 결과로 설명하였다. 그러나 이 문제는 이미 8월 15일 직후의 적산 접수 과정에서부터 제기된 일본 교민 유용 필요성의 연장선상에서 파악되어야 할 것이다. 일본의 富澤芳亞는 〈在華紡の遺產-前後中國紡織機器製造公司の設立と西川秋次〉, 《在華紡と中國社會》, 京都大學學術出版會, 2005. 11.에서 중국방직기기제조공사의 성립 동기를 일본 방직 기술자인 西川秋次 개인의 사적 동기와 주도성으로 설명함으로써 전후 중국 경제공황의 현상과 이를 극복하기 위한 국민정부의 필요성과 주도성을 간과하고 있다. 두 편의 논문은 모두 사료 발굴의 한계 등으로 말미암아 일교 유용의 전체상을 보여 주지 못하고 있으며, 연구의 관점과 내용도 지극히 단편적이고 소략한 형편이다. 이 밖에 원자폭탄 제조 기술을 확보하기 위한 국민정부의 일본인 원자력전문가 잔류 및 유용 문제에 관한 단편적 사료가 蕭清, 〈南京國民政府曾打算留用日本原子能專家〉, 《民國春秋》 1994年 6期, 1994. 12. 및 管輝, 〈抗戰勝利后國民政府留用日本原子能專家的一組史料〉, 《民國檔案》 1994年 3期, 1994. 6.에 게재되어 있다. 따라서 일본 교민 유용에 관한 연구는 중국 현지에 남아 있는 유관 당안사료 등 일차 사료의 발굴과 분석이 관건이라고 생각된다.

고자 한다. 이를 위해 구체적으로 일본 자본 방직사창의 접수를 통해 성립된 국영사창인 中國紡織建設公司의 사례를 통해 이 문제를 해명하고자 한다. 특히 여기에서는 경제사의 시각에서 전후 중국의 경제적 조건으로부터 일본 교민 잔류 및 유용의 단서를 찾아 그 배경과 진행 과정을 살펴보려 한다. 이와 같은 작업이 중국현대사뿐만 아니라 우리 현대사의 중요한 문제이기도 한 전후 처리 문제와 관련하여 귀감과 단서를 제공할 수 있게 되기를 바란다.

1. 중국 경제 현상과 일본 교민의 처리 방침

종전 직후 중국의 경제는 매우 엄중한 상황에 처해 있었다. 전시 동안 억눌려있던 수요가 일거에 폭발하면서 특히 식량과 의복, 연료 등의 일용필수품을 중심으로 수급의 불안정이 매우 심각한 상황에 처하게 되었다. 수많은 일본 기업들은 적산으로 규정되어 가동이 중단되었으며, 이러한 이유에서 여기서 일하던 수많은 노동자들은 비록 일본 제국주의에는 승리하였으나 실업이라는 새로운 적과 싸우지 않으면 안 되었다. 上海 한 곳에서만 90만 명 이상의 실업노동자가 발생하였으며, 공업의 복원은 지체되고 있었다. 1945년 10월 24일자 한 신문의 보도에 따르면 수복구 실업노동자의 수가 이미 600만 명을 돌파하고 있었다.[156]

공업 설비의 전시 피해 복원이 지체되자 자연히 수요와 공급의 불균형이 발생하면서 공산품은 전반적으로 폭등하였다. 시민들은 화폐의 가치를 보존하기 위해 일용필수품을 중심으로 투기와 사재기에 뛰어드니 이것이 다시 물자의 부족을 가속화시키는 악순환이 반복되었다. 이러한 가운데 1945년 10-12월 사이에 물가는 가공할 정도로 폭등하였다.

156 《時事新報》, 1945. 10. 24.

1945년 上海의 도매물가지수를 살펴보면, 1937년을 100으로 할 경우 1945년 10월 현재 35,080이던 식품 물가지수는 12월에 이르러 77,357로 급등하였으며, 섬유는 42,837에서 112,094로, 연료는 88,970에서 648,200으로 급등하였다.[157]

물가 억제와 실업 구제를 위한 근본적인 해결책은 바로 전쟁으로 파괴된 산업 설비를 시급히 복원하여 생산력을 제고하는 방법 외에는 없었다. 이를 위해서 국민정부는 재화 일본 기술 인원의 유용을 도모함으로써 이들의 역량을 전후 경제건설의 과정에서 적극 활용하고자 하였다. 이 문제는 국민정부의 일본 교민 처리와 밀접한 관계를 가지고 있으므로, 여기서 간략히 이 문제를 살펴보도록 하자.

1945년 8월 15일 일본 천황은 항복조서를 발표하였으며, 같은 날 일본 정부도 재중 일본 교민에게 안전과 보호를 위해 최대한 노력할 것임을 약속하는 동시에 은인자중할 것을 당부하는 방송을 내보냈다.[158] 蔣介石은 일본 천황이 항복을 선언한 직후 일본인 전쟁 포로와 교민에 대한 관대한 처리를 약속하고 이를 자국민들에게 방송을 통해 당부하였다. 蔣介石은 연설에서 "중국 동포들은 구악에 집착하지 말고 선을 베푼다는 관념에서 출발해야 하며, 이는 우리 민족의 지고지순한 덕성이다. 우리의 적은 일본의 군벌이지 결코 일반인들이 아니다"[159]라고 강조하였다. 현재의 연구에서는 이와 같은 蔣介石의 연설을 '以德報怨'(원수를 은혜로 갚는다)의 표현으로서, 중국인의 전통적인 관용과 포용성으로 해석하고 있다.[160] 이 밖에 국민정부가 일본 교민의 처리에 관용을 베푼 이

157 中國社會科學院上海經濟研究所編, 《上海解放前後物價資料匯編》, 上海人民出版社, 1958. 附表(上海批發物價分類指數表三) 참조.

158 《申報》, 1945. 8. 16.

159 《中央日報》, 1945. 8. 16.

160 劉艷華, 〈抗戰勝利后蔣介石對日採取'以德報怨'政策評析〉, 《長春師範學院學報》

유에 대해 잔류 일본인 포로 및 교민을 서둘러 처리한 이후 내전의 발동에 전력을 집중하기 위해서라는 다분히 정치적인 이유로 설명하기도 한다.[161]

그런데 미, 영, 중 3국이 일본의 투항을 촉구하는 동시에 대전 후 대일 처리방침을 표명한 포츠담선언 제9조는 일본 군대가 완전히 무장을 해제한 이후 포로와 교민의 본국 송환을 통해 평화와 생산 활동에 종사하는 것을 허락한다라고 이미 규정한 바 있다. 중국 역시 일본을 장차 중국의 경제 부흥에 협조할 수 있는 국가로 만들어야 한다고 누차 강조하였다. 이와 같이 일본 교민에 대한 관용정책은 중국의 전통적인 미덕이라기보다는 오히려 현실적으로 전후 국제질서의 정립 과정 속에서 일본을 중국과 함께 아시아에서 소련을 견제하기 위한 맹방으로 위치시키려는 미국의 의도가 관철된 결과라고 볼 수 있겠다.

1945년 8월 21일, 일본 중국파견군 총사령관 岡村寧次는 부참모장 今井武夫를 芷江에 파견하여 중국 측과 일본군의 투항 문제를 논의하였다. 여기서 今井武夫는 포로 및 교민의 일본 송환 및 안전 보호를 요구하였으며, 이에 대해 중국 측은 정부가 책임지고 이 문제를 처리하겠다고 약속하였다. 일본 포로 및 교민에 대한 안전을 보장받은 이후 岡村寧次는 일본군에 '화평 이후 對華處理綱要'를 시달하여 철병 시 중국 측에 적극 협조할 것과 무기, 탄약, 군용품 등의 신속한 이양을 지시하였다.[162] 연합국최고사령부 역시 제1호 명령을 발동하여 중국 및 臺灣, 그리고 越南

20卷 1期, 2002. 3. p.43 ; 何力群, 〈抗戰勝利后國民政府對日處置與構結〉, 《長春師範學院學報》 24卷 5期, 2005. 9. pp.53-54 ; 吳慶生, 〈50年代中國政府協助日僑回國略論〉, 《紹興文理學院學報》 21卷 2期, 2001. 4. p.125 참조.

161 劉艷華, 〈抗戰勝利后蔣介石對日採取'以德報怨'政策評析〉, 《長春師範學院學報》 20卷 1期, 2002. 3. p.42.

162 張銓, 《日軍在上海的罪行與統治》, 上海人民出版社, 2000. 11. p.468.

북위 16도 이북 지역의 모든 일본 육해공군으로 하여금 蔣介石에게 투항하도록 지시하였다.[163] 9월 9일, 중국육군총사령 何應欽은 南京에서 受降儀禮(항복을 받는 의식 절차)를 주재하였으며, 여기서 岡村寧次는 항복문서에 정식으로 서명하였다. 같은 날 국민정부의 기관지라 할 수 있는《中央日報》가 일본인이 중국으로부터 완전히 퇴거해야 한다는 논설을 게재한 사실로부터 중국 정부 및 일반의 인식 및 방침을 살펴볼 수 있다.

1945년 9월 19일 蔣介石은 何應欽으로 하여금 중국에 남아 있는 일본 포로 및 교민의 송환 업무를 담당하도록 지시하였다. 9월 29일 중미연합참모회의는 중국육군총사령부에 신속히 일본인의 송환 계획을 수립하도록 요구하였으며, 이에 근거하여 10월 25일 中美 쌍방은 上海에서 제1차 '일본 포로 및 교민 송환 회의'를 개최하여 '中國 戰區 일본 관병 및 일본 교민 송환 계획'을 수립하는 동시에 1946년 말까지 포로와 교민을 모두 송환하는 것으로 원칙을 정하였다. 계획에 따르면 중국 대륙과 臺灣, 海南島 및 베트남 북부에 일본 포로수용소를 설치하고 각각 塘沽, 青島, 連雲港과 上海, 廈門, 汕頭, 海口, 三亞, 海防, 基隆, 高雄 등 12개 항을 통해 이들을 일본으로 송환하기로 결정하였다. 내륙에서의 모든 업무는 중국 측이 책임지고 처리하도록 하였으며, 해상 운송은 미국 측이 담당하기로 결정하였다.[164]

국민정부 육군총사령부는 일본 포로 및 교민의 등기 및 위생 검사, 전범 분류, 그리고 이들이 휴대한 화폐 한도액의 감찰, 휴대 물품의 중량 검사 그리고 운송 도중의 급식, 항구에의 양도, 인원 수송 등을 담당하였다. 중미 쌍방은 일본 포로 및 교민이 수용소를 떠나 항구에 도착하기 이전

---

163 中國第二歷史檔案館編,《中華民國史檔案資料匯編》第五輯第三編(軍事一), 江蘇古籍出版社, 1994. p.769.

164 《申報》, 1946. 9. 3.

에 반드시 국제검역법규에 따라 검사 및 소독을 시행하도록 하였다. 따라서 승선 이전에 파상풍 주사를 접종하도록 하였고, 소독을 위해 디디티를 분사하였으며, 각종 질병에 걸린 자는 조사 이후 격리하였다. 1945년 12월 4일 최초로 일본 교민 2,185명이 선박(明優丸號)편으로 일본으로 돌아갔다.[165]

일본 교민이 귀국할 때 지참할 수 있는 화폐는 일화 1,000엔(장교 500엔, 사병 200엔), 짐은 1인당 30킬로그램 이내로 제한되었다. 휴대할 수 있는 물품은 세숫대야 1개, 담요 1장, 동계 의복 3벌, 하계 의복 1벌, 외투 1벌, 이불 한 채, 신발 3족, 양말 1장, 내의 3장, 손가방 1개 등으로 제한되었다. 휴대 불가 물품으로는 폭약, 무기탄약, 대검, 카메라, 망원경, 광학기기, 금 및 은, 주식, 사치품, 필요 이상의 담배 및 식량, 역사 서적, 문건 등의 보고서, 통계수자 등이 속하였다.[166] 휴대가 허용된 물품 이외의 재산은 몰수하여 일본 전쟁배상금의 일부로 충당하도록 하였다.

한편, 일군에 참가한 한국적 병사와 교민의 처리에 대해서도 중국 육군총사령부는 다음과 같은 규정을 두었다. 즉 첫째, 한국적 사병은 일본 포로와 함께 수용소에서 집중 관리하며, 장래 일본 포로와 함께 송환하도록 한다.[167] 둘째, 각지 한국 교민은 각 省市의 수용소에 수용한 이후 장래 일본 교민을 송환할 때 함께 송환하도록 한다. 1945년 초 上海의 한국 교민은 총 8천여 명에 달하였는데, 일본이 패전한 이후 각지의 한국 교민들이 속속 上海로 모여들어 1946년 2월에는 2만 3천 명을 넘어섰다. 1946년 3월 국민정부는 중한문화협회 上海分會의 요청을 받아들

165 陳祖恩, 〈上海日本人居留民戰后遣送政策的實相〉, 《社會科學》 2004年 12期, 2004. 12. p.94.

166 中國第二歷史檔案館編, 《中華民國史檔案資料匯編》 第5輯 第3編(軍事一), 江蘇古籍出版社, 1994. p.831.

167 上海市年鑑編纂委員會, 《上海市年鑑》, 中華書局, 1946. 12. p.A28.

어 주중 미군의 동의를 거쳐 선박을 준비하고, 한국 교민들을 속속 본국으로 송환하였다. 6월 중순까지 귀국한 인원이 이미 20,746명에 달하였으며, 남은 한국 교민은 1천여 명에 불과하였다.[168]

1945년 일본이 투항한 이후 중국에 잔류한 일본 포로 및 교민은 모두 2,138,353명이었다. 이 가운데 일본 포로가 125만 5천 명이었으며, 일본 교민이 794,974명, 한국인이 56,665명이었다.[169] 上海에 원래 거주하던 일본 교민은 7만여 명이었는데, 후에 南京, 漢口로부터 집결한 2만 명이 추가되어 9월 말에 이르러 上海로 집결한 일본 교민은 총 94,441명으로 집계되었다.[170] 1945년 11월, 12월 두 달에 걸쳐 上海市警察局이 조사한 또다른 통계에 따르면 11월 현재 上海에 거주하는 일본인 호구 수는 7,790호, 남자 41,713명, 여자 30,578명, 합계 72,291명, 12월 현재 호구 수 7,783호, 남자 42,100명, 여자 30,554명, 합계 72,654명으로 집계되었다.[171]

일본 교민의 송환 방침에도 불구하고 당시의 수송 여건에 비추어 이들을 단기간 내에 모두 송환하는 것은 불가능한 일이었다. 이러한 이유로 남아 있던 일본 교민의 장기적인 중국 체류가 불가피하였으며, 따라서 국민정부는 육군총사령에 명령하여 敵國僑民管理處를 설립하여 일본,

168 張銓,《日軍在上海的罪行與統治》, 上海人民出版社, 2000. 11. pp.478-479. 제2차 세계대전 종결 이후 한국 교민의 처리 및 송환에 관해서는 徐行,〈中韓關係史上重要一頁-戰后上天津暨華北韓僑的集中管理和遣返〉,《近代史研究》2005年 4期 및 馬軍,〈戰后國民政府遣返韓人政策的演變及在上海地區的實踐〉,《史林》2006年 2期, 2006. 4. 참조.

169 陳祖恩,〈上海日本人居留民戰后遣送政策的實相〉,《社會科學》2004年 12期, 2004. 12. p.91.

170 上海의 일본 교민 수자는 1938년에는 38,095명, 1939년에는 54,308명, 1940년에는 65,621명, 1941년에는 87,277명, 1942년에는 92,676명, 1943년에는 103,968명, 1945년에는 72,654명에 달하였다. 高綱博文,〈上海日本人引揚者たちのノスタルジー〉,《近代中國硏究彙報》第24號, 2002. p.5.

171 上海市年鑑編纂委員會,《上海市年鑑》, 中華書局, 1946. 12. pp.G23-24.

한국, 독일 교민을 집중 관리하도록 하였다. 일본 교민의 처리 및 관리와 관련하여 第三方面軍은 1945년 10월 1일 陸軍總部接字第105號指令에 근거하여 上海日僑管理處를 설립하고 처장 1명, 부처장 1명를 두었다. 그 아래 비서, 지도원, 조훈과, 선전과, 총무과를 설치하여 각각 업무를 처리하도록 하였는데, 직원은 모두 38명에 달하였다. 처장에는 王光漢 중장, 부처장에는 鄒任之 소장이 임명되었다. 비서실은 처장을 보좌하여 기밀사항의 처리와 등기, 문서수발 등을 담당하였으며, 실장에는 邱運泰 상교가 임명되었다. 조훈과는 수용소의 지도 감독, 일교의 편성, 생활의 지도, 기술 인원의 등기 및 심사, 조사통계 등을 담당하였으며 과장에는 高逑人 상교가 임명되었다. 선도과는 일본 교민의 사상 지도 및 간행물의 발간, 선전 및 기타 문화관계사업을 담당하였으며, 과장에는 王念忱 상교가 임명되었다. 총무과는 경비 및 급여, 통신교통, 일상업무 등을 담당하였으며, 과장에는 송안 상교가 임명되었다. 마지막으로 지도원은 일본 교민의 생활과 사상, 행동의 시찰 및 지도, 건물의 조사 및 접수, 기타 처장 및 부처장의 특별지시 등을 처리하였으며, 周匯瀟 상교가 임명되었다.[172]

당시의 신문을 살펴보면 종전 직후 도처에서 일본 교민에 대한 구타가 일상적으로 행해졌음을 알 수 있다. 따라서 국민정부는 자국민에게 일본 교민에 대한 보복을 중단할 것을 호소하는 동시에 각 관청에 이와 같은 행위를 제지하도록 명령하였다.[173] 이와 같은 상황에서 일본 교민의 안전을 위해서라도 수용소의 설치와 공동 관리는 불가피했다고 생각된다. 다른 한편으로는 집중 거주 방식을 통해 엄격한 사상교육과 개조를 진행함으로써 침략전쟁의 위험성을 인식시키고 군국주의 사상을 일

172 上海市檔案館藏檔, 檔號 : Q3-1-23 : 上海日僑管理處工作概況.
173 《中央日報》, 1945. 11. 5.

소하려는 목적도 있었던 것으로 보인다. 日僑管理處의 주요한 임무는 (1)일본 교민의 수용 및 지도감독, (2)일본 교민의 조직화, (3)일본 교민의 생활 보장 및 지도, (4)사상 교육, (5)일본 기술 인원의 등기 및 심사, 취업지도, (6)일본 교민 내부의 분규 처리 등이었다.[174]

9월 13일, 중국육군총사령은 일본 교민의 집중 수용에 대해 다음과 같은 원칙을 결정하였다.

(1) 일본 교민은 지정된 장소에 집중 거주해야 한다.
(2) 일본 교민이 고용한 중국 사람은 즉시 해고해야 한다.
(3) 매일 오전 6시 이전과 오후 8시 이후에는 수용소 안에 머물러야 하며 외출할 수 없다.
(4) 송환용 선박이 많이 필요하므로 송환 시기를 확정할 수 없다. 각 수용소에 일본인이 가옥을 건축할 수 있도록 허가하며 동계의복을 준비하도록 한다.

중국육군총사령의 명령에 의거하여 9월 15일 第三方面軍 사령관 湯恩伯은 제7호 훈령을 발령하여 上海日僑管理處에 다음과 같이 지시하였다.

(1) 일본 교민은 잠정적으로 虹口에 집중 거주해야 하며 각지에 거주하는 일본 교민은 9월 17일부터 5일 이내에 이주를 완료한다.
(2) 虹口의 일본 거류민의 관리는 松井太久郎 중장이 책임지고 관리하며 인명부를 작성하여 보고한다.
(3) 일본 교민이 소지하고 있는 모든 무기는 일률적으로 압수하며, 은닉할 경우 엄벌한다.[175]

174 上海市年鑑編纂委員會,《上海市年鑑》, 中華書局, 1946. 12, p.A28.
175 《申報》, 1945. 9. 16.

湯恩伯은 9월 20일 다시 제22호 훈령을 발령하여 다음의 내용을 반포하였다.

(1) 일본 교민이 소유하고 있는 은행, 공장, 상점 등 모든 자산은 등기하여 보고하고 처분을 기다린다.
(2) 송환해야 할 일본 교민의 수가 매우 많아 송환 시기를 예측하기 어려우므로, 가옥과 피복 등을 준비하여 겨울을 날 준비를 한다.
(3) 송환선이 도착할 때까지 上海 일본 교민의 생명과 안전은 본 사령관이 책임진다.
(4) 일본 사병과 관민 가족도 수용소에 거주해야 한다.
(5) 上海의 일본 기녀들도 수용소에 거주해야 한다.
(6) 일본 교민은 매일 아침 6시 전에 기상해야 하며, 저녁 8시 이후에는 지정 구역을 벗어날 수 없다.[176]

일본인 수용소는 모두 4개의 구역으로 구분되었다. 제1구역은 동으로는 多倫路 하변에서 서로는 北四川路, 남으로는 百老匯路, 북으로는 北四川路와 斐倫路까지로 정해졌다. 제2구역은 동으로는 楊樹浦 하변에서 서로는 多倫路 하변, 남으로는 楊樹浦路 및 東百老匯路, 북으로는 舊公共租界까지였다. 제3구역은 동으로는 黎平路, 서로는 楊樹浦河, 남으로는 楊樹浦路, 북으로는 舊公共租界까지였다. 제4구역은 동으로는 加納路(현재의 杭州路), 서로는 齊家宅, 劉家宅, 남으로는 高家宅, 陳港蔡家宅, 북으로는 旭家까지의 지역이었다.[177] 일본 교민의 수용소는 虹口에, 일본 해군 및 육전대의 수용소는 浦東에 위치하였다.

176 張銓,《日軍在上海的罪行與統治》, 上海人民出版社, 2000. 11. pp.469-470.
177 上海市檔案館藏檔, 檔號 : Q3-1-23 : 上海日僑管理處工作概況.

2. 적산 접수 과정에서 일본 기술 인원 유용 문제의 제기

일본이 패전한 이후 일본 기술 인원의 유용이 필요하다는 사실은 언제 누구에 의해 제기된 것일까? 이와 같은 필요성은 가장 먼저 일본 패전 이후 적산 기업의 접수 과정에서 이미 제기되기 시작하였다. 1945년 8월 23일 국민정부 경제부장 翁文灝는 성명을 발표하고 정식으로 접수하기 이전에 공광업의 자산과 설비를 원상대로 보존해야 하며, 사사로이 이관하거나 변동해서는 안 된다고 경고하였다.[178]

행정원장 宋子文은 적산사창의 폐쇄가 엄중한 실업문제를 양산하였음을 친히 목도한 이후 체계적이고도 신속하게 공업을 복원하도록 지시하였다. 이를 위해 宋子文은 "아직 접수하지 않은 공장은 신속히 접수하고, 접수한 공장은 기계와 물자를 신속히 정돈하며, 접수한 이후 정리를 마친 기업은 신속히 생산을 회복하도록"[179] 지시하였다.

이와 같은 지시에 따라 경제부는 特派員辦公處를 신설하여 적산의 신속한 접수에 착수하였다. 일본 교민의 최대 부분을 차지하는 방직공업 관련 기술 인원의 유용은 이미 국민정부가 적산 기업의 최대 부분인 일본 사창을 접수하는 가운데 그 필요성이 최초로 제기되었다. 말하자면 국민정부의 접수 대원들은 일본 사창의 기술 수준을 높이 평가하는 동시에 이들의 기술을 전후 경제건설의 과정에서 적극 활용해야 할 필요성을 절감하기 시작하였다.

1945년 9월 20일, 經濟部特派員辦公處는 육군총사령부의 명령에 따라 上海 지역 일본사창의 접수에 착수하였다. 당일 오전 10시, 경제부특파원 張茲闓 및 전문위원 王子建, 陸紹運, 章劍慧, 桂季桓, 吳聞天, 顧鼎

178 《申報》, 1945. 8. 24. 및《中央日報》, 1945. 8. 24.

179 《民國日報》, 1945. 10. 14.

吉, 張家祉, 汪經鎔, 張慰慈, 郭可詵, 焦雨亭, 李泰雲, 汪泰經, 許邦友 등이 社會部司長 陸京士, 上海市政府 참사 曲萬森, 上海市黨部 공상과장 張振遠 등과 접수 문제를 논의하였다. 그리고 곧 바로 적산사창 가운데 가장 규모가 큰 內外綿紗廠 총공사로 함께 가서 일본재화방적연합회 회장인 勝田俊治 및 각 사창 책임자들의 영접을 받은 이후, 이들과 함께 접수와 관련된 제 문제를 논의하였다. 당시 접수에 참여했던 章劍慧는 일본 사창의 경영 수준이 중국 사창에 비해 상당히 높은 수준이었다고 회고하였다. 즉 그에 따르면 일본 사창의 설비는 그 품질이 뛰어났을 뿐만 아니라 보존 및 정리도 매우 주도면밀하였다고 지적하였으며, 뿐만 아니라 관리를 위한 장부 등도 체계적이었으며 정리가 잘 되어 있었다고 회고하였다.[180] 물론 經濟部特派員辦公處에 의한 접수 과정에서 이들이 인식한 일본 사창의 경영상의 우위가 바로 기술자 유용의 문제로 직결되었다고 볼 수는 없겠지만, 어쨌든 이들은 일본 방직공업의 설비 및 경영상의 우위를 충분히 인식하게 되었음은 부정할 수 없다.

더욱이 특파원들은 실질적으로 일본 기술 인원의 협조 없이는 접수 자체가 쉽지 않았을 것이다. 왜냐하면 접수 업무는 각 공장 및 영업소 등 일체의 건물, 기계설비, 재료, 현금, 장부, 檔案 자료 등의 목록을 작성할 뿐만 아니라 이러한 과정에서 자산의 보관과 은닉, 판매, 이전 등의 행위를 통제해야 하는 일이었기 때문이다.[181] 이를 위해서는 적산 내부의 영업방식이나 생산 과정, 기술 수준에 정통한 일본 기술 인원의 협조가 불가결하였던 것이다. 이러한 이유에서 실제로 특파원들은 이미 공장을 떠나 虹口 지역에 집결해 있던 일본인 가운데 숙련된 기술 인원들을 불

180 章劍慧, 〈雪泥雜記-八秩回憶錄〉, 《中國近代紡織史研究資料匯編》 第2輯, 中國近代紡織史編輯委員會, 1988. 12. p.17.

181 《時代日報》, 1945. 9. 21.

러 접수업무를 보조하도록 하였다. 이와 같이 일본의 패전 직후 접수 공작에서부터 국민정부는 일본 기술 인원의 동원이 매우 필요함을 인식하고 있었다.

적산 공장 내부에 대한 이들의 전문지식과 경험은 접수 업무 및 실제 접수 과정에서 큰 도움이 되었다. 실제로 이들의 협조가 적산의 접수 과정에서 얼마나 중요한가는 中國紡織建設公司 青島分公司 총경리인 范澄川의 회고록에서도 잘 나타나 있다. 青島分公司 총경리로 막 부임한 范澄川이 적산사창을 접수하는 과정에서 일본자본의 大康紗廠을 이 공장의 전 일본인 총경리인 內海의 안내로 시찰할 때의 일이었다. 范澄川이 細紗 생산 작업장을 시찰하던 중 60번수 세사 수백 건을 발견하고는 왜 생산품을 창고에 보관하지 않았냐고 문의하자 일본인 총경리는 이 제품들은 아직 장부에 기록되지 않은 것으로 새로 부임한 총경리가 임의로 처분해도 아무런 문제가 없을 것이라 내밀히 일러주었다.[182] 말하자면 이들 일본인 경영진들은 접수 과정에서 자사의 생산품을 새로 부임한 총경리에게 일종의 뇌물로 공여함으로써 자신들의 안전을 보장받으려 했던 것이다. 이러한 사실은 국민정부의 철저한 접수 방침에도 불구하고 기존 적산사창 내부의 경영진들이 마음먹기에 따라 충분히 자사의 생산품을 유용할 수 있었으며, 이렇게 본다면 국민정부가 접수 업무를 효율적으로 진행하기 위해서는 이들 일본 기술 인원의 협조가 불가결하였음을 반증하는 것이라 할 수 있다.

중요한 사실은 종전 직후 적산의 접수 및 정리, 나아가 포괄적으로 일제 청산의 과정 속에서 일본 기술 인원의 유용 문제가 정부 측이 아니라 오히려 기업 측에서 먼저 그 필요성이 절실하게 제기되었다는 사실이다.

182 范澄川, 〈我在湖南,青島從事紡織事業的回憶〉, 《工商經濟史料叢刊》 第1輯, 文史資料出版社, 1983. 6. p.46.

물론 이와 같은 필요성은 당연히 전후 경제 부흥과 공업의 복원이라는 경제적 조건이 그 기초가 되었음은 말할 나위도 없다. 中國紡織建設公司 역시 일본 기술 인원의 유용에 적극 나섰다. 공사의 총경리 束雲章은 전후 생산설비를 복구하고 설비 가동률을 제고하는 과정에서 숙련 노동자의 부족을 주요한 장애 요인으로 지적하면서, "사창의 전후 복원이 곤란한 주요한 이유는 동력의 부족과 함께 숙련 노동자의 부족을 들 수 있다. 한 명의 숙련 노동자를 양성하기 위해서는 최소한 3개월 여의 시간이 소요된다"[183]라고 지적하였다.

1946년 1월 11일과 26일에 개최된 中國紡織建設公司 이사회 석상에서 많은 접수 대원과 공장장들은 기술노동자의 부족 문제를 제기하였다. 예를 들면 豊田紡織紗廠을 접수한 대원들은 "현재 숙련 노동자의 모집이 매우 어려우며, 특히 고급품인 細紗 생산 부문과 직포생산 부문에서 숙련 노동자의 부족이 심각한 형편이다. 이러한 현상이 장래 기계 가동률의 제고에 장애 요인으로 작용하게 될 것이다"[184]라고 우려를 표명하였다.

이러한 상황에서 접수 대원들은 다음과 같이 일본 기술자의 유용이 매우 필요하다는 사실을 제기하였다. 즉 "각 공장에 남아 있는 일본 기술자들의 수가 많지 않아 장래 노동 효율이 원상을 유지하기 어려울 것으로 전망된다. 바라건대 각 공장에서는 가능한 한 모든 노력을 경주하여 원래 근무했던 일본 기술 인원들을 원직에 그대로 복직시켜 활용해야 하며, 원래 일본 사창의 경영 방식에 근거하여 노동생산성을 제고시킬 것을 건의한다"[185]라는 의견을 제출하였다.

183 《紡織週刊》7卷1期, 1946. 1. 8. p.13.

184 南京中國第二歷史檔案館藏檔, 檔號 : 76-273 : 紡管會上海敵僞各廠接收人員聯席會議紀錄.

185 南京中國第二歷史檔案館藏檔, 檔號 : 76-273 : 紡管會上海敵僞各廠接收人員聯席會議紀錄.

中國紡織建設公司는 생산력의 신속한 회복이라는 목적을 달성하기 위해 적산사창, 즉 일본 사창의 고유한 기술과 관리체계의 보존에 많은 힘을 기울였다. 이러한 정책은 근본적으로 중국 사창의 경영 낙후성과 상대적으로 노동생산성이 높은 일본 사창의 현상에 대한 인식으로부터 출발한 것이었다. 中國紡織建設公司 총경리 束雲章 역시 이 문제에 대해 다음과 같은 인식을 가지고 있었다. 즉 "중국인이 경영하는 공장의 경우 종종 고용자 수는 많으나 노동생산성은 오히려 뒤처진다. 이는 모두 관리에 주의를 기울이고 연구개선하지 않은 소치이다. 바라건대 여러분들은 일본 사창이 원래 가지고 있는 조직 현황과 업무일지 등을 모두 수집하여 연구하고 이로부터 귀감을 삼아야 할 것이다."[186] 부총경리 吳味經도 적산사창의 접수 대원들에게 다음과 같이 지시하였다.

> 우리는 일본 방직사창을 접수하면서 마땅히 일본인의 경영 정신까지 접수하지 않으면 안 된다. 일본인들이 사창을 경영하는 데에 세 가지 점에서 우리가 그들로부터 배워야 한다고 생각된다. 첫째, 양호한 기계설비의 보존 상태, 둘째, 치밀한 관리, 셋째, 근면한 근로정신이다. 따라서 이후 우리 기술 인원들도 이와 같은 점들에 유의하여 기술 훈련과 교육, 육성의 방법에서도 혁신이 뒤따르지 않으면 안 된다. 그렇지 않으면 우리 방직공업은 영원히 일본과 경쟁할 수 없을 것이다.[187]

이와 같은 평가는 실제 중국 사창과 일본 사창의 경영 비교를 통해 살펴보더라도 잘 알 수 있다. 비록 1930년대의 통계 수치이기는 하지만 일본 사창과 중국 사창의 노동생산성을 살펴보면, 1인당 관리할 수 있는

186 上海市檔案館藏檔, 檔號 : Q192-26-61 : 中紡公司廠長會報紀錄(1-12次).

187 上海市檔案館藏檔, 檔號 : Q192-3-21 : 中紡公司廠長接收人員聯席會報紀錄(28-29次).

방추 수에서 전자가 1인당 평균 21추였음에 비해 후자는 16추에 불과하였으며, 직기에서는 1.1대와 0.6대로 모두 일본 사창 측이 높았다.[188] 또 다른 조사에 의하면 1929년 현재 면사 20번수를 생산할 때 1만 추의 작업 인원이 전자가 500명이었음에 비해 후자는 550-600명에 달하였다.[189] 이러한 이유에서 1924년 현재 중국 사창의 생산비는 일본 사창에 비해 20-21% 높았으며, 1935년에는 이미 63%를 상회하였다.[190] 일본 사창의 치밀한 기계 보존 상태에 대해서도 中國紡織建設公司는 "비록 기기 연령이 어떤 것은 30년 이상이 되었음에도 불구하고 이들 구기기의 공작 효율은 신기기와 비교하더라도 뒤처지지 않거나 오히려 그 이상이다"[191]라고 평가하였다.

이와 같이 일본 사창은 중국 사창에 비해 훨씬 높은 노동생산성을 유지하고 있었음을 알 수 있으며, 이것이 바로 높은 이윤을 거둘 수 있었던 원천이 되었음을 알 수 있다. 이러한 현상에 근거하여 中國紡織建設公司 부총경리 吳味經은 7·7사변 이전 일본 사창의 제품 종류 및 규격을 표준으로 삼아 각 사창에서 생산하는 제품의 종류와 규격을 표준화하도록 지시하였다. 이와 같이 中國紡織建設公司는 일본 사창을 접수하는 동시에 기기의 보전과 높은 기술 수준, 노동생산성, 경영 방식 등 우수한 생산기술 및 역량의 접수에도 많은 주의를 기울였다.

3. 일본 교민의 처리와 기술 인원 유용

앞서 살펴본 바와 마찬가지로 전후 중국경제의 현상에 비추어 일본 기

188 有澤廣已,《支那工業論》, 改造社, 1936. 8. p.335.

189 竹本晃,〈在華紡の發展とその背景〉,《六甲臺論集》24卷 2號, 1977. p.65.

190 趙岡,《中國棉業史》, 聯經出版事業公司, 1977. p.193.

191 談祖彥,〈民營廠與國營廠的比較〉,《紡織建設月刊》1卷 10期, 1948. 9. 15. p.7.

술 인원의 중국 잔류 및 유용은 중국의 전후 경제건설의 과정에서 매우 중요하고 불가피한 일이 되었다. 이에 따라 전후 중국육군총사령은 '日籍員工徵用通則'을 다음과 같이 반포하였다.

(1) 접수위원이 각 부문 사업을 접수할 시에 필요할 경우 일본 기술 인원을 징용할 수 있다.
(2) 각 사업 부문에서 징용할 일본 기술 인원 표준은 첫째, 그 일을 대신할 기술자가 없을 경우, 둘째, 그 기술이 현재 우리나라에 없는 경우, 셋째, 징용하지 않을 경우 업무가 불가능한 경우, 넷째, 특수한 상황으로 징용의 필요가 있는 자로 정한다.
(3) 징용된 일본 기술 인원의 대우는 동맹국과 일본이 평화조약을 체결하기 이전에는 생활비만을 지급하고 평화조약 성립 이후 계속 징용이 필요할 경우 급료는 별도로 정한다.
(4) 징용된 일본 기술 인원은 마땅히 선서문을 작성하고 중국 법률을 준수하며 주관 기관장의 명령에 복종하고 자신의 직무에 충실해야 한다.
(5) 각 부문은 징용과 불징용의 일본 기술 인원에 대해 별도의 보고서를 만들어 제출한다.
(6) 징용의 대상이 아닌 모든 일본 노동자는 일반 日僑管理法에 근거하여 처리한다.[192]

上海日僑管理處는 '日籍員工徵用通則'에 근거하여 이들을 관리하기 위해 '日籍技術人員登記考該辦法'을 제정하여 이들로 하여금 관리처에 등기하도록 하였는데, 1945년 11월 12일까지 등기를 마친 일본 기술 인원은 모두 3,115명이었다. 이들은 자신의 전문기술에 따라 철도, 선박,

192 劉崇德,〈戰后日僑的集中管理〉,《武漢文史資料》6輯, 1982. 3. p.127.

항공, 통신, 중공업, 화학공업, 방직, 일반경공업, 전기, 수도, 토목, 광업, 기타 등 모두 16개 부문으로 분류하여 등기하도록 하였다. 더욱이 이들을 기술의 정도에 따라 갑등 874명, 을등 1,289명, 병등 747명, 정등 205명 등으로 분류하였다.[193]

1946년 1월 15일 上海日僑管理處는 '中國境內日籍員工暫行徵用通則' 및 '日籍技術人員徵用 및 雇用辦法'에 근거하여 第三方面軍의 비준을 거쳐 '民營事業雇用辦法'을 다음과 같이 공포하였다.

(1) 모든 민영의 공장, 회사, 상점은 고용인 수 및 기간을 고려하여 신청서를 작성한 후 上海日僑管理處로 일본 기술 인원의 분배 고용을 신청할 수 있다.
(2) 上海日僑管理處는 신청서를 접수한 이후 인원을 파견하여 조사한 이후 수속을 진행한다.
(3) 고용자가 일본 기술 인원을 선정한 이후 다시 日僑管理處가 이들의 사상을 면밀히 검증한 이후 사상이 불순하지 않다고 판단될 경우 복무증을 발급하고 업무에 종사하는 것을 허가한다.
(4) 고용된 일본 기술 인원들의 급료는 日僑管理處에서 실제 상황을 참작하여 결정한다. 그리고 연합국과 일본 사이에 화평조약이 성립되기 이전에는 이들에게 생활비만을 지급한다.[194]

이상과 같이 上海日僑管理處 및 第三方面軍에서 제정한 법률 규정 및 각종 시행 조례는 일본 기술 인원의 유용을 위해 마련된 것이었다. 유의할 것은 위의 민영사업고용판법에서도 잘 알 수 있듯이 전후 공업의 복원 과정에서 국영기업뿐만 아니라 민영공업 및 공사 방면에서도 숙련기

193 上海市檔案館藏檔, 檔號 : Q3-1-23 : 上海日僑管理處工作概況.
194 《民國日報》, 1946. 1. 16.

술자의 부족 현상이 보편적이었다는 사실이다. 이러한 이유에서 국민정부는 각종 법률 규정을 마련하여 민영경제를 부흥시키기 위해서도 이들 일본 기술자의 역량을 적극 동원하고자 했던 것이다.

1946년 6월 17일의 각 유용기관 및 기술 인원 표를 살펴보면 中國紡織建設公司에 유용된 일본 기술 인원의 수는 128명이고, 그 가족이 175명으로서 총 303명에 달하였다. 1946년 12월 국방부의 조사 보고를 살펴보면 동공사 上海 각 공장에 유용된 일본 기술 인원은 총 118명, 가족 157명으로서 모두 275명에 달하였다. 中國紡織建設公司 青島分公司는 14명의 기술 인원을 유용하였으며, 그 가족 19명을 포함하여 모두 33명에 달하였다. 天津分公司는 10명을 유용하였으며, 그 가족 9명을 포함하여 총 19명에 달하였다.[195]

이후 上海日僑管理處는 上海市 및 국방부 등 유관기관과의 협의를 거쳐 일본 기술자의 유용 문제에 관하여 다음과 같은 구체적인 실행 규약을 결정하였다.

(1) 징용 표준 : 모든 일본 기술 인원은 지원자에 한하여 유용하는 것을 원칙으로 한다.
(2) 대우 : 유용된 일본 기술 인원의 대우는 우리나라 동등의 직무 대우 급여를 원칙으로 한다.
(3) 직무 : 유용된 일본 기술 인원은 기술 업무만을 담당해야 하며, 經理나 廠長 등의 직무를 담당할 수 없다.
(4) 외환 문제 : 유용된 일본 기술 인원의 일본 화폐 태환 방법은 재정부에 이를 결정해 주도록 청원한다.
(5) 통신 문제 : 유용된 일본 기술 인원과 일본 사이의 통신 방법은 교통부에 이를 결정해 주도록 요청한다.

195 上海市檔案館藏檔, 檔號 : Q1-17-649 : 征用日籍技術人員.

(6) 유용 인원 수의 조사 : 각 유용 기관은 유용인 수를 명확히 조사하여 기사, 기공, 그 가족 등으로 나누어 표를 만들어 국방부에 보고해야 한다.

(7) 장래 유용 기술 인원의 주관 기관 : 우선 국방부 제2청이 유용인 수를 조사하여 표로 책을 만든 이후 이를 행정원에 보고하고 다시 각 기관에 통지한다.

(8) 장래 송환 업무의 담당 기관 : 국방부 제2청은 경과 상황 및 인원 수를 표로 만들어 행정원에 보고한다.[196]

그러나 일본 기술 인원에 대한 중국 측의 필요성에도 불구하고 연합국은 일본 포로 및 교민을 전원 송환해야 한다는 방침을 견지하고 있었다. 이에 대해 中國紡織建設公司 총경리 束雲章은 행정원장 宋子文과 육군 총사령 何應欽에게 일본 기술 인원의 유용이 필요하다는 사실을 강력히 청원하였다. 공사 방면에서 일본 숙련 기술 인원의 유용이 필요하다는 사실이 宋子文과 何應欽에게 전달된 이후의 경과는 상세히 알 수 없으나 일본인을 전원 송환한다는 연합국의 방침에도 불구하고 이와 같은 요청이 대부분 수용되어 관철되었음을 알 수 있다.

이러한 사실은 4월 17일 中國紡織建設公司 제15차 창장연석회의에서 총경리 束雲章의 언급으로부터 잘 알 수 있다. 즉 束雲章은 "모든 일본인은 장차 6월 말 이전에 본국으로 송환하며 이는 바로 연합국의 결정이다. 따라서 만일 우리가 반드시 일본인을 유용하고자 한다면 유관 기관과의 협의 및 처리가 필요하다. 더욱이 華北에 있는 각 공장의 경우 만일 일본인들이 모두 귀국해 버리면 아마 공업을 복원할 방법이 없어지게 될 것이다 〔…〕 宋子文 원장이 이미 일본 기술자의 유용을 허가하였으며,

196 上海市檔案館藏檔, 檔號 : Q1-17-650 : 征用日籍技術人員.

何應欽 육군총사령도 일본 기술자의 유용을 윤허하였다"[197]라고 언급하였다.

中國紡織建設公司를 비롯한 각종 국영기업 및 민영기업에서 제기된 일본 기술 인원 유용의 필요성과 요청에 대해 연합국 총사령부가 구체적으로 어떠한 절차와 경과를 통해 이를 처리하였는지는 명확한 자료를 찾을 수 없다. 단지 일본 기술 인원의 유용은 국민정부의 적극적인 요청과 위와 같은 제한 규정을 조건으로 연합국의 수용을 거쳐 관철될 수 있었음을 짐작할 수 있다. 특히 연합국 총사령부는 일본 기술 인원의 유용 범위를 생산 현장에서 즉시 활용할 수 있는 실무자로 최대한 축소시키고자 했음을 中國紡織建設公司 이사회의 지시를 통해 짐작할 수 있다. 中國紡織建設公司 이사회는 국민정부 군사위원회 및 웨드마이어Albert C. Wedemeyer 장군의 지시에 따라 일본인 가운데 통제권자는 모두 그 직위를 파직하고, 또한 일찍이 경리나 이사, 창장의 직위를 가지고 있었던 자는 모두 해직하였다. 이 밖에 일본 기술자의 유용에 관한 원칙을 다음과 같이 정하였다. 즉 첫째, 운수, 염색 등 실제 업무를 수행할 수 있는 자, 둘째, 설계 방면의 인재, 셋째, 영업에 경험이 인재, 특히 남양무역에 경험이 있는 인재, 이 밖에 기기 보전 방면에 마땅히 주의를 기울여 日籍技士를 유용해야 한다는 원칙을 정하였다.[198]

그러면 중국 국민정부의 유용 정책에 대해 당사자인 일본 기술 인원의 대응은 어떠하였을까? 패전 직후 일본에서 실업자 수는 천만 명을 넘어섰으며, 1945년 12월의 통계에 의하면 이미 총 1,320만 명에 달하였고, 東京 한 지역에서만 60만 명에 달하였다.[199] 각종 보고서에 의하면 일본

197 南京中國第二歷史檔案館藏檔, 檔號 : 475-44 : 中紡公司會議紀錄.

198 上海市檔案館藏檔, 檔號 : Q192-1-4 : 中紡公司會議紀錄.

199 《解放日報》, 1945. 12. 17.

경제의 어려움으로 양식마저 부족한 상태에서 중국에 있던 일본 교민들 가운데 다수가 중국에 잔류하거나 귀화하기를 희망하였다. 일본 기술 인원들은 적극적으로 복직 및 업무의 계속을 요청하였으며, "우리들은 공상업 분야의 기술자들로서 중국 정부가 필요하다고만 한다면 우리는 중국에 남아 업무를 계속 수행하기 희망한다"[200]라는 의사를 적극 피력하였다.

이와 같은 동향은 上海市檔案館에 남아 있는 국민정부 행정원의 훈령으로부터도 확인할 수 있다. 행정원이 上海市에 하달한 훈령을 살펴보면 "적지 않은 재중 일본 교민들이 현재 일본의 경제 상황이 매우 어려우며 양식마저 부족하여 귀국을 희망하지 않고 있으며, 심지어 일부는 중국에 귀화의 의사를 전달하였다"[201]라고 지적하였다. 이와 같이 일본의 경제적 어려움은 이들이 적극적으로 중국에 잔류하고자 하는 주요한 동기가 되었으며, 이러한 의미에서 이들의 유용에는 중국 측의 필요성뿐만 아니라 다분히 이들의 자발성이 함께 존재했다고 보여진다. 다른 회고록에서도 "어떤 일본인들은 아무런 기술도 없으면서 갖은 수단을 동원하여 기술증명서를 위조하여 유용할 수 있는 허가증을 얻어 귀국하지 않으려 애썼다"[202]라고 기록하고 있다.

그러나 한편으로 행정원은 같은 훈령에서 "중국에 잔류하여 기술자로서 등기하거나 귀화를 신청하는 자들 가운데에는 이전에 중국에서 획득한 자산을 계속 보존하기 위한 불순한 동기를 가진 사람도 있으니 엄격히 심사하여 허가증을 내주도록"[203] 지시하고 있다.

중국 잔류에 대한 일본 기술 인원의 자발성은 당시 漢口日僑管理處의

200 張兹闓,〈勝利后接收的經驗〉,《傳記文學》10卷 3期, 1967. 3. p.49.
201 上海市檔案館藏檔, 檔號 : Q1-17-703 : 該府關于在華日僑留華問題的訓令.
202 李修業,〈遣送東北日僑俘的回憶〉,《文史資料選輯》91輯, 1983. 11. p.166.
203 上海市檔案館藏檔, 檔號 : Q1-17-703 : 該府關于在華日僑留華問題的訓令.

기록에서도 확인할 수 있다. 1945년 11월, 武漢 신문계의 《和平日報》 사장 劉威鳳, 《正義報》 사장 周燕蓀, 《武漢時報》 사장 戴震 등과 각 신문기자 20여 명은 무한의 日僑收容所를 참관한 이후 40여 명의 일본 교민을 소집하여 좌담회를 개최하였다. 이 자리에 참석한 일본 교민 가운데 약 3분의 2가 중국에 남아 업무를 계속 수행하기 희망하였으며, 심지어 일부는 중국 국적의 취득까지 요구할 정도였다. 또한 어떤 이들은 일본에 살고 있는 자신들의 친지를 중국으로 데려올 수 있도록 해 줄 것을 요청하였다. 그러자 관리처의 戴仲明 처장이 말을 가로막고 상급기관의 지시에 따라 일본 교민과 독일 교민의 중국 국적 취득은 당분간 불가하다고 답변하였다.[204]

일본 기술 인원이 계속 업무에 종사할 수 있도록 하기 위해 中國紡織建設公司도 갖은 방법을 동원하여 이들에게 편의를 제공하였다. 1946년 4월 17일 束雲章은 "(1)각 공장은 유용된 일본 기술 인원이 거주할 수 있는 기숙사를 마련하여 그들과 가족들의 주거를 보장해야 한다. 모든 대우는 본 공사 직원과 절대적으로 평등해야 한다. (2)의약 및 자녀 교육 문제는 이미 일본인들이 청원한 바를 허가하여 일본 의사 및 교사의 유용을 허락하였다. 가내에서 사용할 수 있는 외환의 경우 우리 정부는 장차 방법을 강구할 것이며, 결코 일본인들이 곤란을 겪지 않도록 조치할 것이다. (3)유용된 일본인과 가족 수는 각 공장에서 양식을 만들어 내일 상오까지 총공사로 보고해야 한다"[205]라고 지시하였다.

6월 12일, 이사회석상에서 束雲章은 다시 다음과 같이 강조하였다. 즉 "각 공장은 잔류한 일본 기술 인원을 최대한 활용해야 한다. 이전에 일

---

204 劉崇德, 〈戰后日僑的集中管理〉, 《武漢文史資料》 6輯, 1982. 3. p.125.

205 上海市檔案館藏檔, 檔號 : Q192-3-27 : 中紡公司廠長接收人員聯席會報紀錄(28-29次).

본인이 경영한 방직사창은 그 성적이 우리 방직사창보다 훨씬 우수하다. 이들을 활용하여 이러한 경영 수준에 도달하는 것이 현재의 급선무이다"[206]라고 강조하였다. 동시에 束雲章은 青島, 天津 등의 分公司에도 적극적으로 일본 기술 인원을 유용하도록 지시하면서 "우리들이 유용하는 일본 기술 인원은 각기 자신의 장기를 가지고 있다. 공사에서는 몇 명의 공정사와 그들을 함께 묶어 시찰단으로 조직하여 각 공장을 시찰하도록 하고, 생산 공정상 결함 및 개진해야 할 문제가 있으면 건의하도록 하여 각 공장으로 하여금 이를 참조하여 집행하도록 한다. 또한 이후 공사의 업무는 이와 같은 검사 공작을 근거로 해야 한다"[207]라고 강조하였다.

그렇다면 이와 같은 일본 기술 인원의 유용을 통해 中國紡織建設公司는 그 경영에서 어떠한 성과를 거두었을까. 앞서 살펴본 바와 같이 中國紡織建設公司는 바로 종전 직후 국민정부가 이전의 일본 자본 방직사창을 접수하여 설립한 국영사창이다. 中國紡織建設公司는 방직사창뿐만 아니라 기존 일본 기술 인원의 유용을 통해 이전 일본 사창의 경영을 그대로 승계하였다고 할 수 있다. 이러한 결과 국영사창인 中國紡織建設公司는 민영사창에 비해 뛰어난 생산 및 경영 효율을 유지할 수 있었다. 다음의 표는 1946년 11월 현재 20번수 1件을 생산할 경우 中國紡織建設公司와 민영사창의 생산 비용을 비교한 것이다. 국영사창이 가지고 있는 이와 같은 높은 생산성이 일본 기술 인원 유용 등의 정책과 밀접한 관계를 가지고 있었음은 두말할 필요도 없다.

이후 中國紡織建設公司에 유용된 일본 기술 인원이 1949년 중화인민

---

206 上海市檔案館藏檔, 檔號 : Q192-5-17 : 紡織事業管理委員會會報記錄.

207 范澄川, 〈我在湖南, 青島從事紡織事業的回億〉, 《工商經濟史料叢刊》 第1輯, 文史資料出版社, 1983. 6. pp.47-48.

中國紡織建設公司와 민영사창의 생산비용 비교(1946년 11월 현재)

단위: 20번수 1件

	中國紡織建設公司	민영사창	비용 절감 비율(%)
노임	160,309.14	178,123.11	10.1
제조 비용	192,668.44	330,356.74	41.7
업무 비용	71,629.00	77,611.00	8.8
총계	424,606.58	586,090.85	27.6

資料出處 : 金志煥,《中國紡織建設公司硏究》, 復旦大學出版社, 2006.1. p.75.

공화국 수립 이후 어떻게 처리되었는지 명확한 자료는 없으나 일부 단편적인 통계를 통해 적지 않은 인원이 그대로 대륙에 잔류하여 중화인민공화국 초기의 경제건설 과정에서 각종 업무에 참여하는 등 적극 활용되었을 개연성을 추측할 수 있다. 예를 들면 1950년 가을부터 시작된 隴海鐵道의 天水-蘭州 구간의 부설에 약 8백여 명의 일본 기술자들이 참여하였는데, 이들은 동북지역에 잔류하고 있던 일본인들로서 중국 정부가 이들을 동원한 것이다. 이들의 협조 속에서 중국 정부는 약 354킬로미터에 이르는 天蘭 구간의 隴海鐵道를 완성할 수 있었다.[208] 뿐만 아니라 중국 정부는 津浦鐵道, 平漢鐵道, 淮南鐵道 등의 철도 및 교량의 부설에도 일본 기술 인원을 적극 동원하였다.[209]

이후 중일 간에 화해 무드가 조성되고 교류가 활발해지면서 중국 정부는 중일우호의 취지에서 일본 교민들의 본국 송환에 적극 협조하였다. 중화인민공화국 수립 직후인 1952년 12월 1일, 중국 정부는 新華社 기자를 통해 담화를 발표하고 중국에는 3만여 명의 일본 교민이 여전히 잔

208 沈默, 〈一段鮮爲人知的史實-抗戰勝利后留在中國的日本人〉,《北京檔案》2001年 4期, 2001. 4. p.37.

209 吳慶生, 〈中國戰區日俘日僑的收容, 管理與遣送〉,《江西社會科學》2002年 4期, 2002. 4. p.104.

류하고 있다는 사실을 밝혔다. 이와 함께 일본 정부가 수송 선박을 제공할 경우 중국 정부는 이들 일본 교민의 송환에 적극 협조할 용의가 있음을 덧붙였다. 이에 1953년 2월 日本赤十字社, 日本和平連絡委員會와 日中友好協會 등 3개 민간 단체가 대표단을 구성하여 수송 선박의 준비 및 일본 교민의 송환을 위해 中國赤十字社에 중재를 요청하였다. 쌍방은 수차례의 회담을 거쳐 일본 교민의 송환 및 절차, 방법 등에 기본적인 합의를 이끌어 냈다. 주요한 내용은 첫째, 일본 정부가 선박을 파견하여 이들 교민을 접수한다. 둘째, 중국은 天津과 秦皇島, 上海의 3개 항구를 일본 교민을 송환하기 위한 선박의 정박지로 제공한다. 셋째, 중국 정부는 이들이 귀국하기 위해 선박에 탑승할 때까지 이들의 급식, 주거, 여비와 1인당 50킬로그램을 초과하지 않는 화물의 운송비를 제공한다. 넷째, 일본 교민은 1953년 3월 중순부터 7월 초까지 각각 나누어 환송한다. 이후에도 본국으로 귀국하기를 희망하는 일본 교민에 대해서는 中國赤十字社가 계속 협조할 것이며, 일본의 3개 단체와 지속적으로 연락을 취한다 등의 내용이었다.[210]

1953년 3월부터 1958년 7월까지 중국적십자사의 주도로 일본 교민을 집중 수용한 이후 각각 塘沽, 秦皇島와 上海港을 통해 21차례에 걸쳐 34,424명이 일본으로 송환되었다. 이 가운데에는 전범 1,017명이 포함되어 있었으며, 이 밖에 유골 2,321구도 일본으로 송환되었다. 이와 동시에 중국 측의 요구에 따라 日本赤十字社도 일본 체류 화교 가운데 희망자에 한하여 3,584명을 중국으로 송환하였으며, 이 밖에 2,348구의 유골과 330개의 위패도 송환되었다.[211] 일본 교민들은 귀국 이후 隴海

210 吳慶生, 〈50年代中國政府協助日僑回國略論〉, 《紹興文理學院學報》 21卷 2期, 2001. 4. p.123.

211 吳慶生, 〈中國戰區日俘日僑的收容, 管理與遣送〉, 《江西社會科學》 2002年 4期, 2002. 4. p.105.

鐵道 부설에 참여한 기술 인원을 중심으로 天水會라는 단체를 조직하였으며, 滿鐵 직원 및 그 가족 출신들로 구성된 東方科學技術協力會, 그 밖에 日中和平友好會 등을 조직하였다. 이들은 1977년 이후 지금까지도 꾸준히 중국을 방문하고 있다.

이와 같이 수많은 일본 교민이 중화인민공화국 수립 이후에도 여전히 대륙에 남아 국가 및 경제건설 과정에서 적지 않은 역할을 수행하였음을 알 수 있다. 일본 기술 인원들은 탄광의 개발, 항공학교의 창립, 인민해방군에의 참여 등을 통해 중국의 혁명 투쟁, 철도, 탄광, 의료, 교육 등의 분야에서 크게 공헌하였다.[212] 중화인민공화국의 수립과 경제건설의 과정에서 "수많은 중국 잔류 일본인들의 적극적인 참여를 통해 중국혁명과 국가 건설이 비로소 가능할 수 있었다"[213]라는 중국 측의 고백으로부터 이들의 중요한 역할을 짐작할 수 있다.

결론

종전 직후 산업 복원의 지체로 인한 일용필수품의 부족과 이로 인한 물가의 폭등 및 통화팽창은 격렬한 노동운동을 촉발시켰으며, 이는 정권의 안정마저 위협할 정도로 발전하였다. 전후 중국 경제의 위기를 해결하기 위해 국민정부는 전국 공업 가운데 절대적인 비중을 차지하는 上海 공상자본가의 역량을 동원하지 않을 수 없었으며, 이러한 이유에서 국민정부의 전후 처리 의지는 굴절되지 않을 수 없었던 것이다.

이와 같은 문제를 해결하기 위해 국민정부가 강력히 추진한 정책이 바

212 李仲明, 〈日軍在中國戰場上的敗降與遣返〉, 《鐘山風雨》 2005年 6期, 2005. 12. p.15.

213 沈黙, 〈一段鮮爲人知的史實-抗戰勝利后留在中國的日本人〉, 《北京檔案》 2001年 4期, 2001. 4. p.37.

로 일본 기술 인원의 유용 정책이었다. 이는 전후 중국의 경제 상황이 소위 經濟漢奸(경제계의 친일파)으로 규정된 上海 공상자본가의 역량뿐만 아니라 일본 기술 인원의 역량까지 동원하지 않으면 안 될 정도로 심각한 상태에 처해 있었음을 역설적으로 말해 주는 것이라 할 수 있다. 국민정부는 중국 사창에 비해 높은 기술 수준을 유지하고 있던 일본 사창의 경영방식을 그대로 승계함으로써 국영사창의 노동생산성 제고를 도모하였으며, 이러한 결과 국영사창인 中國紡織建設公司는 민영사창에 비해 낮은 생산 비용과 상대적으로 높은 생산성을 유지할 수 있었던 것이다. 이를 통해 국민정부는 저가의 면제품을 시중에 적극 방출함으로써 물가 상승을 억제할 수 있는 조건을 조성할 수 있었다. 이렇게 본다면 전후 중국의 경제 부흥 과정에서 일본 기술 인원의 유용은 전후 산업 설비의 신속한 복구와 일용필수품의 공급 확대 및 물가 상승의 억제라는 측면에서 적지 않은 성과를 거두었다고 볼 수 있다.

이 밖에 제2차 세계대전이 종식된 직후 중국 국민정부에 의해 시행된 일본 기술 인원의 유용은 외자기업의 역할과 평가에서도 중요한 의미를 가지고 있다고 할 수 있다. 기존의 연구에서 중일전쟁 이전 중국 경제에 대한 일본 방직사창 등 외자기업의 역할에 대한 평가가 기존에 帝國主義侵華史라는 경직된 정치사적 평가로부터 일전하여 중국 시장의 자립을 위한 일정한 역할에 주목한 것은 주지하는 바이다. 그런데 본 장에서 살펴본 바와 같이 이와 같은 외자기업의 역할 및 평가가 中國紡織建設公司의 예에서 보여지듯이 중일전쟁 시기 및 종전 이후에도 연속성을 가질 수 있는 가능성을 제시하고 있다고 보여진다.

비록 여기에서는 일본 기술 인원의 유용 문제를 주로 종전 이후로 한정시켜 살펴보았지만, 마지막 절에서 일부 언급한 바와 마찬가지로 이 문제는 중화인민공화국의 수립 이후까지 연속성을 가지고 있음을 보여 주고 있다. 더욱이 기업 내부에서 뿐만 아니라 철도, 탄광, 교육, 나아가 인민해방군에의 참여 등 일련의 사실로부터 이 문제는 경제사뿐만 아니라 정치, 군사, 교육, 나아가 이후 한국전쟁의 과정에서 전개된 다양한 양상으로 연구의 범위를 확대할 수 있는 가능성을 내포하고 있다고 생각된다. 종전 이후 이와 같은 중국의 현상과 정책이 전후 처리 문제의 굴절 및 일본 기술 인원의 유용과 관련하여 우리나라와 북한, 타이완, 일본, 동남아시아 등에서도 유사한 조건 및 사례를 제공했을 가능성은 앞으로의 연구 과제로 남겨두고자 한다.

국영방직공장 및 면업 부문 유용 일본 기술 인원 명단

姓名	年齡	留用機關	專門技術	家族數	留用時間(年)
金子政男	36	中紡公司(上海)	機械工作	1	2
中山安次郎	49	同上	紡績	1	2
岩田正胜	45	同上	roller保全	3	2
古賀浩	50	同上	紡績前紡保全	0	2
北村實熹	42	同上	電氣	0	2
鈴木忠太郎	31	同上	織布	0	2
高木留吉	53	同上	紡績織布	1	2
木下胜利	43	同上	紡積試驗調查	0	2
土居正雄	39	同上	原棉制品	3	2
岸本友市	54	同上	織布保全	6	2
谷口藤一郎	45	同上	原棉製品	0	2
澤井秋治郎	44	同上	同上	1	2
中村捷次	43	同上	用品鑒定	0	2
妹尾唯治	59	同上	醫師	2	2
沼田千鶴子	37	同上	看護士	0	2
安室正巳	45	同上	原棉會計	0	2
福田太一	51	同上	染色	0	2
西山庄次	52	同上	捺染	0	2
鈴木丰治	43	同上	染色	5	2
長崎主計	40	同上	梳毛染色	0	2
馬谷繁男	48	同上	絹紡·紡毛	4	2
岩田英雄	36	同上	羊毛·紡織	3	2
石坂堯春	36	同上	同上	3	2
种村三郎	41	同上	同上	0	2
永井末男	39	同上	同上	1	2
澤田紀義	36	同上	電氣	5	2
伊藤眼甫	42	同上	織機保全	0	2
恒川正一	43	同上	整理染色	0	2
松宮茂一	38	同上	染色	0	2
飯田二三男	62	同上	麻紡績	2	2
高山N三	47	同上	同上	3	2
古屋一郎	47	同上	同上	5	2

국영방직공장 및 면업 부문 유용 일본 기술 인원 명단(계속)

姓名	年齡	留用機關	專門技術	家族數	留用時間(年)
佐藤二郎	35	中紡公司(上海)	麻紡織	2	2
高橋誠一郎	35	同上	同上	1	2
行方清三	45	同上	同上	2	2
永田岩一	41	同上	梳麻技術	4	2
島田開一郎	53	同上	麻織布	1	2
高橋貞良	51	同上	機動修繕	4	2
坂部喬	53	同上	藥化學	1	2
山木有一	46	同上	麻紡織	2	2
行武琢磨	41	同上	染色化學	4	2
納富桓三郎	55	同上	棉麻毛紡織	1	2
朝內忠房	32	同上	棉麻毛紡織	2	2
茂野哲夫	44	同上	紡織	1	2
林哲吳	35	同上	有機化學	0	2
鈴木金作	43	同上	紡織機製造	0	2
佐二木眞作	52	同上	鑄造	1	2
岡田清一	49	同上	機械工作	0	2
檜垣武	44	同上	紡織	0	2
茶谷正清	51	同上	電氣	0	2
栗原悅次	49	同上	織布準備	0	2
田中万龜治	56	同上	電氣	0	2
池田富太	38	同上	教育	3	2
西島一郎	54	同上	醫師	1	2
岡島正倫	49	同上	紡績	0	2
友添德藏	50	同上	電氣	0	2
左近正治	49	同上	roller保全	0	2
政所福吉	49	同上	紡績	6	2
酒光正男	32	同上	紡毛精紡	0	2
土方福次	42	同上	紡績保全	2	2
立花源太	51	同上	梳棉保全	4	2
福田留之助	41	同上	毛絲紡積	0	2
土井岩	42	同上	毛絲紡積	0	2
朝居大助	46	同上	毛絲紡積	3	2

국영방직공장 및 면업 부문 유용 일본 기술 인원 명단(계속)

姓名	年齡	留用機關	專門技術	家族數	留用時間(年)
白水十九郎	53	中紡公司(上海)	紡績后紡保全	0	2
伊藤忠一	43	同上	roller保全		
本多有一	32	同上	電氣		
澤田太一郎	52	同上	紡績前紡部		
高木幸一	36	同上	織布保全		
飯田一郎	43	同上	紡績		
浦田熊次郎	44	同上	織布準備		
初瀨金治	31	同上	原棉鑒別		
長谷川榮治郎	51	同上	紡績管理		
築地林市	37	同上	梳棉織布		
打越猛彦	55	同上	梳棉保全		
尾島伍藤	43	同上	織布		
天城昌平	38	同上	織布		
淸谷熏	34	同上	染色		
村田未吉	46	同上	電氣機械		
吉川淸二	36	同上	染色精練		
松尾滿	42	同上	紡績技術		
土屋郁二	49	同上	同上		
神原二郎	53	同上	織布技術		
大上梅次郎	56	同上	紡績前紡保全		
三宅淸人	38	同上	電氣		
守屋壽男	43	同上	織布準備糊付		
小川貞三	36	同上	建築設計		
松本銀藏	53	同上	織機制作保全		
林松次郎	42	同上	紡績調査試驗		
服部京一	36	同上	紡績技術		
掘田鉾	40	同上	紡績前紡保全		
稻叶賢三	37	同上	紡績保全		
藤井義郎	48	同上	同上		
高橋喜作	28	同上	織布運轉		
片島要治	45	同上	紡績前紡保全		
宮田喜壽	44	同上	紡績運轉		

국영방직공장 및 면업 부문 유용 일본 기술 인원 명단(계속)

姓名	年齡	留用機關	專門技術	家族數	留用時間(年)
笠井法人	45	中紡公司(上海)	織布保全	0	2
飛田源太郎	55	同上	設計調查	3	2
出光正三	52	同上	電氣	5	2
大竹正	34	同上	紡績保全	0	2
松野市伍郎	52	同上	同上	1	2
福田善七	48	同上	紡績后紡保全	2	2
村井辰生	43	同上	紡績	0	2
芦田三男	42	同上	紡績后紡保全	4	2
野尻智	43	同上	教育	2	2
河原吉男	39	同上	紡績	1	2
小能幸太郎	42	同上	電氣	1	2
川野清次郎	49	同上	醫務	0	2
增田叩之吉	56	同上	建築設計	0	2
宮地信助	41	同上	織布保全	0	2
早川興三郎	51	同上	紡績roller保全	2	2
田中藤吉	46	同上	紡績	2	2
柜野清	51	中紡公司	織機全般		1
上田丰	49	同上	織布運轉保全		1
北川幸次郎	29	同上	梳棉機保全		
大澤柳吉	47	同上	織部準備保全		
森下敏雄	58	同上	紡部運轉保全		
坂東嘉太郎	47	同上	粗紡		
荒川岩雄	44	同上	原動電氣		
戶澤三之助	45	同上	染色一般		
阪口政一	40	同上	紡絲加工		
田中七造	50	同上	酸沒食子酸製造		
加藤鶴松	47	同上	染色		1
三浦輝雄	38	同上	同上		1
山崎滿雄	39	同上	同上	1	1
后藤善三	52	同上	同上	1	1
山口市太郎	39	同上	同上		1
戶澤三之助	45	同上	棉布染色一般		

국영방직공장 및 면업 부문 유용 일본 기술 인원 명단(계속)

姓名	年齡	留用機關	專門技術	家族數	留用時間(年)
西田秀三郎	48	中紡公司 巡回督導團	印染一般		
西川秋次	64	中國紡織 機器制造公司	紡機製造	2	2
小林源太郎	28	同上	紡機組立	0	2
伊澤庄太郎	52	同上	紡機製造	1	2
三好靜一郎	51	同上	紡織技術	3	2
神野熏	27	同上	資材計算	0	2
稻叶胜三	40	同上	紡織技術	4	2
須藤三郎	51	同上	同上	3	2
井田金一	35	同上	同上	3	2
片岡宗太郎	44	同上	原價計算	2	2
岡辰次	52		棉花鑒定	1	
長谷川正雄	31		落棉處理		
石井正伍郎	58		紡織		
北澤義郎	39		落棉處理		
山路伍三郎	58		紡織		
野崎甚太郎	46		紡績	2	
島羽田熙	31		棉花		1
門上勇	31	東方文化協會	棉花棉布鑒定		
長峰清吉	29	農林部	紡績		
古賀正久	33	農林部	紡績·農業		
吉田一广	28		紡織機製作修理		
湯淺之夫	45		原棉鑒定		
宇田修	43		原棉鑒定		
西村功	35		原棉鑒定		

資料出處: 上海市檔案館藏檔, 檔號: Q1-17-650: 征用日籍技術人員; Q1-17-703: 該府關于在華日僑留華問題的訓令.

제4장

전후 경제 통제정책과 방직공업

종전 이후 1945-1949년의 시기는 국민정부가 대륙에서 집정한 최후의 시기이며, 이 시기에 국민정부가 실시한 경제정책은 정권의 붕괴 및 중국공산당의 집정과 밀접한 관계를 가지고 있다. 면업은 근대 이후 중국의 최대 산업 부문이며, 따라서 전후 국민정부 경제정책의 핵심적인 구성 부분이었다. 전후 국민정부는 적산사창을 접수하여 中國紡織建設公司를 설립하였으며, 이를 통해 본격적으로 면업 통제정책을 실시하였다.[214]

종전 이후 국민정부의 면업 통제정책은 대체로 네 시기로 나누어 볼 수 있는데, 즉 紡織事業管理委員會(1945년 11월-1947년 6월, 약칭 紡管會), 紡織事業調節委員會(1947년 7월-1947년 12월, 약칭 紡調會), 花紗布管理委

214 종전 직후 중국 면업에 대한 연구 성과는 매우 부족한 형편이며, 전후 경제건설과 공업 복원의 과정에서 국민정부의 적산사창 처리와 면업 통제정책 등의 많은 문제들이 사실상 공백 상태로 남겨져 있는 형편이다. 이와 관련된 연구는 金志煥, 〈中國 國民政府의 敵産紗廠 처리와 紡織資本家〉, 《歷史學報》 182輯, 2004년 6월 참조.

員會(1948년 1월-1948년 8월, 약칭 紗管會)의 세 시기와 中國紡織建設公司와 민영사창의 자율적 통제(1948년 9월 이후)의 네 시기로 구분할 수 있다. 전후 면업 통제정책의 전개를 살펴보는 것은 각 시기에 국민정부가 실시한 경제정책을 평가하기 위한 주요한 근거를 제공할 수 있을 뿐만 아니라, 국민정부의 계급적 기초라 할 수 있는 공상자본가의 정권과의 관계 및 이들의 정치적 동향을 규명하는데 중요한 의미를 지니고 있다.

여기에서는 다음의 몇 가지 문제를 규명해 보고자 한다. 첫째, 적산사창의 접수를 통한 中紡公司의 성립이 국민정부의 면업 통제정책과 어떠한 연관성을 가지고 있는지 규명해 보고자 한다. 둘째, 종전 직후 경제악화와 통화팽창의 격동기에 紡織事業管理委員會의 주도로 실시된 국민정부의 면업통제체제의 편제와 구조를 살펴보고자 한다. 셋째, 전후 면업 통제정책의 전개 속에서 국가권력(紡織事業管理委員會)과 자산계급(민영방직자본가) 사이의 관계를 검토하고, 나아가 紡管會의 개조와 紡調會의 성립이 양자의 관계 속에서 어떠한 의미를 가지는지 살펴보고자 한다.

1. 적산기업의 처리와 종전 직후 경제적 조건

전시 기간 중, 중국 정부 내에서는 전후 경제건설과 적산의 처리를 둘러싸고 적지 않은 논의가 전개되었다. 이와 같은 일련의 논의 과정을 거쳐 국민정부는 전후 공업건설 방침을 결정하고, 국영공업과 민영공업의 범주와 성격을 구체적으로 규정하였는데, 특히 방직공업과 관련하여 국민정부는 여러 차례 적산사창의 민영화 방침을 천명하였다.

이미 1943년 8월, 중국국민당 제5계 11중전회는 '戰後工業建設綱領'을 통과시켜 "공업 가운데 민간에 위탁할 수 있거나 혹은 국가가 경영하는 것보다 적합하다고 판단될 경우 민영으로 귀속시키며, 국가가 이를 장려하고 법률로서 보호한다"[215]라고 규정하였다. 특히 방직공업의 귀속 문제와 관련하여 경제부장 翁文灝는 "전력공업, 야금, 석유, 철강, 동력기, 발전기, 전신, 기본 화학공업 등은 마땅히 국영으로 귀속되어야 하며, 정부가 국영으로 지정한 공광사업 이외에는 모두 민영으로 귀속한다. 예를 들면, 방직공업, 식품업, 유지업 등 다수 사업이 여기에 속한다"[216]라고 명시하였다.

1944년 11월 6일, 국방최고위원회 제148차 상무회의는 '제1기 경제건설원칙'을 통과시켰는데, 여기서는 "전신, 우정, 병기공장, 화폐창, 주요 철도, 수력발전 등 정부가 지정한 공업 이외에는 모두 민영으로 귀속한다"[217]라고 규정하였다. 특히 이 회의에서 장개석은 경제건설의 주지를 설명하면서 "경제건설은 사회 복리를 증진시키고, 인민의 생활 수준을 제고시키는데 그 목적이 있다. 경제건설은 마땅히 공업을 신속히 발전시키는데 그 중점이 있으며, 국영사업과 민영사업의 종류에는 명확한 구분을 두어야 한다"[218]라고 강조하였다. 이후 1945년 5월의 국민당 제6차 전국대표대회는 '工業建設綱領實施原則'을 통과시키고, 국방, 철도, 郵電, 공용사업, 광산 등을 제외하고는 모두 민영으로 귀속시킬 것임을 재차 확인하였다.[219]

그러나 종전 직후 일용필수품의 부족은 물가의 급등과 통화팽창을 초래하였으며, 그 심각성은 사회공동체의 존립을 위협하였으며, 이는 다시 정권의 안정을 동요시켰다. 종전 직후 法幣가 대량으로 上海에 집중

215 翁文灝,《中國工業化的輪廓》, 中周出版社, 1944. 9. pp.38-40.
216 翁文灝,《中國工業化的輪廓》, 中周出版社, 1944. 9. pp.45-47.
217 〈第一期經濟建設原則〉,《中國國民黨第六次全國代表大會重要議題參考文件》, 1945. 4. p.364.
218 蔣介石,《中國之建設》, 建國出版社, 1945. 11. pp.48-49.
219 方顯廷,〈民營應自中紡開始〉,《世紀評論》1卷 10期, 1947. 3. p.5.

되었으며, 인구 역시 부단히 上海로 유입되었다. 이미 1945년 2, 3월경 전쟁에서 일본의 열세가 확연해지자 적 점령구 주민들이 보유하고 있던 僞幣(中儲券, 즉 中央儲備銀行鈔票)에 대한 신뢰가 동요되면서, 상대적으로 법폐의 가치가 점차 상승하였다. 이러한 결과 위폐를 법폐로 교환하려는 사람이 점점 증가하면서 위폐의 법폐에 대한 태환율에 큰 변화가 발생하였다. 2, 3월경 위폐 500원은 법폐 100원과 교환되었으나, 승리의 소식이 전해진 직후 사람들은 위폐의 사용이 금지될 것을 우려하여 다투어 시장에서 법폐를 구매하면서 태환율이 순식간에 120-140원 대 1로 급등하였다. 9월 27일, 국민정부가 태환율을 200 대 1로 정하여 선포한 이후 上海의 물가는 급등하기 시작하였다.

시민들은 화폐의 가치가 급락하자 그 가치를 보존하기 위해서 일용필수품의 투기와 사재기에 뛰어들었으며, 이는 일용필수품의 부족을 가속화시켜 다시 물가 상승을 부추기는 악순환이 반복되었다. 이러한 가운데 10월 중순부터 11, 12월에 걸쳐 물가가 가공할 정도로 폭등하였다.

10월 말(30일) 면사, 면포의 가격은 10월 초(4일)와 비교해 보면 가히 가공할 정도였다. 예를 들면, 42번수 '藍鳳牌' 면사의 가격은 35만 원에서 122만 5천 원으로 급등하였으며, 32번수 '藍鳳'은 30만 원에서 100만 원으로, 20번수 '地球'는 17만 원에서 57만 원으로, 20번수 '金鷄'는 17만 5천 원에서 60만 원으로, 20번수 '金城'은 17만 5천원에서 58만 원으로, 20번수 '雙馬'는 182,500원에서 60만 원으로, 20번수 '金橋'는 16만 원에서 52만 원으로, 16번수 '金寶星'은 12만 원에서 43만 원으로 폭등하였다.[220]

물가의 폭등은 자연히 생활비의 상승을 수반하였으며, 上海에서는 연일 노동운동이 끊이지 않았다. 9월 중순의 한 신문은 종전 이후 120개의

220 《時事新報》, 1945. 10. 5. 및 10.31.

1945년 하반기 上海 도매물가지수(1937년 1월 6월 = 100)

	총지수	식품	섬유	연료	금속	건축재료	잡항
7월	20943	20918	14820	26690	62040	24793	13826
8월	43200	44055	39283	34950	114889	36765	21394
9월	34598	35552	30994	24330	49706	36393	19967
10월	37863	35080	42837	88970	59246	54411	32594
11월	99252	91380	126762	434700	70617	110349	65479
12월	88544	77357	112094	648200	84170	146060	61617

資料出處: 中國科學院上海經濟研究所 編,《上海解放前後物價資料匯編》, 上海人民出版社, 1958. 附表: 上海批發物價分類指數表三.

일본인 공장 가운데 80% 이상이 정업을 선언하였으며, 실업노동자가 이미 50만 명을 넘어섰다고 보도하였다.[221] 11월의 한 신문은 "上海 한 곳만 하더라도, 공업 생산의 90%가 이미 중지되었으며, 실업노동자만도 100만 명 이상에 달하여, 이를 해결하지 않는다면 머지않아 사회 전체가 혼란의 소용돌이 속으로 빠져들게 될 것"[222]이라고 경고하였다. 上海의 신문들은 "항전 승리를 경축하는 동안 생업은 모두 정지되었으며, 국군을 환영하였지만 모두 굶주리게 되었다"[223]라고 보도하였다. 한 공업자본가는 "종전 이후 삼 일 밤낮으로 폭죽이 터졌으나, 일반 백성들의 생활은 오히려 더욱 피폐해졌고, 승리의 고배를 마시고 있다"[224]고 토로하였다.

노동자들은 적산을 접수한지 이미 수개월이 지났음에도 불구하고 대부분의 공장 굴뚝엔 연기가 피어 나오지 못한다고 한탄하면서, 공업 생산설비의 복구가 지체되고 있는 현실에 분통을 터뜨렸다.[225] 실업노동

221 《時代日報》, 1945. 9. 26. 및《新華日報》, 1945. 9. 28.

222 《解放日報》, 1945. 11. 23.

223 《文滙報》, 1946. 1. 23.

224 《解放日報》, 1945. 11. 23.

225 《文滙報》, 1946. 1. 23.

자들은 삼삼오오 대열을 형성하여 거리로 쏟아져 나와 上海市政府에 실업의 구제를 격렬히 요구하였다. 노동운동이 점차 확산되자, 上海市長 錢大鈞은 긴급회의를 개최하여 파업의 금지를 선포하는 한편, '勞資仲裁委員會'를 구성하여 이 문제를 신속히 해결하도록 지시하였다. 그러나 그럼에도 불구하고 노동운동은 끊이지 않았다. 노동운동을 근본적으로 해결하기 위해서는 무엇보다도 전후 경제건설을 추진함으로써 신속히 생산설비를 복구하고 이를 통해 다시 생산력을 제고시킴으로써 실업을 구제하는 길밖에는 없었다.

이러한 과정에서 국민정부는 上海를 중심으로 한 蘇浙皖區 공상자본가와의 협조를 절실히 필요로 하게 되었다. 이러한 이유는 크게 두 가지 점으로 요약해 볼 수 있는데, 첫째, 실업의 구제와 전후 경제건설, 그리고 공업설비의 복원과 생산력의 제고를 위해서는 적산사창의 신속한 접수와 처리, 그리고 전국 방직공업의 70%가 집중되어 있던 上海 및 蘇浙皖區 방직공업의 생산설비를 복구하는 일이 급선무였기 때문이다. 둘째, 종전 직후 上海를 중심으로 전개된 물가 급등, 통화팽창 등 일련의 경제위기와 관련하여, 특히 자본가를 중심으로 횡행한 투기와 사재기는 물가 급등의 주요한 원인이 되었다. 따라서 이러한 경제적 현상을 효율적으로 통제하기 위해서라도 국민정부는 上海 및 蘇浙皖區 공상자본가의 협조가 불가결하였던 것이다. 이와 같이 국민정부는 上海 등 공상자본가의 협조 없이는 물가의 억제와 전후 경제건설 및 공업설비의 복구, 그리고 생산력의 제고라는 시급한 현안을 달성하는 일이 불가능하다는 사실을 깨닫게 된 것이다.

11월에 들어 물가가 폭등하자 蔣介石은 上海地方協會 회장인 杜月笙[226]에게 "上海市의 물가 상승이 그치질 않아 민생에 미치는 영향이 막

226 이미 1946년 6월에 蔣介石은 杜月笙에게 항전 승리 이후 上海를 접수하기 위한 준

대하니 〔…〕 각계와 연락하여 가능한 한 모든 방법을 동원하여 정부에 협조하게 하여 물가를 억제할 수 있도록 요청한다"[227]는 전문을 발송하여, 上海 공상자본가들로 하여금 정부의 물가 억제 정책에 적극 협조하도록 간곡히 요청하였다. 이에 杜月笙은 즉시 蔣介石에게 대책을 강구할 것임을 회답하고, 이후 연일 공상 각계와 접촉하여 이 문제를 협의하고, 이들에게 당국의 시책에 협조해 줄 것을 요청하였다.[228]

이러한 가운데 수복구 방직업계의 영수인 杭州紗廠 총경리 王子宿은 '적산사창의 접수와 국영개조계획안'을 발표하여 적산사창의 국영화를 다음과 같이 주장하였다. 즉 "국영사창을 건설하여 주야로 기계를 가동한다면, 방직공장에서 남녀 노동자 약 6만 명의 고용효과를 창출할 수 있으며, 이 밖에 방직공장에서 6만 명, 염직공장에서 6만 명, 표염 및 정리공장에서 1만 6-7천 명 내지 2만 명, 재봉에서 약 3-4만 명의 고용을 창출할 수 있으며, 이 밖에 외부 하청 염공으로 남녀 공인 약 6만 명이 필요하며, 직원으로 약 2천 명의 고용을 창출할 수 있다. 뿐만 아니라 기타 간접적으로 관련되는 인원이 이 숫자의 열 배에 이를 것이다. 따라서 적산사창의 국영화로 최소한 수백만 명이 그 혜택을 입을 수 있을 것이다."[229] 王子宿의 주장은 수복구 방직업계의 이해를 반영한 것이며, 반면 전시 국민정부의 항전에 협조했던 후방 방직업계의 요구인 적산사창

비를 지시하였다. 종전 직후인 8월 19일, 杜月笙은 上海로 귀환하여 점차 恒社 이사장, 申報 이사장 등의 직책을 회복하였다. 특히 주목할 것은 上海 공상자본가들이 속해 있던 上海地方協會의 이사장과 각종 방회 세력을 규합한 中國新社會事業建設協會의 이사장으로 부임하였으며, 이들 양 기관은 국민정부가 上海 공상자본가들과 교통하는 중요한 통로가 되었다. 古厩忠夫, 〈戰後地域社會の再編と對日協力者〉, 《戰後中國國民政府史の硏究》, 中央大學出版部, 2001. 10. pp.348-349.

227 《時事新報》, 1945. 11. 21.

228 《申報》, 1945. 11. 22. 및 11. 23.

229 王子宿, 〈利用接收敵僞紡織廠改歸國營計劃趨議〉, 《紡織》(勝利特刊), 中國紡織學會上海分會出版委員會, 1945. 12. p.28.

의 민영화와 우선적인 승계 권리의 요구와는 상이한 내용이었다.

2. 국영 방직기업의 설립과 면업 통제체제의 형성

1945년 10월, 上海의 물가가 폭등하고 노동운동이 끊이지 않는 가운데 국민정부의 경공업 민영화 정책에는 중대한 변화가 발생하였다. 방직업계의 대표적인 출판물인《紡織染工程》도 "정부가 적산사창을 접수한 이후 그 처리에 관한 일체의 계획은 마땅히 생산의 증가와 실업의 구제를 전제로 하지 않으면 안 된다"[230]라고 주장하였다. 이와 같이 종전 직후 공업설비의 복구가 지체되고 이에 따라 일용필수품 등 물자의 부족 현상이 엄중해지면서 물가가 급등하자 도처에서 노동운동이 전개되어 엄중한 사회문제를 야기하였다. 특히 10-12월의 물가 폭등은 전후 경제건설의 순조로운 진행과 정치적 안정을 크게 저해하였다. 따라서 국민정부로서는 시급히 적산사창의 생산력을 회복시킴으로써 고용을 창출하지 않으면 안 되었다. 이것이 바로 국민정부가 적산사창의 국영화, 즉 中國紡織建設公司를 성립시킨 주요한 원인이었다.

11월 12일, 국민정부는 重慶에서 紡織事業管理委員會(약칭 紡管會)를 정식으로 성립시키고, 束雲章, 李升伯, 吳味經, 楊錫仁, 尹任元 등을 위원으로 임명하였다.[231] 束雲章은 宋子文이 주도해 온 中國銀行 인맥

---

230 〈抗戰勝利與復興紡織工業〉,《紡織染工程》7卷(抗戰勝利號), 1945. 10. 15. p.3.

231 이에 대한 상세한 내용은 傅道伸, 〈我所知道的束雲章和雍興實業公司〉,《陝西文史資料》十七輯, 陝西人民出版社, 1986. 1. ; 袁雪崖, 〈束雲章與雍興公司和中紡公司〉; 傅道伸, 〈我所知道的束雲章〉,《工商經濟史料叢刊》第4輯, 1984. ; 〈人物小傳-束雲章〉,《中國近代紡織史研究資料彙編》第3輯, 1989. 3. ; 徐耀祖, 〈記我國棉業專家吳味經先生〉,《蘇州文史資料先輯》10輯, 1983. 6. ; 陸鳴芝, 〈人物小傳-吳味經〉,《中國近代紡織史研究資料彙編》第11輯, 1991.3. ; 道文, 〈我個人所見的李昇伯先生〉,《紡織週刊》9卷 11期, 1948. 3. 19. ; 〈人物小傳-李昇伯〉,《中國近代紡織史研究資料彙編》第2輯, 1988. 12. 참조.

계통의 심복으로서, 은행가이며, 항전 전에 中國銀行 天津分行의 경리를 지냈으며, 전시에는 중국은행이 관리하는 西安의 雍興實業公司의 총경리를 역임하였다. 吳味經은 宋子文이 주관했던 中國棉業公司의 간부를 지냈으며, 전시 重慶에서 국영사포장인 福生庄의 경리로 근무하였다. 李升伯은 大生紗廠의 부총경리를 지냈으며, 전시 정부의 면업 통제정책에 적극 관여하였다. 尹任元은 전시 花紗布管制局長을 역임하였으며, 楊錫仁 역시 전시 면업 통제정책의 실행 과정에서 중요한 역할을 수행했던 인물이다. 이와 같이 방관회의 위원회 및 中紡公司의 이사회는 전시 국민정부의 면업 통제정책과 밀접한 관련을 가진 관료들로 구성되었음을 알 수 있다. 紡管會는 전후 면업 통제정책을 실행하기 위한 총괄기구로서, 전국 방직공업을 합리적으로 발전시키기 위한 감독 지도와 적산사창 및 부속자산의 접수 및 정리를 주요한 임무로 선포하였다.[232]

11월 16일, 束雲章은 기자들에게 "적산사창의 국영, 민영의 판별에 관해서는 정리가 완결된 이후 다시 정부의 결정을 기다려야 할 것"[233]이라고 전하였다. 宋子文의 담화로부터 11월 중순에 경공업 민영화의 방침에 이미 일정한 변화가 발생하고 있었음을 감지할 수 있다. 11月 21日, 紡織事業管理委員會 제1차 회의 석상에서 束雲章도 다시 中國紡織建設公司의 성립을 암시하는 발언을 하였다. 즉 束雲章에 따르면 행정원장 宋子文이 각 지역에서 적산사창을 우선적으로 승계하기 위한 권리를 둘러싸고 경쟁이 지나치게 격화되고 있는 사실에 비추어, 필요시 모든 적

232 紡織事業管理委員會는 성립과 함께 다음과 같은 임무를 내외에 선포하였다. (1) 적산사창 및 부속 자산의 접수 및 정리, (2) 방직, 염직, 원료의 관리 및 생산 제품의 판매, 대외 무역의 촉진, (3) 전국 방직업의 합리적 발전의 감독, 지도, (4) 군수 피복의 공급, (5) 기타 방직사업과 관련된 관리 사항. 龍大均, 〈十年來之物資管制〉, 《十年來之中國經濟》, 中華書局, 1948. 3. p.73.

233 《大公報》, 1945. 11. 17.

산사창을 紡管會의 자영으로 할 수도 있다는 뜻을 이미 여러 차례 비추었다고 언급하였다.[234] 東雲章의 담화로부터 中紡公司는 의심할 바 없이 宋子文의 주도하에 성립되었음을 잘 알 수 있다.

11월 27일, 행정원 제722차 회의에서 宋子文은 적산사창의 국영화와 中國紡織建設公司의 설립을 제안하여 통과시켰다. 中紡公司의 설립은 기존 후방 방직공업 측의 요구인 적산사창의 민영화와 우선적인 승계의 권리를 수용하지 않은 것으로서, 사실상 上海 등 蘇浙皖區 방직공업의 이해를 반영한 것이라 할 수 있다.

이와 함께, 국민정부는 上海 방직공업의 재편과 조직화에 적극 나섰다. 국민정부는 전후 경제건설의 과정에서 蘇浙皖區, 특히 上海 방직자본가의 협조가 불가결함을 인식하고, 방직공업의 재편과 조직화를 위해 蘇浙皖區 紡織工業同業聯合會의 성립을 적극 추진하였다. 앞에서 이미 언급한 바와 마찬가지로 1945년 11월 이후, 經濟部蘇浙皖區特派員辦公處와 社會部京滬特派員辦公處 등의 적극적인 지도 아래 마침내 1946년 1월 12일 第六區機器棉紡織工業同業公會(6구공회로 약칭)가 성립되었다.

이미 1945년 8월 28일, 重慶에서 全國機器棉紡織工業同業公會聯合會가 성립되어 東雲章을 이사장으로 선출한 바 있다. 그러나 중국 전체 방직공업 가운데 70% 정도의 비중을 차지하는 上海 등 蘇浙皖區 방직공업의 불참으로 사실상 전국적인 동업공회로서의 면모를 갖추지 못하고 있었다. 국민정부는 6구공회가 성립된 이후 전국연합회에 가입하도록 촉구하였으며, 최대 주주로서의 입지를 부여하기 위해 榮鴻元, 郭棣活, 吳昆生, 奚玉書, 唐星海, 劉靖基 등 6명을 이사로, 程敬堂, 劉丕基 등 2명을 감사로 추천하였다. 6구공회가 가입한 이후 전국연합회는 비로소 명

234 上海社會科學院經濟研究所編, 《榮家企業史料》 下冊, 上海人民出版社, 1980. pp.403-404.

실상부한 전국성의 방직공업동업공회가 될 수 있었다. 6구공회가 전국연합회에 가입한 직후 中紡公司는 다시 6구공회의 회원으로 가입하고, 束雲章, 吳味經, 李升伯을 이사로, 駱仰止, 章兆植을 감사로 추천하였다. 6구공회의 성립 이후 국민정부가 중국 방직공업을 통제하는 계통은 아래 계통도와 같이 형성되었다.

이 계통도로부터 알 수 있듯이, 국민정부는 전국방직업연합회 이사장

국민정부의 면업통제 계통도

경제부-부장: 王雲五
|
紡織事業管理委員會-주임위원: 束雲章
|
위원: 吳味經, 李升伯, 楊錫仁, 尹任元
|
全國機器棉紡織工業同業公會聯合會-이사장: 束雲章
|
상무이사: 李升伯, 榮爾仁, 蘇汰余
이사: 吳味經, 劉國鈞, 陸紹雲, 石鳳翔, 章劍慧, 潘仰山, 王振芳, 榮鴻元, 奚玉書, 劉靖基, 唐星海, 郭棣活, 吳昆生
감사: 李國偉, 聶光堉, 孫瑞璺, 程行漸, 王瑞基, 程敬堂, 劉丕基
|
第六區機器棉紡織工業同業公會-이사장: 郭順, 대리이사장: 王啓宇
|
이감사: 束雲章, 吳味經, 李升伯, 駱仰止, 章兆植, 榮鴻元, 奚玉書, 唐星海, 童潤夫, 郭棣活, 吳昆生, 郭企青, 劉丕基, 陸子冬, 嚴欣淇, 董春芳, 陸容庵, 程敬堂
|
中國紡織建設公司-이사장: 王雲五
|
총경리: 束雲章
|
이사: 吳味經, 李升伯, 楊錫仁, 尹任元

을 紡管會의 주임위원 겸 中紡公司 총경리로 임명하여 전국의 방직공업을 통제하였음을 알 수 있다. 束雲章은 경제부 紡織事業管理委員會(약칭 紡管會)를 대표하여 전국 방직업연합회를 통제하면서 스스로 연합회의 이사장으로 재직하는 동시에 방관회는 연합회를 통해 6구공회를 통제하였으며, 中紡公司 스스로도 6구공회의 주요한 구성원이었다. 束雲章은 中國紡織建設公司의 총책임자이면서 6구공회의 이사로서 6구공회의 민영사창으로 하여금 적극적으로 방관회의 면업정책에 협조하도록 촉구하였던 것이다. 이와 같이 국민정부는 방직공업의 선진지역인 上海 등 방직공업의 역량을 조직화하고, 이와 함께 후방 방직공업의 적산사창에 대한 배타적인 우선적 승계의 권리를 부정하고 이를 국영으로 귀속하여 中紡公司를 설립함으로써, 국영사창과 6구공회의 역량을 통해 면업 통제정책을 실시하고 이를 통해 전후 방직공업의 발전과 생산력의 제고를 실현시키고자 했던 것이다.

이러한 상황은 당시 여론의 보도에서도 잘 살펴볼 수 있다. 즉 "中國紡織建設公司는 방직사업관리위원회의 예하 기관이며, 또한 방관회는 경제부의 예하 기관이다. 그런데 서로 감독 기관이 되고, 서로 예하 기관이 되어 누가 예속되고 누가 감독하는지 알 수 없다."[235] "紡管會는 경제부의 예하 행정기구이며, 마땅히 전국 방직업계를 총괄하는 최고 기관이다. 그러나 전체 위원은 동시에 中紡公司의 최고 관리자이며, 사무실도 같은 장소를 사용한다. 단지 행정상의 편의를 위해 紡管會를 두고, 모든 일을 中紡公司에서 처리한다. 방관회와 中紡公司는 같은 사람, 같은 기구이며, 명의상 다를 뿐이다."[236]

다른 한편, 방관회가 국민정부 경제부의 예하 기관이면서도 위원회를

235 《紡織週刊》7卷 24期, 1946. 9. 7. p.751.

236 《紡織週刊》7卷 5期, 1946. 3. 5. p.99.

中紡公司 총경리인 東雲章 등 이사회로 구성함으로써 사실상 면업 통제 정책의 실행 과정에서 中紡公司의 자율성을 확대한 것은 宋子文의 구상을 잘 반영한 대목이다. 즉 행정원장 宋子文은 이와 같은 통제체제를 통해 실질적으로 中紡公司의 독립경영권을 보장하고자 한 것이다. 바꾸어 말하면, 中紡公司는 방관회의 예하 기관인 동시에 경제부의 예하 기관이지만, 그럼에도 불구하고 경제부장이 中紡公司에 대해 일방적으로 영향력을 행사할 수는 없었다고 할 수 있다.

宋子文은 수시로 친히 中紡公司 이사회를 주재하였으며, 총경리 東雲章은 공사의 모든 업무 및 공무 진행 상황을 수시로 宋子文에게 직접 보고하였다.[237] 中紡公司 이사회는 스스로의 경영 방침에 관하여 "본 공사를 순수한 상업 방식으로 경영함으로써 행정 수속의 제한으로부터 벗어나 작업 효율의 제고를 추구한다"[238]라고 천명함으로써 경영의 독립성과 자율성을 추구하였다. 이러한 노선을 고수한 까닭은 과거 적지 않은 국영기업의 경영 실패가 종종 행정수속의 비효율성과 함께, 조직의 방만함과 관리 체계의 번잡스러움으로 작업 효율이 민영기업에 미치지 못하였기 때문이다.

당시 신문들은 국영기업의 비효율, 비능률성을 종종 지적하였는데 예를 들면 "정부의 국영사업 가운데 많은 것이 관료화되어 민영기업에 비해 낭비가 많으며, 관례에 따른 번잡한 서류와 조사보고가 산더미 같다. 민영 방식은 책임감이 강해 생산 효율이 더욱 높다"[239]라고 보도하였다. 따라서 국민정부로서는 이사회의 권한과 의무를 강화함으로써 신속한 업무의 처리와 작업 효율의 제고를 추구한 것이라 할 수 있다.

237 上海市檔案館藏檔, 檔號 : Q192-1-4 : 中紡公司會議記錄.
238 南京中國第二歷史檔案館藏檔, 檔號 :76-279 : 中紡公司紡管會1946年度工作報告.
239 《大公報》, 1945. 12. 24.

3. 면사포 투매와 국영 민영의 합작 정책

앞에서 살펴본 바와 같이 국민정부는 上海 등 공상자본가와의 협조를 통해 투기와 사재기를 억제하였을 뿐만 아니라, 이들의 역량을 6구공회의 결성으로 조직화함으로써 신속한 공업설비 복구와 생산력의 회복을 통한 물가의 안정에 힘썼다. 이와 함께 紡管會는 中紡公司를 통해 면사포를 적극 투매함으로써 면제품 가격의 상승을 억제하기 위한 정책을 추진하였다. 다음 해 1월 초, 행정원은 방관회 주임위원 겸 中紡公司 총경리 束雲章으로 하여금 면사포를 투매하여 물가의 상승을 억제하도록 지시하는 한편, 면사포의 가격을 안정시키기 위해 면제품 수출을 일체 금지하였다. 1946년 1월 5일, 束雲章은 기자회견에서 上海區敵僞産業管理局에서 접수한 면사와 면포, 그리고 면화 등 면제품을 中紡公司로 옮겨, 공사의 주도 아래 면사, 면포를 투매할 것과 면화는 中紡公司에서 제품을 생산하여 판매할 방침임을 천명하였다.[240]

中紡公司는 이들 면제품을 上海 이외의 지역으로도 운반하여, 中紡公司 분공사 등으로 하여금 투매하도록 함으로써 현지 면제품 가격의 안정을 도모하였다. 예를 들면, 天津에 면포 5만 필을 보낸 것을 필두로, 重慶에 5만 필, 漢口에 3만 필, 南京에 1만 필을 운송하여 투매하였다.[241] 中紡公司 天津分公司는 陽光布와 百福市布 등을 투매하였는데, 판매가격은 필당 37,000원 정도였다. 비록 당시 天津에서는 이미 금가가 폭등하여 제반 물가의 상승을 부추기고 있었지만, 면포의 경우 中紡公司의 투매로 말미암아 당시 52,000원에 판매되던 면포의 시가가 투매 직후 46,000-47,000원으로 하락하였다. 天津뿐만 아니라 기타 지역에서

240 《文匯報》, 1946. 1. 6.

241 中紡公司青島分公司,《青紡統計年報》, 1947. 1. 31. p.5.

도 면사포 가격의 상승이 현저히 둔화되었는데, 이는 투매정책의 효과가 나타나고 있음을 보여 주는 것이다.[242] 紡管會 위원이며 中紡公司 부총경리인 吳味經은 면사포 투매정책의 효과 및 방침을 다음과 같이 언급하였다. "투매 결과 현재 면사, 면포의 가격이 안정되고 있다. 이는 中紡公司가 추진한 정책의 효과가 나타나고 있음을 입증하는 것이다 〔…〕 차후에도 만일 시가가 상승하면 우리는 즉시 제품을 대량으로 방출함으로써 물가의 상승을 억제할 것이다."[243]

이와 같이 中紡公司가 면사포를 투매한 이후, 각지에서는 면사포의 가격 상승이 현저하게 둔화되었다. 그러나 紡管會와 中紡公司의 일방적인 투매정책은 민영사창 측의 불만을 야기하였다. 각 신문은 국영사창이 시가보다 지나치게 낮은 가격으로 투매한다면 민영사창으로서는 그 압박을 견디지 못할 것이며, 이윤을 제한하여 재생산이 불가능하므로, 결과적으로 생산을 위축시키게 될 것이라 보도하였으며, 민영사창은 분분히 정부의 정책을 비난하기 시작하였다.[244]

한편, 1946년 3월 이후 중국은 대외무역에서 매월 800-1,100억 원에 이르는 수입초과가 발생하였으며, 이 가운데 미국 제품이 60-70%를 차지하였다.[245] 수입 상품 가운데 가장 큰 비중을 차지한 항목이 바로 면화로서, 전체 수입 가운데 18.5%를 차지하였다.[246] 수입초과의 누적으로 막대한 외화가 유출되면서 무역수지가 악화되자, 마침내 8월 17일에 국민정부는 1달러에 2,020원이던 태환율을 1 대 3,350원으로 절하하는

242 《大公報》, 1946. 2. 11.

243 《文匯報》, 1946. 1. 21. 및 《民國日報》, 1946. 1. 21.

244 中國第二歷史檔案館編, 《中華民國史檔案資料匯編》 第5輯 第3編(財政經濟5), 江蘇古籍出版社, 2000. 1. p.472.

245 資耀華, 〈國民黨政府法幣的崩壞〉, 《文史資料選輯》 第7輯, 中國文史出版社, 1981. pp.48-49.

246 嚴中平編, 《中國近代經濟史統計資料選輯》, 科學出版社, 1955. 8. pp.74-76.

내용의 신환율을 선포하였다. 이후 물가가 급등하기 시작하였으며, 이에 따라 면사포의 가격도 동반 상승하였다. 방직공장에서는 원면을 대부분 수입에 의존하여 생산원가가 증가하였으므로 판매가도 당연히 조정되지 않으면 안 된다는 입장이었다. 그러나 행정원장 宋子文은 紡管會에 면사포는 원료 가격의 상승 이전에 생산된 것이므로 이전의 가격을 적용하도록 지시하였으며, 紡管會는 다시 中紡公司와 민영사창에 이를 적용하도록 지시하였다.

그러나 방관회의 일방적인 정책 추진에 대해 6구공회 이사장 王啓宇는 생산원가를 무시하고 이전의 가격으로 판매하는 것은 합당하지 않다며 정부를 비난하였다.[247] 민영사창은 정부의 저가 판매정책에 협조하지 않았을 뿐만 아니라 암암리에 암시장에 제품을 유출시켜 오히려 물가 상승의 주요한 원인을 제공하였다. 吳味經은 방관회 위원회에서 환율 변경 이후 더 이상 中紡公司가 단독으로 기존의 투매정책을 장기적으로 지속하기 어렵다고 보고하였다.[248] 中紡公司로서도 이제 한계점에 도달한 것이다. 국민정부는 中紡公司가 단독으로 저가의 판매를 지속하는 일이 더 이상 불가능함을 깨닫고 6구공회에 협조를 요청하였다. 국민정부 경제부는 직접 6구공회에 전문을 발송하여 "환율 조정 이후, 면사, 면포의 가격 안정이 절실한 형편이다. 따라서 中紡公司와 민영사창은 紡管會 및 上海市政府와 긴밀히 협조할 것"[249]을 훈령하였다.

8월 28일, 6구공회 이사회는 긴급회의를 개최하여 이 문제를 논의한 이후 "中紡公司의 역량에 한계가 있으므로, 민영사창 역시 정부의 정책

---

247 《紡織週刊》7卷 28期, 1946. 10. 15. p.880.

248 南京中國第二歷史檔案館藏檔, 檔號 : 76-275 : 紡管會中紡公司會報紀錄.

249 上海市檔案館藏檔, 檔號 : S30-1-195 : 紡織事業管理委員會與第六區機器棉紡織工業同業公會往來文書.

에 협조하여 투매에 참여함으로써 면사포의 가격 안정에 노력할 것"[250]을 결의하였다. 다음 날 방관회의 지시에 따라 中紡公司와 민영사창은 공동으로 聯合販賣委員會를 조직하고 8월 30일부터 정식으로 연합판매를 개시하기로 결정하였다.[251]

그런데 6구공회가 정부의 훈령을 받아들여 연합판매에 참가한 것은 면사포의 원료인 면화의 수입과 밀접한 관계를 가지고 있었다. 앞에서 지적했듯이, 매년 중국의 수입 항목 가운데 가장 큰 비중을 차지한 것이 바로 면화였으며, 이것이 바로 수입초과의 주요한 원인이 되었다. 더욱이 신환율의 공포 이후 中央銀行이 외환의 결제를 강하게 통제하면서 자연히 면화의 수입도 영향을 받지 않을 수 없었다. 따라서 민영사창으로서는 원면을 확보하기 위해서라도 정부와 긴밀하게 협조하지 않으면 안 되었던 것이다. 실제로 원면의 수입 문제는 국민정부가 민영사창을 통제하는 유효한 수단이었다.

어쨌든 연합판매위원회를 조직한 것을 계기로 紡管會는 민영사창과의 연대를 위한 분위기를 조성하기 위해서, 민영사창의 王啓宇, 唐星海, 郭棣活, 榮鴻元 등 4명을 새로 紡織事業管理委員會 위원으로 추가 임명하였다. 이는 국민정부 紡管會가 기존의 中紡公司 단독의 투매를 통해 면사포의 가격을 억제하는 정책에서 신환율 공포 이후 방직자본가들의 협조가 불가결함을 인식하고, 정책의 입안과 추진 과정에서 이들과의 연대를 모색한 결과라고 할 수 있다.

그럼에도 불구하고 연합판매는 계획처럼 순조롭게 진행되지는 못했으며, 오히려 민영사창에서 생산된 면사포가 끊임없이 암시장으로 흘러

250 《商報》, 1946. 8. 29.

251 연합판매의 주지는 각 민영사창에서 생산한 면사포의 일부를 제출하여 中紡公司와 함께 일반에 판매하며, 이때 면사포의 가격은 생산비에 합리적 이윤을 반영하여 협정가격을 결정하여 판매함으로써 물가의 안정을 도모한다는 내용이다.

면사 협정가격과 원면 가격의 비교

일시	면사 협정가격(每件:만 원)	원면 가격(每担:만 원)
9월 2일	130	12.8
9월 9일	130	15.2
9월 13일	130	12.5
9월 20일	135	17.0
9월 25일	155	18.0
9월 30일	155	19.5
10월 7일	155	24.8
10월 14일	155	26.0
10월 16일	155	26.0

資料出處: 第六區機器棉紡織工業同業公會,《第六區機器棉紡織工業同業公會第一屆會務報告》, 1948. p.32.

들어갔다. 10월 중순에 이르러 宋子文은 "방직업계가 자율적으로 통제할 수 있는지를 검증하는 최후의 시험대가 바로 연합판매이다. 만일 실패한다면 정부로서는 어쩔 수 없이 마지막으로 전시에 실시했던 통제 방법을 동원할 수밖에 없다. 민영사창은 정부를 이와 같은 극단적인 길로 몰아가지 말기를 희망한다"[252]라고 엄중 경고하면서, 민영사창 측의 비협조를 비난하였다. 경제부장 王雲五도 "면사포의 가격이 파동치는 이때에 민영사창 측이 정부의 물가안정 정책에 협조하지 않는 행위는 매우 유감"[253]이라고 불만을 표시하였다.

사실, 연합 판매정책이 순조롭게 진행되지 못한 가장 큰 이유는 바로 협정가격의 결정에 있었다. 紡管會가 면제품의 판매에서 中紡公司와 민영사창과의 합작을 결정한 이유는 무엇보다도 물가의 안정이라는 목적

252 《紡織週刊》7卷 28期, 1946. 10. 15. p.878.

253 《商報》, 1946. 9. 29.

에서 출발하였으며, 따라서 판매 가격도 가능한 이러한 목적에 합치되도록 조정되지 않으면 안 되었다. 따라서 민영사창으로서는 비록 연합판매의 대원칙에는 합의하였으나, 실행 과정에서 방관회가 결정한 협정가격이 원면, 전력, 임금 등 생산원가의 부단한 상승을 반영하지 못하고 있다며 정책 결정의 일방성을 비난하였다.

결과적으로 국민정부가 면업 통제정책을 효과적으로 실시하기 위해서는 민영사창의 협조가 절대적인 관건이었다. 따라서 이를 위해 이들이 자발적으로 참여할 수 있는 경제적 조건을 조성하는 것이 필요하며, 이를 위해서는 정책의 입안과 시행 과정에서 긴밀한 연계가 전제되어야 한다는 사실을 절감하게 되었다.

4. 紡織事業管理委員會의 개조와 紡織事業調節委員會의 성립

紡管會의 거듭된 경고에도 불구하고 민영사창은 연합판매에 적극적으로 협조하지 않았으며, 이러한 가운데 1946년 말이 되자 방관회의 연합판매정책은 거의 유명무실하게 되었다. 1946년 11월 20일 현재 20번수 면사의 협정가격은 175만 원이었으나, 암시장에서의 가격은 무려 250만 원을 넘어섰다. 이는 연합 판매정책의 실패를 여실히 보여 주는 사례였다. 민영사창 측에서는 "정부가 가격을 제한하여 판매하도록 하니 자연히 이윤이 적을 수밖에 없다. 찾는 사람이 있기 때문에 암시장이 존재하는 것이며, 자연히 시장에서 면사가 더욱 부족하게 되는 것이다. 그 결과 면사는 투기와 사재기의 대상이 되어 가격도 자연히 상승할 수밖에 없다"[254]라고 하며 정부의 일방적이고 무리한 통제정책을 비판하였다.

11월 16일, 紡管會는 上海市 당국과 합동으로 암시장의 척결에 나섰

254 《文匯報》, 1946. 11. 20.

으며, 허가된 시장 이외의 지역에서는 일체 면사포를 거래할 수 없도록 하고, 시장에서 면제품을 거래할 때도 반드시 교역 쌍방의 성명, 주소, 제품 종류, 가격, 수량 등을 상세하게 기록하여 紡管會에 보고하도록 하였다. 이와 함께 각 사창에도 정부의 시책에 협조하도록 엄중히 경고하였다.[255] 그러나 엄중한 단속에도 불구하고 암시장은 사라지지 않았으며, 면화 가격도 계속해서 상승하여 면사의 생산원가를 제고하였다. 12월 24일 6구공회는 제51차 상무회의를 개최하고 물가의 파동이 극심하므로 협정가격도 여기에 합당하게 조정되지 않으면 안 된다는 요구를 의결한 후, 이를 정식으로 紡管會에 전달하였다.[256] 宋子文 역시 연합판매에서 민영사창의 협조를 이끌어 내기 위해 방관회에 판매 방법을 개선하도록 지시하지 않을 수 없었다. 이에 따라 紡管會는 생산원가에 합법 이윤을 붙여 물가를 참조하여 협정가격을 결정하겠다는 의향을 6구공회에 통보하였다.[257]

1947년 1월 4일, 宋子文은 경제부장, 紡管會 주임위원, 재정부 차장과 中紡公司의 총경리, 부총경리, 6구공회 대표 등을 소집하여 면사 가격의 통제에 관해 논의한 후, 20번수 면사 최고 협정가격을 197만 5천 원으로 결정하였다. 결정 가격에 대해 6구공회의 대표 王啓宇도 동의하였으며, 경제부장 王雲五는 각 민영사창이 특히 자유매매의 면제품 가격을 과도하게 높게 책정하지 않도록 당부하였다.[258] 이와 함께 中紡公司, 민영사창 등의 대표가 공동으로 면제품의 품질을 검사하여 갑, 을, 병, 정, 무의 5등급으로 분류하여 각 등급에 따라 가격을 책정하기로 결정하였다.

---

255 《文匯報》, 1946. 11. 17.

256 上海市檔案館藏檔, 檔號 : S30-1-55 : 第六區機器棉紡織工業同業公會常務理事會紀錄.

257 楊德惠, 〈我國之棉紡織工業〉, 《紡織工業》, 上海市商會, 1948. p.C48.

258 《華商報》, 1947. 1. 5.

그러나 1947년 2월 금융시장에 파동이 일고, 황금과 달러의 가격이 치솟자 국민정부는 2월 16일 '經濟緊急措置方案'을 선포하였다. 이 방안은 황금과 미화 달러의 자유매매와 유통을 금지시켰을 뿐만 아니라 미화 환율을 기존의 3,350원에서 일거에 12,000원으로 3배 이상 제고하였다. 이에 따라 수입 원료의 가격이 상승하면서 원면의 가격이 급등하게 되자 더 이상 연합판매를 통한 물가의 억제라는 정책은 실행이 불가능하게 되었다. 민영사창 측에서도 더 이상의 손실을 감수할 수 없었으며, 분분히 연합판매의 대열에서 이탈하였다. 더욱이 민영사창은 환율과 물가의 급등 속에서 다투어 사재기와 투기에 뛰어들어 오히려 물가 상승의 주요한 원인을 제공하였다.

1947년 3월 현재의 자료를 통해 면사 1건의 실제 생산 비용을 살펴보면 다음과 같다. 20번수 면사를 기준으로 원면 비용은 매 담 70만 원으로 계산하여 총 145만 원이 소요되었다. 이 밖에 노임으로 37만 1,504원이 소요되었으며, 직원 임금 39,244원, 전력, 전등 등의 비용 124,329원, 증기 비용 9,757원, 物料用品 비용 35,542원, 포장 64,860원, 수리 비용 81,134원, 減價償却 비용 77,997원, 보험 및 세금 8,739원, 잡비 13,712원, 廠務 비용 73,883원, 총계 529,204원에 달하였다. 여기에 잔업 비용 99,556원, 재무 비용 420,380원, 統稅 비용 128,641원, 그리고 여기에 원료 비용 245만 원을 합하면, 총 생산원가는 3,999,287원으로, 이미 3월 초 현재 면사 1건의 생산비가 이미 400만 원까지 치솟아 있었음을 알 수 있다.[259]

그럼에도 불구하고 紡管會가 연합판매를 위해 책정한 가격은 생산원가의 상승을 따라잡지 못하였다. 다음의 통계로부터도 알 수 있듯이, 20번수의 생산원가가 이미 400만 원에 달하였으나, 紡管會는 20번수의 면

259 楊德惠, 〈我国之棉紡織工業〉, 《紡織工業》, 上海市商會, 1948. p.C48.

방직사업관리위원회의 면사 협정가격(1947년 3월)

번수	가격 (단위 : 만 원)
6번수	158.2
8번수	188.8
10번수	219.3
12번수	238.6
14번수	257.7
16번수	276.8
20번수	315
26번수	392.6
32번수	463.6
40번수	598

資料出處 : 楊德惠, 〈我國之棉紡織工業〉, 《紡織工業》, 上海市商會, 1948. p.C48.

사 협정가격을 불과 315만 원으로 책정하였다.

한편, 紡管會는 면사포의 가격을 억제하기 위해 中紡公司에 투매를 지시하였으나, 소기의 성과를 거두지 못하고 오히려 암시장이 창궐하였다. 이러한 이유는 中紡公司가 저렴하게 투매한 면사포가 암시장으로 흡수되면서, 투기의 주요한 대상이 되었기 때문이다. 이러한 가운데, 사회부에 등록한 면사 판매상의 숫자가 급격히 증가하면서, 4월 중순이 되면 회원으로 등록한 상점이 이미 738개 소를 넘어섰다.[260] 국민정부는 이들에 대한 대대적인 조사에 착수하였는데, 그 결과 실제로 면사, 면포업에 종사하는 상점은 200여 개 소에 불과한 것으로 밝혀졌다. 당시 조사에 참가했던 사람의 회고에 따르면 "우리는 조사기간 중 수 많은 기현상을 목격하였다. 주소지를 추적하여 조사해 보면, 가게 간판조차 걸려 있

260 《申報》, 1947. 4. 17.

지 않았으며, 어떤 곳은 집에 주소지를 두고 면사를 은닉하고 있었다"[261] 라고 당시의 상황을 묘사하였다.

6구공회 이사장 王啓宇는 방직공업의 곤경이 원면 부족과 함께 협정가격이 생산원가에 부합하지 못하기 때문에 발생한 것이라고 지적하고, 국민정부가 신속히 원면의 공급 대책을 세워 주도록 촉구하였다.[262] 上海市 참의원 겸 申新 9창 총경리인 榮鴻元은 시참의회에서 다음과 같은 주장을 제기하였다. 즉 "정부는 민영사창의 생산원가를 전혀 고려하지 않고 일방적으로 지나치게 낮은 협정가격만을 고집한다. 더욱이 자유매매를 제한함으로써 민영공업의 자유로운 발전을 저해하고 있다. 따라서 (1)국민정부는 신속히 협정가격을 취소하여 민주자유의 이상을 실현해야 한다. (2)이와 함께 대표를 추대하여 南京에 파견하고, 정부에 공업위기의 구제와 민영공장의 보조를 청원하도록 한다."[263]

민영사창뿐만 아니라 연합판매에 참가하고 있던 中紡公司 역시 판매가격과 생산원가의 차이가 점점 확대되면서, 민영사창의 협조 없이는 더 이상 투매정책을 지탱해 나갈 수 없게 되었다. 中紡公司 이사회는 면사포의 판매 가격과 시가와의 격차에 대해 "시가는 中紡公司의 판매가격보다 50% 이상 높다. 이로 말미암아 상인들만 이득을 챙기고, 여유 자금이 여기로 몰려들어 물가가 폭등하면서, 이들은 더욱 사재기에 열을 올린다. 민영사창들은 암암리에 자신의 생산품을 암시장에 빼돌리고 있다. 현재 면화의 가격은 매 담 이미 120만 원에 달하였는데, 中紡公司의 판매 가격은 원료코스트에도 미치지 못한다"[264]라고 비판하였다.

261 張保豊, 〈中紡公司的配售業務〉, 《中國近代紡織史硏究資料匯編》 第7輯, 1990. 3. pp.30-31.

262 《申報》, 1947. 4. 18.

263 《公益工商通訊》 1卷 4期, 1947. 6. p.22.

264 《商報》, 1947. 5. 10.

암시장이 기승을 부리고 면사포의 가격이 천정부지로 뛰자, 면사포를 구입하여 가공업에 종사하던 중소공장들이 생산을 포기하고 구입한 면사포를 암시장에 내다 팔아 이득을 챙기는 기현상이 발생하였다. 1947년 3월 22일에 紡管會는 上海市 염직업, 침직업, 내의직조업, 수공면직업 등의 관련 동업회에 구입한 면사포를 생산 현장에 투입하지 않고, 몰래 암시장으로 빼돌릴 경우 즉시 판매를 중지할 것임을 경고하였다.[265] 3월 26일, 紡管會는 淞滬警備司令部에 사재기를 철저히 단속해 주도록 정식으로 요청하였다. 紡管會는 요청서에서 "中紡公司가 면사포를 국책에 따라 판매하는 것은 시가를 안정시키기 위한 목적이다. 그럼에도 불구하고 적지 않은 상인들이 종종 구입한 면사포를 생산에 사용하지 않고 몰래 암시장으로 빼돌려 이득을 챙기고 있다. 귀부는 엄중한 실사를 거쳐 이를 처단함으로써 면사포 가격의 억제 정책이 효과를 거둘 수 있도록 요청한다"[266]라고 기술하였다.

1947년 4, 5월이 되면 紡管會는 이미 민영사창에 대한 통제력을 상실하고 말았다. 4월 9일에 개최된 中紡公司 창장회의에서 束雲章은 면화의 가격이 매 포 이미 110-120만 원에 달했으며, 60번수를 생산하기 위한 이집트 면화는 이미 250만 원에 달하였는데, 中紡公司에서 생산된 20번수 면사 가격은 350만 원에 불과하다고 고충을 토로하였다. 이와 함께 中紡公司의 역량이 이미 한계에 도달하였으며, 원료 가격의 안정에 대한 정부의 대책이 없이는 면사 가격의 안정도 불가능함을 역설하였다.[267]

紡管會는 연일 방직자본가들에게 엄벌을 경고하였으나 아무런 효과

265 南京中國第二歷史檔案館藏檔, 檔號 : 76-92 : 取締廠商將配售棉紗轉售.

266 南京中國第二歷史檔案館藏檔, 檔號 : 76-92 : 取締廠商將配售棉紗轉售.

267 上海市檔案館藏檔, 檔號 : Q192-3-23 : 中紡公司廠長會報紀錄.

도 발휘할 수 없었다. 오히려 4월 17일, 방관회의 민영사창 대표위원인 王啓宇, 唐星海, 郭棣活, 榮鴻元 등은 방관회의 무원칙, 무정책을 비판하면서 주임위원에게 사표를 제출하였다. 민영사창 대표의 사직은 면업 통제정책의 실시 과정에서 국민정부와 민영 방직자본가 사이의 모순이 이미 엄중한 단계에 이르렀음을 상징적으로 보여 주는 것이다. 이후 6구 공회는 연일 이사회와 본회의를 개최하고 민영사창의 생존을 위협하는 정부의 면업 통제정책을 격렬히 비난하였다.

정부 주도의 일방적인 정책 추진은 더 이상 실효를 거둘 수 없었으며, 따라서 민영사창의 협력을 이끌어 낼 수 있도록 면업정책의 성격과 내용이 변화되지 않으면 안 되었다. 1947년 5월 15일, 행정원은 경제부에 紡織事業管理委員會의 개조를 명령하였으며, 이에 따라 5월 21일 경제부는 紡織事業管理委員會의 철폐 및 개조를 결정하고, 6월 21일에 모든 업무를 紡織事業調節委員會로 이관하였다.[268]

6월 21일, 紡織事業調節委員會(약칭 紡調會)는 제1차 위원회를 개최하고 정식으로 성립을 선포하였는데, 총 15명의 위원 가운데 민영사창의 대표가 8명이나 차지하였다. 이는 국민정부가 면업 통제정책을 실시하기 위해서는 민영사창과의 연대가 불가피하다고 인식한 결과였음을 알 수 있다.[269] 紡調會의 성립은, 종래 면업 통제정책을 실시하는 과정에서 나타난 방관회의 일방성이 크게 약화된 것과, 정책의 입안과 실시 과정에서 민영사창의 의견을 적극 반영해 나감으로써 국가권력과 공상자본가의 전면적인 협조관계를 이끌어 내고 이를 통해 면업 통제정책의 효

268 南京中國第二歷史檔案館藏檔, 檔號 : 475-73 : 經濟部紡織事業管理委員會業務報告.

269 경제부장 陳啓天은 紡調會 성립의 의의에 대해 “대다수의 위원이 국영, 민영사창의 영도 인물로서, 이는 정부의 방직공업에 대한 민주적 기풍을 반영하는 것”이라고 하여 정책 입안의 과정에서 방직업계의 주도성에 의미를 부여하였다.《紡織週刊》8卷 23期, 1947. 10. 1. p.655 및 p.658.

율성을 제고하고자 하는 필요성에 의해 나타나게 된 결과라고 할 수 있다.

결론

종전 직후 국민정부는 시급히 물가 안정, 실업 구제, 생산력 회복이라는 과제를 해결하지 않으면 안 되었으며, 이러한 과정에서 기존 적산사창의 민영화 방침은 一轉하여 마침내 中國紡織建設公司를 설립하게 되었다. 中紡公司의 성립과 함께 국민정부는 방직공업의 선진지역인 上海 등 蘇浙皖區의 역량을 6구공회로 조직화함으로써, 정부기구(紡織事業管理委員會), 中紡公司(국영사창), 6구공회(민영사창) 삼자의 유기적 관계를 구성하여 전후 방직공업의 복공과 생산력 회복을 위한 면업통제체제를 확립하였다.

이와 같은 체제하에서 국민정부는 면사포의 가격을 억제하기 위해 中紡公司를 통한 투매정책을 추진하였다. 그러나 이러한 정책은 민영사창의 불만을 초래하였으며, 결과적으로 암시장이 창궐하고 물가의 상승은 그치지 않았다. 특히 1946년 8월 신환율이 반포된 이후 물가가 폭등하면서 中紡公司 단독의 투매정책은 한계를 드러내고 말았다. 이러한 결과 국민정부는 민영사창의 협조가 불가결함을 인식하고, 中紡公司와 6구공회의 연합 판매정책을 추진하였는데, 이는 국민정부가 민영사창과의 연대를 추구한 단서가 되었다.

그러나 연합판매 기간 중 민영사창 측에서는 협정가격의 불합리성을 지적하면서 점차 통제권에서 이탈하였으며, 마침내 민영사창 출신의 방관회 위원들이 위원회에 사표를 제출하기에 이른다. 이는 정부와 방직자본가 사이의 협조관계가 이미 파탄에 이르렀음을 의미하는 것이며, 동시에 정책 추진의 일방성에 시정을 요구하는 것이기도 하였다.

마침내 紡織事業管理委員會는 개조되지 않을 수 없었으며, 紡織事業調節委員會가 새롭게 면업 통제정책의 주관 기관으로 성립되었다. 紡調會의 성립은 국민정부가 면업정책을 실시하면서 민영사창과의 전면적인 협력과 연대를 기도한 것이라 할 수 있다. 협정가격 정책을 비판하면서 가격제한의 폐지를 요구한 민영사창의 요구를 모두 수용할 수는 없었지만, 紡調會는 '機動議價辦法'[270]을 통해 이들의 요구를 어느 정도 수용하였다. 결국 紡調會의 성립은 정책 입안과 시행 과정에서 민영사창의 적극적 참여를 유도하기 위한 것이었으며, 정책의 입안과 시행 과정에서 국민정부와 방직자본가와의 전면적 협력 관계의 구축을 의미하는 것이었다. 그럼에도 불구하고, 이와 같은 연대는 오히려 양자 간 갈등의 결과로 형성된 불안정한 것으로서, 경제 조건 및 정책의 변화에 따라 언제든지 붕괴될 수 있는 여지를 내포하고 있었다.

270 협정가격을 수시로 변동할 수 있게 함으로써 면사, 면포 가격을 생산원가와 이윤에 부합하도록 하며, 이를 통해 방직공장의 재생산 능력을 확보해 나가는 것. 즉 방직공장의 생산원가에 합당하도록 협정가격을 기동성 있게 조절해 나가는 것을 말한다.

제5장

중국 방직공업의 원면 문제

방직공업은 근대 이래 중국 최대의 공업 부문으로서, 면업정책은 자연히 국민정부가 실시한 경제정책 가운데 핵심적인 위치를 차지하였다. 근래 중국근현대사의 연구에서 국가자본의 역할에 대한 긍정적 평가가 대두되면서 이에 대한 연구가 활발히 진행되고 있으나 주로 중일전쟁 시기에 집중되고 있는 형편이다.

특히 이 문제와 관련하여 제2차 세계대전이 종결된 이후 출현한 중국 공업의 호황을 국가자본의 주도적 역할과 함께, 국가권력에 의한 저렴한 공업 원료의 수입에서 찾는 연구가 있다.[271] 공업 원료의 대외 의존도가 높은 중국에서 환율 및 무역수지의 변화라는 외부적 요인은 중국 경제의 발전에 큰 영향력을 가지고 있었다. 그만큼 중국 경제는 이미 세계 자본주의 체제 속에 강하게 규율되고 있었으며, 정책의 평가 역시 이와

271 金志煥, 〈中國 資本主義 발전의 歷史的 經驗과 그 성격〉, 《東洋史學研究》 97輯, 2006. 12. 참조.

같은 국내외적 요소를 통합적으로 고려한 후 이루어져야 마땅할 것이다.

여기에서는 먼저 전후 원면 문제를 통해 방직공업에서 발생한 호황의 근본적인 원인을 경제적 조건하에서 규명해 보고자 한다. 특히 국민정부가 입안하여 추진한 면업정책의 성패는 근본적으로 원면 문제의 해결이 관건이었기 때문에, 시기에 따른 원면 수급과 가격의 변화가 방직공업의 현상을 어떻게 규정해 가는지 살펴보고자 한다. 더욱이 원면을 둘러싼 정책의 입안 과정과 목적, 그리고 이에 대한 정책 수용자 즉 방직자본가의 수용과 대응 등을 분석해 보고자 한다. 이러한 과정에서 국가와 자본가 사이의 관계를 분석하고, 이를 통해 중화인민공화국 성립의 과정에서 국민정부 경제정책의 일환인 원면정책을 역사적으로 평가해 보고자 한다.

1. 방직공업의 호황과 원료 면화

국민정부 재정부 및 中央銀行 고문을 역임한 바 있는 영Arther N. Young은 종전 직후 중국 각 지방을 시찰한 이후 "1945년 8월 중의 중국 경제는 매우 심각한 상황에 처해 있었다. 대다수의 민중들은 거의 모두 영양 부족에 시달렸으며, 기근이 일상처럼 되어 버렸다. 의복의 부족도 가공할 정도였다"[272]라고 하여, 전후 식량, 의복, 주택, 연료 등 일용필수품의 극심한 부족을 생생하게 전하였다.

전후 일용필수품의 부족은 물가의 급등을 초래하였으며, 이는 다시 통화팽창의 주요한 원인이 되었다. 따라서 전후 경제건설과 공업 복원을 위한 첫 걸음은 마땅히 방직공업 등의 기초공업을 신속히 복원함으로써 생산력을 회복시키고, 이를 통해 물가의 안정을 도모하는 것이었음에

272 劉善初, 〈與楊格博士論中國經濟建設〉, 《銀行週報》 32卷 12期, 1948. 3. 22. p.11.

틀림없다. 그러나 전후 적산사창의 접수가 지연되고 일반 공업의 복원이 지체되면서 면사, 면포, 연료 등 일용필수품의 부족이 심각한 지경에 이르렀으며, 이러한 결과 물가는 급등하기 시작하였다.

그러나 다른 한편 방직공업의 경우 면사포 가격이 폭등하면서 각 사창은 막대한 수익을 거두었으며, 이는 다시 공업설비의 복구와 생산력의 회복에 큰 보탬이 되었다. 그리하여 단기적이나마 방직공업은 제1차 세계대전 이후 소위 황금시기를 재차 구가할 수 있게 되었다. 통계에 따르면 1946년 한 해 동안 중국 방직공업이 거두어들인 총 수익은 무려 1조 2천억 원에 달하였다. 예를 들면 申新總公司 소속 각 사창이 거둔 이윤은 모두 161억여 원에 달하였으며, 이는 황금 8만여 량에 해당되는 액수였는데, 실제로는 이와 같은 장부상의 이익보다 수 배에 달하였다고 한다.[273]

그럼에도 불구하고 이와 같은 호황이 모든 공업에서 공통적으로 발생한 것은 아니며, 이러한 이유에서 방직공업의 발전은 특수한 경우에 속하는 것이었다. 그러면 왜 유독 방직공업에서 막대한 수익이 가능하였으며, 신속한 복원과 발전이 가능하였을까? 물론 방직공업은 일용필수품인 면사포를 생산하는 기초공업이며, 따라서 국민정부로서도 자연히 생산설비의 복구와 생산력의 회복을 최우선적으로 고려하였다는 이유를 우선적으로 들 수 있을 것이다. 그러나 그 밖에도 방직공업의 호황은 경제적 조건으로부터 잘 설명될 수 있다.

1938년의 통계에 따르면 수입 미국 면화는 매 담 평균 82원 9각, 인도 면화는 평균 72원 1각에 달하였다. 면사 1건을 생산하는데 소요되는 면화를 350근으로 계산하면 면화의 생산원가는 280원에 달하게 된다. 여기에 다시 제조비 20원, 관리비 및 영업비 15원, 재무비 5-6원으로 계산하면 매 건 면사의 총 생산원가는 320-330원에 달하였다. 제품의 판매

273 許維雍,《榮家企業發展史》, 人民出版社, 1985. 5. pp.214-215.

가격을 380-390원으로 볼 때, 이로부터 획득할 수 있는 이윤이 60-70원에 달하였다고 할 수 있다.[274] 이상의 통계로부터 볼 때 총 생산원가 가운데 면화 비용이 85% 정도 차지하였음을 알 수 있다. 이 밖에 1929년 天津紗廠의 예를 살펴보면, 10번수 면사를 생산할 경우 생산원가에서 원면 비용이 차지하는 비중은 87.92%, 14번수의 경우 84.87%, 16번수 82.61%, 20번수 77.64%에 상당하였다.[275]

그러면 전후 면사 생산원가에서 면화 비용이 차지하는 비중은 얼마나 되었을까? 1946년 5월 면화 매 담 가격을 9만 원 정도로 볼 때, 총 소요 비용은 315,000원 정도가 된다. 원료 비용 이외의 생산비를 계산할 경우 대공장이 약 30여만 원, 소공장이 약 40여만 원인데, 40만 원으로 계산할 경우 총 생산원가는 715,000원이 된다. 당시 20번수 雙馬牌 면사의 5월분 평균 가격을 살펴보면 약 120만 원 정도에 달하였다.[276] 이 통계 수치로부터 계산하면 면사 가격 가운데 면화 비용이 차지하는 비중은 약 26% 정도가 되며, 총 생산원가 가운데 면화의 비용은 44%에 해당된다. 申新 1창, 2창, 5창, 6창, 7창에서 생산되는 20번수 면사의 생산원가 가운데 면화 원료비의 비중을 살펴보면 전전의 80%에서 전후에는 보편적으로 32-44%로 급격히 하락하였다.[277] 이러한 통계 수치로부터 종전 직후 방직공업의 번영이 다분히 저렴한 원면의 사용에 의지했다는 사실을 잘 알 수 있다.

1937년 華商紗廠聯合會의 조사에 의하면, 1932년부터 1936년까지 중국에서 생산된 원면은 매년 평균 9,107,600담에 달하였는데, 1945년

---

274 《紡織週刊》7卷 1期, 1946. 1. 8. p.19.

275 實業部中國經濟年鑒編纂委員會,《中國經濟年鑒》, 商務印書館, 1934. 5. p.k196.

276 《紡織週刊》7卷 14期, 1946. 6. 22. p.434.

277 許維雍,《榮家企業發展史》, 人民出版社, 1985. 5. p.218.

의 면화 생산량은 5,007,805담에 불과하였다.[278] 더욱이 河北, 山東, 山西, 河南, 江蘇 등지의 면산지역은 내전과 치안 불안으로 말미암아 上海, 青島, 天津 등 방직공업이 집중되어 있는 지역으로 면화를 운송하기 어려웠다. 이와 같이 국내산 면화의 구입이 어려운 상태에서 각 사창은 다투어 저렴한 수입 미국 면화의 구입에 뛰어들었다. 미국 면화는 가격이 저렴할 뿐 아니라 중국산 면화에 비해 품질도 뛰어났다. 예를 들면 미국 면화의 매 담 평균 가격은 약 7만 원 정도였는데, 南通 면화의 가격은 약 9만 원에 달하는 형편이었다. 1946년도 申新紗廠에서 소비한 원면의 수량 가운데 수입 면화가 88.1%를 차지하였으며, 총 사용 면화 가운데 미국 면화가 48.1%를 차지하였다.[279]

1946년 4월분 중국의 수입 총액은 815억 1,006만 원이었는데, 이 가운데 무려 59.5%가 면화 및 관련 제품이었으며, 4월분 수입 면화는 총 870,213킬로그램에 달하였다. 이는 1937년 한 해 동안의 면화 수입량인 548,602킬로그램을 훨씬 초과하는 수량이었다.[280] 바로 이와 같이 저렴한 외국 면화의 대량 수입은 전후 중국 방직공업이 거대한 이윤을 거둘 수 있었던 주요한 원천이 되었던 것이다. 이와 같은 막대한 이윤은 방직공업에 대한 자본의 유입을 초래하여 전후 신속한 복원과 생산력의 회복에 결정적 역할을 수행하였음을 잘 알 수 있다.

이와 같이 종전 직후 중국 방직공업의 호황은 국민정부의 적극적인 면업정책[281] 이외에도 주로 면사포에 대한 방대한 수요를 기초로 면사포

---

278 《紡織週刊》7卷 11期, 1946. 5. 22. p.341.

279 許維雍,《榮家企業發展史》, 人民出版社, 1985. 5. p.216.

280 《紡織週刊》7卷 13期, 1946. 6. 7. p.404.

281 여기서 말하는 적극적 면업정책이란 紡織事業管理委員會 등 방직공업의 통제기구 설립 및 동위원회의 주도하에 추진된 적산사창의 국영화, 즉 中紡公司의 설립 및 공업 생산력의 복원, 그리고 국영사창을 통한 면사포 등 일용필수품의 저가에 의한 대량 투매, 上海 등 민영방직공업의 역량을 6구공회 등의 동업공회 설립을 통해 조직화하고 이를 전후

전후 주요 공업의 생산 회복률

품목	단위	일본인 통치 시기	접수시 생산량	1947년 6월 생산량	생산 회복률(%)	
		A	B		A와 비교	B와 비교
발전량	度/월	295,700	154,325	128,500	48.4	83.8
석탄	톤/월	1,659	276	474	28.6	
생철	동상	207,000				
강재	동상	139,800		4,893	3.5	0.0
가성소다	동상	659	102	76	57.1	68.6
염산	동상	393	74	396	9.9	498.6
휘발유	桶/월	2,334	764	14,748	631.9	1,930.6
디젤	동상	286	322	9,127	3,191.3	2,834.5
시멘트	톤/월	108,333	5,618	20,199	18.6	359.5
화학 비료	동상	3,680		1,544	42.0	0.0
종이	동상	5,364	555	1,281	23.9	230.8
면사	包/월	75,000	4,101	62,014	82.7	1,512.2
면포	包/월	1,666,667	100,151	1,348,234	80.8	1,346.2
설탕	톤/년	1,000,000	86,074	300,000	30.0	348.5

資料出處 : 鄭友揆,《中國的對外貿易及工業發展》, 上海社會科學出版社, 1984. 12. p.209.

가격의 급등과 상대적으로 저렴한 면화의 가격에 근거하여 출현하였음을 잘 알 수 있다. 그러나 반대로 만일 저렴한 가격의 면화 공급이 원활하게 이루어지지 않을 경우 이와 같은 호황은 순식간에 붕괴될 수 있는 위험성을 원천적으로 가지고 있음을 짐작할 수 있다. 따라서 큰 시각에서 볼 때, 종전 직후 단기간의 호황은 정상적인 발전보다는 물가 급등과 저렴한 원면에 근거한 것이기 때문에 기형적 성격을 띤 것이며, 따라서 이후의 급격한 불황은 이미 결정되어 있었다고 해도 과언이 아닐 것이다.

경제건설에 투입하는 것 등을 가리킨다.

이러한 이유에서 방직자본가들은 방직공업 발전의 기형성과 이후의 불황에 대해 다음과 같이 정확하게 예측하고 있었다.

> 중국 방직공업의 경영은 주로 물가의 급등에 의지하여 지탱되고 있다. 현재 물가는 무려 전전의 4만 배를 초과하는 형편이다. 면사의 가격은 전전의 180원에서 현재 1,100만 원으로 약 6만 배나 급등하였다. 이와 같은 현상이 얼마나 지속되어 폭리를 거두어 들일 수 있겠는가. 사람들은 만일 물가가 3개월만 안정된다면 무엇보다도 사창이 가장 먼저 문을 닫아야 할 것이라고 입을 모은다.[282]

2. 면제품 가격의 급등과 원면 통제론

1946년 초부터 국민정부 행정원은 물가 상승과 통화팽창을 저지하기 위해 면사포 등 일용필수품의 가격 안정에 본격적으로 착수하였다. 이를 위해 국영사창인 中國紡織建設公司로 하여금 자사에서 생산된 면사포의 판매 가격을 제한하도록 함으로써 시가의 상승을 억제하고자 노력하였다. 그럼에도 불구하고 전반적인 물가의 상승 속에서 면사포의 가격만을 억제하기는 쉬운 일이 아니었다.

1946년 중반기에 이르면서 방직공장에서 생산된 면사포의 가격이 상승하자, 이를 원료로 하여 생산활동에 종사하던 침직업, 염색업, 내의업, 직포업 등의 수많은 중소 공장들이 심각한 경영난에 직면하였다. 예를 들면 上海市의 500여 개 침직업 공장 가운데 7월까지 도산한 것이 이미 40%를 넘어서고 있었다. 염직업 공장도 7, 8월 경에 34개 공장이 문을 닫았다.[283] 같은 해 8월 10일, 上海市 모직, 염직, 침직, 내의, 수공면직

282 章劍慧,〈今日中國棉紡工業之危機〉,《全國紡織業聯合會二屆大會特刊》, 1947. 10. p.35.
283 《紡織週刊》7卷 25期, 1946. 9. 18. p.798.

등 경공업 동업공회들은 면직업의 위기 상황에 대한 대책을 논의한 결과 정부에 면사포 가격의 안정을 적극 요구하기로 결의하였다.[284]

한편, 종전 이후 일용필수품의 공급 부족과 폭발적인 수요로 말미암아 외국으로부터의 수입이 급증하면서, 중국의 대외무역에서 수입초과가 급속히 증가하였다. 1946년 3월 이후, 대외무역에서 중국의 매월 수입초과는 무려 800-1,100억 원에 달하였으며, 이에 따라 막대한 외환의 유출이 불가피하여 중국의 무역수지를 급속히 악화시켰다. 중국의 주요한 수입품은 면화, 휘발유, 디젤, 화학용품, 종이 등의 일용필수품이었으며, 이 가운데에서 미국 제품이 전체의 60-70%를 차지하였다.[285] 특히 수입품 가운데 면화가 가장 큰 비중을 차지하였는데, 예를 들면 1947년 한 해 동안 면화 수입량은 총 1,212,357담에 달하여 수입 총액 가운데 18.5%를 차지하였다.[286]

宋子文의 고문인 영국인 로저스Ciril Rogers는 宋子文에게 막대한 이익을 거두고 있는 각 사창에 세금을 무겁게 부과함으로써 해외로부터 다량의 원면을 수입함으로써 발생하는 거액의 외환 손실을 보충하도록 건의한 바 있다.[287] 실제로 방직공업의 호황에 따라 각 사창은 높은 이윤을 획득하였으며, 막대한 자산을 비축해 두고 있었다. 예를 들면 1946년 한 해 동안 申新紗廠은 거두어 들인 막대한 이윤을 외환(미 달러)으로 태환하여 무려 수십만에서 백 수십만 달러 이상을 비축해 두었다.[288]

국민정부로서는 무역수지를 개선하기 위해 1946년 8월 17일에 환율

---

284 《紡織週刊》7卷 21期, 1946. 8. 14. p.666.

285 資耀華, 〈國民黨政府法幣的崩壞〉, 《文史資料選輯》7輯, 中國文史出版社, 1981, pp.48-49.

286 嚴中平 編, 《中國近代經濟史統計資料選輯》, 科學出版社, 1955. 8, pp.74-76.

287 資耀華, 〈國民黨政府法幣的崩壞〉, 《文史資料選輯》7輯, 中國文史出版社, 1981. p.50.

288 許維雍, 《榮家企業發展史》, 人民出版社, 1985. 5. p.217.

의 대폭적인 변동을 내용으로 하는 신환율을 반포하였다. 국민정부가 신환율을 반포한 이후 물가는 급등하기 시작하였으며, 면사포 가격도 자연히 상승하였다. 사창에서는 그 동안 원면을 대부분 수입에 의존하고 있었기 때문에, 신환율이 반포된 이후 생산원가도 자연히 상승할 수밖에 없었다. 더욱이 신환율이 공포된 이후 中央銀行이 외환의 결재를 엄격히 통제하면서 면화의 수입도 적지 않은 영향을 받게 되었다.

1947년 2월 중순 물가가 다시 급등하고 이에 따라 투기자본이 다투어 외환과 황금의 구매로 몰리자, 국민정부는 경제긴급조치를 선포하여 황금과 달러의 자유매매를 금지시켰다. 이와 함께 1달러의 환율을 종래의 3,350원에서 일거에 12,000원으로 변경하였다. 환율이 3배 이상 상승함에 따라 수입 원료의 가격이 전반적으로 상승하면서 자연히 원면 가격도 급등하였다. 이렇게 되자 생산원가의 상승이 불가피하였으며 원면의 수입도 감소하여 자연히 국내산 면화의 확보에 눈을 돌리지 않을 수 없게 되었다.

면사포 가격을 안정시키기 위해서는 저렴한 원면을 확보하는 것이 불가결한 일이었으며, 따라서 면업정책을 총괄하는 紡織事業調節委員會는 국내산 면화를 매입하기 위한 계획을 수립하였다. 이 계획에 대해 동 위원회는 "현재 물가가 불안한 상태에서 저렴한 원면을 다량 확보하여 면사포를 생산하기 위한 원료로서 공급하며, 이를 통해 물가의 안정이라는 소기의 목적을 달성할 수 있을 것"[289]이라고 설명하였다.

이 계획의 주요한 내용은 紡調會가 기구를 조직하여 1947년 9월 1일부터 1948년 말까지 원면을 매입하는 것으로, 매월 매입할 면화의 목표 수량을 다음과 같이 정하였다. 9월-60만 담, 10월-90만 담, 11월-120만 담, 12월-120만 담, 1948년 1월 120만 담, 2월~4월-90만 담, 합계

289 南京中國第二歷史檔案館藏檔, 檔號 : 77-153 : 紗布調節工作實施情形節略案.

600만 담. 매 담 원면의 매입 가격은 평균 200만 원으로 계산하여 매입 자금이 총 12조 원 소요되는 것으로 계산되었다. 계획에 따르면 매월 소요 자금은 1947년 8월 12,000억 원, 9월 18,000억 원, 10월 24,000억 원, 11월 24,000억 원, 12월 24,000억 원, 1948년 1월 18,000억 원, 총계 12조 원에 달하였다.[290]

면화의 매입 계획에 따라, 1947년 10월 30일 紡調會, 棉產改進會, 中國農民銀行, 국영사창, 민영사창, 棉花商業同業公會 등에서 각각 대표한 명씩을 파견하여 議價委員會를 구성하고, 여기에서 면화의 매입 가격을 결정하도록 하였다. 紡調會가 정한 면화의 매입 가격에 관한 기본 방침은 다음과 같다.

> (1) 매입 가격이 면화의 생산원가보다 낮아서는 안 되며, 이를 통해 농민의 면화 재배 의욕을 고취시켜야 한다.
> (2) 그러나 동시에 매입 가격이 지나치게 높아 면제품 가격의 폭등을 초래해서는 안 된다.
> (3) 가격은 기동성 있게 결정되어야 하며, 일반 물가의 등락에 따라 수시로 조정한다. 면화 매입 가격은 8분의 7인치 細絨白花 1담의 가격을 中等小麥 7담(북방), 혹은 中等白米 4석(남방)을 표준으로 한다.[291]

그러나 이와 같은 면화의 매입 계획은 현실적인 자금의 동원 문제로 말미암아 실시가 계속 지연되었다. 이러한 가운데 9월 9일 南京에서 방직공업의 현안을 논의하기 위한 회의가 개최되어 경제부장 陳啓天을 비롯하여 中央銀行 총재 張嘉璈, 농림부장 左舜生, 재정부장 兪鴻鈞, 中紡公司 및 민영사창 대표 등이 참석하였다. 회의에서는 주로 면화의 일괄

290 南京中國第二歷史檔案館藏檔, 檔號 : 77-153 : 紗布調節工作實施情形節略案.
291 南京中國第二歷史檔案館藏檔, 檔號 : 77-397 : 紡織事業調節委員會紀錄.

적 매입에 관한 논의가 이루어졌는데, 中紡公司 총경리 束雲章은 정부의 계획에 의하면 600만 담의 면화를 매입해야 하며 이를 위해서는 12조 원의 막대한 자금이 필요한데, 정부가 이를 부담하기 어려우며 사창의 자금 사정도 여의치 않아 현실성이 없음을 지적하였다.[292] 회의는 이틀 간에 걸친 심의를 거쳐 국내산 면화를 일괄적으로 매입하는 일은 실현이 불가능하다고 판단하고 이 계획을 연기하기로 결정하였다.

한편, 1947년 9월에 들어 물가가 급등하면서 면사포 가격도 함께 상승하였다. 上海市는 이와 같은 물가 파동의 주요한 원인이 투기 세력과 암시장의 창궐에 있다고 판단하여 9월 3일, 上海市政府와 警察局, 그리고 紡調會에서 각각 한 명씩을 파견하여 上海市經濟監察會紗布組를 특설하여 투기와 사재기 단속에 본격적으로 착수하였다.[293] 이와 함께 9월 16일, 紡調會는 밀고장려법을 제정하여, 사재기의 혐의가 있는 자를 밀고하도록 장려하기로 결정하였으며, 면사포상과 면화상을 통제하기 위한 목적에서 이들로 하여금 해당 관청에 등록하도록 규정을 마련하였다.[294]

그러나 사재기와 투기에 대한 적극적인 단속에도 불구하고 10월 초가 되면서 물가는 다시 요동쳤다. 10월 6일 42번수 藍鳳牌 면사는 하루 동안 250만 원이 올라 2,970만 원에 달하였으며, 11일에는 3,500만 원으로 천정부지로 상승하였다. 이렇게 되자 10월 9일 전국경제위원회는 물가의 상승을 적극 억제하기로 결의하는 한편, 이를 위해 모든 역량을 동원하여 사재기와 투기를 일삼는 간상들과의 전쟁을 선포하였다.[295] 면사포와 면화의 가격 상승은 공급 부족 이외에 유통 과정에서 사재기와 투기로 말미암아 촉발된 요인도 적지 않았으며, 이러한 이유에서 원료

292 《中國棉訊》1卷 10期, 1947. 10. 1. pp.116-117.

293 《商報》, 1947. 9. 4.

294 南京中國第二歷史檔案館藏檔, 檔號 : 77-397 : 紡織事業調節委員會紀錄.

295 《經濟通訊》2卷 40期, 1947. 10. 2. p.1267.

면화의 독점적 확보를 통해 저렴한 원료를 공급하는 일은 면사포 가격을 안정시키기 위한 첩경이 아닐 수 없었을 것이다.

이러한 인식에서 국민정부는 면사포의 유통을 국가권력으로 통제하여 투기와 사재기의 여지를 적극 차단하기 위해 나섰다. 앞 장에서 紡織事業管理委員會의 통제하에 中國紡織建設公司와 민영사창 사이의 합작과 면제품 공동판매에 관해 언급하면서, 결과적으로 민영사창 측의 비협조로 말미암아 실패로 끝나고 말았음을 이미 서술한 바 있다. 그 결과 국민정부는 紡織事業管理委員會를 紡織事業調節委員會로 개조하였으며, 이는 민영사창과의 합작을 강하게 표방한 것이었다. 이와 같은 조건하에서 국민정부는 재차 국영사창과 민영사창 사이의 합작을 강력히 추진하였다.

이를 구체화하기 위해, 국영사창과 민영사창의 생산품을 모두 紡織事業調節委員會(紡調會)가 매입하여 독점적으로 판매하는 방안을 논의하기 위해 국, 민영사창 대표자들을 소집하여 회의를 개최하고 이들의 의견을 타진하였다. 비록 회의에서 방직자본가들이 통제정책에 반발하여 시행을 연기해 주도록 요구하였음에도 불구하고, 紡調會는 일방적으로 이러한 방침을 확정하였다. 10월 23일 全國經濟委員會도 회의를 개최하고 국영사창과 민영사창에서 생산된 면제품을 연합판매하기로 원칙을 결정하였다.[296]

바로 다음 날 방직공업의 동업단체인 第六區機器棉紡織工業同業公會는 긴급회원대회를 소집하여 연합 판매정책을 자신들의 생존을 위협하는 조치로 규정하고 절대 반대의 방침을 통과시켰다. 대회에서 방직자본가들은 자신들의 요구를 관철시키기 위해 대표를 南京에 파견하기로 결정하였으며, 이와 함께 전국의 각계각층에 호소한다는 방침을 결정하

296 《申報》, 1947. 10. 24.

였다.[297]

민영사창의 반대로 말미암아 국민정부의 연합 판매정책의 실시가 난관에 봉착하면서 물가의 상승은 그칠 줄 몰랐다. 이에 蔣介石은 上海의 물가 상승을 극히 심각한 문제로 간주하여 10월 22일 上海로 직접 가서 上海市長 吳國楨 등을 접견한 자리에서 "上海의 물가는 어떠한 수단을 동원해서라도 안정시켜야 한다. 그렇지 못할 경우 다른 지역에까지 직접적인 영향을 미칠 것"[298]이라고 신신당부하였다. 경제부장 陳啓天도 "면사포의 연합 판매정책은 물가안정 대책의 일환으로서, 결코 방직공업의 합법적인 이윤을 침해할 의도가 없다. 바라건대 동업단체들은 정부의 고심을 헤아려 합작하기를 희망한다"[299]라는 의사를 전달하였다.

그러나 6구공회의 王啓宇는 방직공업의 곤경은 원료 면화 확보의 어려움으로부터 초래되었으며, 연합 판매정책에는 반대한다는 뜻을 밝혀 사실상 陳啓天의 요구를 받아들이지 않았다. 이와 함께 10월 29일 6구공회는 상무이사회의를 개최하고 연합 판매정책을 실시하기 위한 선결조건이 갖추어지지 않았음을 천명하였다. 즉 "정부가 생산품을 통제하려고 하지만 원면에 대해서는 공급을 장담할 수 없다. 정부는 헛되이 공언만 늘어놓고 아무런 실질적인 방안도 마련해 두지 못하고 있다. 사창으로서는 이후 원료 면화의 확보에 대해 우려하지 않을 수 없다"[300]라는 의견을 전달하였다. 이는 바로 정부가 연합 판매정책을 실행하기 위해서는 사창에 원면을 충분히 공급할 수 있는 방안을 사전에 마련하지 않으면 안 된다는 뜻을 표명한 것이다. 이러한 의미에서 기존에 사재기와 투기 등에 의해 가격이 지나치게 제고된 면화를 이제는 정부가 유통

297 《商報》, 1947. 10. 25.

298 《商報》, 1947. 10. 23.

299 《申報》, 1947. 10. 27.

300 《公益工商通訊》2卷 3期, 1947. 11. 15. pp.24-25.

과징을 장악함으로써 저렴하고 양질의 원면을 사창에 적시에 공급할 수 있는 전제를 마련하지 않으면 안 되었다. 中紡公司 束雲章도 민영사창의 입장에 동조하여 "정부가 원면의 부족 등 사창 방면의 문제를 우선적으로 해결해야 한다"[301]고 주장하였다.

방직자본가들로서는 종전 직후 저렴한 원면에 의지하여 막대한 수익을 거두었음에 반해 이후 환율의 변동 등 여러 요인으로 말미암아 생산원가에서 원면이 차지하는 비용이 지나치게 높아졌음에 불만을 표시하였다. 즉 면사포 가격에 대한 정부의 통제정책이 효과를 거두면 거둘수록 이는 근본적으로 방직자본가들의 이해와는 상충되는 것이었다. 말하자면 면제품 가격의 상승 폭에 비해 면화 가격의 상승 폭이 상대적으로 과도한 사실에 이들은 불만을 가지게 된 것이다. 정부의 정책적 효과가 나타나 면제품 가격이 상대적으로 안정되었음에도 불구하고 이와 같은 효과가 면화에서는 동등하게 나타나지 못했던 것이다.

연합 판매정책이 방직자본가들의 반대로 실행되지 못하고 계속 연기되자 암시장이 창궐하면서 면사포의 가격도 급등하였다. 11월 24일 6구 공회는 다시 임시회의를 개최하고 사창의 원료, 자금, 전력 문제 등이 해결되기 전에는 연합 판매정책을 받아들일 수 없다고 재차 선언하였다.[302] 11월 이후 물가가 다시 폭등하면서 면사포 가격도 덩달아 급등하기 시작하였다. 42번수 藍鳳牌 면사는 11월 5일의 3,230만 원에서 21일에는 4,650만 원으로, 32번수 銀月은 2,590만 원에서 3,650만 원으로, 龍頭細布는 85만 8천 원에서 124만 원으로 급등하였다.[303]

면사포를 비롯한 일용필수품의 가격이 급등하자 11월 말 蔣介石은 上

301 中華民國機器棉紡織工業同業公會聯合會,《棉紗聯合配銷問題》, 1947. 11. 20. p.48.
302 《公益工商通訊》2卷 4期, 1947. 11. 30. p.21.
303 《紡建》1卷3期, 1947.12.1, p.6.

海市長 吳國楨에게 전문을 보내 "신속하고 효과적으로 물가를 안정시켜 민생을 개선하도록"[304] 명령하였다. 행정원장도 물가의 급등을 진정시키기 위해 민생에 영향력이 큰 방직공업에 대한 통제정책이 필요하다는 사실을 陳啓天, 吳國楨, 張嘉璈 등에게 설명하고, 연합 판매정책을 시급히 실시하여 물가의 안정에 나서도록 명령하였다.[305]

방직자본가들은 저렴한 원면을 확보를 위해서는 원면을 수입할 때에 외환 결재 등 국가기관, 즉 紡織事業調節委員會의 역량을 필요로 하면서도, 한편으로 이들 기구에 의한 면제품 가격의 통제 등에는 협조하지 않았다. 결국 물가를 안정시키기 위한 연합 판매정책이 방직자본가들의 비협조로 말미암아 좌절되면서 紡織事業調節委員會는 더 이상 면업 통제정책을 효율적으로 추진하기 어렵게 되었다.

12월 5일, 행정원은 면업 통제정책을 적극적으로 시행해 나가기 위해 기존의 紡織事業調節委員會를 經濟部 全國花紗布管理委員會(약칭 紗管會)로 개조하기로 결정하였다. 紡調會 시기 방직자본가들은 국민정부의 면업정책에 적극 협조하지 않았으며, 紗管會의 성립은 국민정부와 방직자본가들의 협조 관계에 균열이 발생하였음을 의미하는 것이었다. 일찍이 1946년 10월에 행정원장 宋子文은 민영사창의 비협조에 불만을 표시하면서, 이들에게 항전시기와 같은 전면적인 통제정책으로 나아갈 수 있음을 경고한 바 있다. 紗管會의 위원 구성을 살펴보면 이전 紡調會와는 달리 방직업계의 인사가 한 명도 포함되어 있지 않았으며, 더욱이 全國花紗布管理委員會 주임위원으로 임명된 袁良은 上海市 공안국장 출신이었다. 이는 바로 국민정부가 上海 자본가들을 투기와 사재기, 암시장 창궐 등의 주범으로 간주하고 있음을 보여 주는 지표였다. 말하자면

304 《經濟通訊》2卷 47·48期, 1947. 12. 13. pp.1510-1511.

305 《棉業月報》1卷 2期, 1947. 12. 16. p.22.

이와 같은 경제적 연계를 철저히 감시하고 차단함으로써 물가의 안정을 기하고자 하는 의도로서, 방직자본가들에 대한 국민정부의 불신을 잘 읽을 수 있다.[306]

3. 원면 매입정책의 실시와 굴절

1947년 12월 4일 全國經濟委員會는 화사포(면화와 면사, 그리고 면포)의 전면적인 통제를 선포하였는데, 전면 통제란 원료에서 제품의 생산에 이르기까지 전 과정을 통제한다는 의미이다. 이를 위해 기존 紡織事業調節委員會를 개조하여 全國花紗布管理委員會(약칭 紗管會)를 성립시켰는데, 특히 원면의 수급과 관련하여 정부가 적극적으로 면화의 매입에 나서기로 결정하였다. 면화 매입은 면업의 전면적인 통제를 실시하기 위한 핵심 조건이었다. 왜냐하면 면업의 전면적 통제란 정부가 사창에 원면을 일관되게 공급하고 이를 통해 생산된 제품의 유통을 통제하는 것을 의미하기 때문이다. 따라서 원면의 공급이 원활하지 못하다면 전면적 통제라는 전제가 흔들리는 것이므로 면화의 확보는 매우 중요한 의미를 가지고 있었다. 국민정부는 이처럼 면화의 매입을 국영사창에 전적으로 위임함으로써 종래 면화의 유통 과정에서 면화상들의 누층적인 개입과 이로 인한 면화 가격의 상승을 시정하고자 하였다.

1947년 12월 30일, 紗管會 구매처장 葉元鼎은 中紡公司 부총경리 吳味經과 회동하여 면화의 매입을 위탁하는 문제에 관해 논의하였다. 이 자리에서 양자는 면화의 매입 방법에 대해 구체적인 합의를 도출하였는데, 주요한 골자는 紗管會가 中央銀行을 통해 5조 원을 中紡公司에 우선 공여하여 300만 담의 면화를 위탁 매입하도록 하는 방안이었다.

306 《紡織週刊》9卷 1期, 1948. 1. 1. p.14.

紗管會가 中紡公司에 위탁하여 면화를 독점적으로 매입케하는 방안에는 두 가지 목적이 있었다. 첫째, 독점 매입을 통해 면화를 신속히 장악하기 위함이고,[307] 둘째, 면화의 공급을 독점함으로써 면사포의 가격 억제라는 소기의 목적 달성이 이유였다. 실제로 적지 않은 면화상들이 암시장의 면화 유통과 밀접한 연관이 있었다. 이들은 원면의 가격을 높이기 위해 담합하여 판매를 지연시켰는데, 그럴수록 원면의 가격은 치솟았으며, 이는 다시 통화팽창의 주요한 원인이 되었다. 따라서 면화의 독점적 매입은 이와 같은 폐단을 방지하려는 목적을 내포하고 있었다.[308]

그러나 中紡公司를 통해 면화를 일괄적으로 매입하려는 국민정부의 구상은 기존 면화상들의 극심한 반발에 부딪혔다. 1947년 12월 20일, 上海市棉花商業同業公會 이사장 劉屛蓀은 "이와 같은 면화 매입 계획은 면화상의 생계에 심각한 타격이 아닐 수 없다. 가장 바람직한 형태는 현지의 면화상으로 하여금 구매단을 조직하여 공동 매입하도록 한 이후, 이를 다시 紗管會로 이관하는 것이다"[309]라는 면화상의 입장을 천명하였다.

자신들의 요구를 관철시키기 위해 棉花商業同業公會는 전체회원대회를 개최하여 국민정부에 면화상의 영업 자유와 생계를 보장해 줄 것을 요구하였다. 회의에서는 鄭哲丞 등 17명을 대표로 소조위원회를 조직하여 이 문제를 긴급 현안으로 삼아 책임지고 처리하도록 하였다. 이에 따라 소조위원회는 12월 29일에 紗管會 주임위원인 袁良을 방문하여 면화상의 생존권을 보장해 줄 것을 요청하였다. 그러나 袁良은 국영사창에 면화의 독점 매입을 위탁하는 것은 국가의 확고한 정책이라며 면화

307 면화의 독점 매입은 원면의 신속한 확보가 주요한 목적이라는 국민정부 경제부 관계자의 언급을 통해 이를 잘 알 수 있다.《公益工商通訊》2卷 8期, 1947. 11. 31. p.21.

308 龔春園, 〈解放前上海的棉花業〉,《上海文史資料選輯》49輯, 上海人民出版社, 1985. 4. p.145.

309 《紡織週刊》9卷 1期, 1948. 1. 1. p.14.

상의 요청을 일언지하에 거절하였다.[310]

1948년 1월 6일, 紗管會는 中紡公司와 면화의 매입을 위탁하는 정식 계약을 체결하였는데, 이때 中央銀行으로부터 1월분 면화 매입 자금 4조 5030억 원을 차입하여 이 가운데 2조 원을 먼저 中紡公司에 지급하였다.[311] 대리 매입 계약을 살펴보면 1월에서 7월까지 면화 300만 담의 매입을 목표로 하며, 매입 가격은 면화 생산지의 생산원가, 품질 및 운임에 의거하여 표준가격을 계산하도록 하였다.[312]

이에 대응하여 바로 다음 날 棉花商業同業公會는 긴급 임시회의를 개최하고 紗管會의 면화 독점 매입 방침을 정면으로 비판하였다. 임시회의에는 의장 潘公展, 上海市商會 대표 楊管北, 염직업 대표 潘士浩, 방직공업 대표 王啓宇 등 상회 및 유관 동업공회 대표 백여 명이 참석하였다. 회의에서 棉花商業同業公會 이사장 劉屛蓀은 긴급회의의 취지를 설명하면서, 면화상은 정부와의 협력과 합작을 희망하지만 정부가 자신들의 입장을 조금도 고려하지 않아 생존권에 위협을 받고 있다고 토로하였다. 회의는 (1)헌법 15조의 생존권 보장에 근거하여 인민의 생업 권한을 제한하는 것은 부당하며, (2)국영사창에 면화 매입 독점권을 부여하게 된다면 이는 곧 면화상의 실업을 초래할 것이며, (3)면화상이 면화를 매입한 역사는 유구하여 경험이 풍부하며, 국영사창에서 사람을 파견하여 매입하는 것보다 바람직하며, (4)국영사창은 면화 생산지에 자신의 조직을 구비하고 있지 못하다고 비판하면서 면화상의 면화 매입 활동을 보장해 줄 것을 요구하였다.[313]

회의에서 棉花商業同業公會뿐 아니라 上海市參議會 의장 潘公展도

310 《紡建》1卷 6期, 1948. 1. 16. p.23.

311 南京中國第二歷史檔案館藏檔, 檔號 : 475-2983 : 中紡公司董事會紡會議(二屆八次).

312 南京中國第二歷史檔案館藏檔, 檔號 : 475-2983 : 中紡公司董事會紡會議(二屆八次).

313 《申報》, 1948. 1. 8.

紗管會가 이유 없이 면화상의 생계를 단절시켜서는 안 된다고 하면서, 인민의 생계 보장이라는 대원칙에 위배되는 어떠한 정책도 실행의 정당성을 결여하고 있다고 비판하였다.[314] 上海市商會 대표 楊管北도 "上海의 상인 가운데 투기꾼을 제외하고는 모두 정정당당한 상인임을 정부로 하여금 이해시켜야 한다"[315]고 주장하였다. 이와 같이 면화상뿐만 아니라 上海市商會를 중심으로 각 상인단체들의 반발이 거세지자 국민정부로서도 이와 같은 의견에 귀 기울이지 않을 수 없었다. 1월 8일 紗管會의 원량은 다음과 같은 담화를 발표하였다.

> 정부가 면화를 매입하는 문제에 대해 본인은 절대로 면화상의 지위와 이익을 침해할 의사가 없다. 단지 근래 시간이 촉박하여 각 면화생산지에서 시급히 면화를 매입해야 하기 때문에 잠시 中紡公司에 위탁하여 집중과 관리의 편리를 도모하였을 뿐, 결코 면화상의 영업에 영향을 줄 의도는 없다. 이후 면화상은 국영사창과 동등한 면화매입의 권리를 향유하게 될 것이며, 면화상이 대회를 개최하여 의결한 내용은 완전히 오해에 불과하다.[316]

1월 12일, 棉花商業同業公會 대표 劉屏蓀, 鄭哲丞, 施存蓀, 張啓良 등은 袁良을 방문하여 紗管會의 방침을 재차 확인하였는데, 여기서 袁良은 면화상이 中紡公司와 완전히 동등한 지위를 갖는다고 확인시켜 주었다. 즉 면화상들은 자유롭게 면산지로 가서 면화를 매입할 수 있으며, 시가에 의거하여 紗管會에 판매할 수 있다고 전하였다. 이에 따라 棉花商業同業公會는 1월 13일 이감사회의를 개최하고 上海市棉花同業聯合營

314 《申報》, 1948. 1. 8.
315 《商報》, 1948. 1. 12.
316 《商報》, 1948. 1. 9.

業辦事處를 구성하여 공회의 회원이라면 누구나 여기에 참여할 수 있도록 하였다. 이와 같이 면화상의 반발로 말미암아 최초 국영사창을 통한 독점적 면화의 매입이라는 국민정부의 방침은 이미 크게 수정되지 않을 수 없었다.

1월 19일, 袁良과 棉花商業同業公會 대표 劉屛蓀 등은 면화의 매입 문제를 논의한 이후 紗管會가 면화상에 면화의 매입을 위탁한다는 원칙에 합의하고, 2월 19일에 면화 매입 계약을 정식으로 체결하였다. 면화상 대표들은 3월 1일부터 즉시 면화의 매입을 개시하기로 약속하였는데, 계약의 주요한 내용은 다음과 같다.

(1) 1948년 3월부터 9월까지 총 100만 담의 면화를 매입한다.
(2) 면화를 매입하기 위해 정부는 우선 4천억 원을 공여한다.
(3) 면화상은 수시로 집산시장에서 면화의 합리적인 가격을 공회에 보고하여 이를 바탕으로 매입 가격을 결정한다.
(4) 각지에서 매입한 가격과 수량을 매일 보고한다.[317]

한편, 1월 10일부터 中紡公司는 면화의 위탁 매입에 착수하였다. 당일 오후 3시, 中紡公司 부총경리 吳味經과 紗管會 채운처장 葉元鼎의 주최 아래 트라이스Trice 면화(섬유장도 1과 16분의 1인치) 합계 366만 담을 매입하기로 계약하고 매 담의 가격은 650만 원으로 책정하였다.[318] 그러나 中紡公司의 면화 위탁 매입은 순조롭게 진행되지 못하였다. 2월 10일까지 中紡公司가 매입한 면화는 모두 12-13만 담이었고, 3월 11일까지 168,479담에 불과하였다.[319] 면화 매입을 위탁받은 면화상 측도 별다른

317 《公益工商通訊》2卷 10期, 1948. 2. 29. p.23.

318 《商報》, 1948. 1. 11.

319 南京中國第二歷史檔案館藏檔, 檔號 : 73-394 : 1948年度全國花紗布管理委員會工

진전이 없었다. 이들이 면화의 매입에 절대적인 자신감을 표시하였음에도 불구하고 4월 10일까지 매입한 총량은 3만 담에 불과하였는데,[320] 이는 원래 계약서상의 100만 담의 목표치와는 큰 차이가 있었다.

1948년 7월 5일, 紗管會는 국내산 면화의 매입 현황에 대해 설명하였는데, 즉 中央銀行으로부터 5조 원을 염출하여 中紡公司에 300만 담을 매입하도록 위탁하였으며, 上海市棉花同業聯合營業辦事處에 100만 담, 湖北棉商聯合辦事處에 30만 담, 中國農民銀行에 10만 담을 매입하도록 위탁하였으나 최종 매입량은 52만 6천여 담에 불과하였다.[321]

면화의 매입이 이처럼 부진했던 이유는 어디에 있었을까. 무엇보다도 심각한 문제는 생산지에서 면화를 매입할 경우 가격제한 규정이 있어 가격 결정의 기동성을 상실하였다는 점이다. 이미 면산지의 생산원가는 紗管會가 정해 둔 표준가격을 훨씬 초과한 상태였다. 그러나 紗管會는 통화팽창을 억제하기 위해 극력 제한가격으로 면화를 매입하고자 하였다. 바꾸어 말하면 紗管會의 경직된 가격제한 정책이 면화의 매입을 어렵게 만들었으며, 紗管會의 제한가격은 면화의 가격 상승을 따라잡지 못하는 형편이었다.

예를 들면 3월 13일, 漢口에서 면화를 매입한 국영사창 직원은 전보로 면화의 가격이 하루에도 수차례 상승하였다고 紗管會에 보고하였다. 즉 12일 면화 가격은 매 담 1,490만 원에서 무려 1,800만 원으로 급등하였다.[322] 中紡公司 관계자에 따르면 공사가 위탁 매입을 개시한 이후 1월

作簡報.

320 《申報》, 1948. 4. 19.

321 南京中國第二歷史檔案館藏檔, 檔號 : 73-394 : 1948年度全國花紗布管理委員會工作簡報.

322 南京中國第二歷史檔案館藏檔, 檔號 : 73-394 : 1948年度全國花紗布管理委員會工作簡報.

분 매입 수량이 8만여 담에 불과하였는데, 가장 큰 문제는 바로 자금문제라고 토로하였다. 즉 면화의 대량 매입을 위해서는 막대한 자금이 소요되는데, 아직 자금이 도착하지 않아 매입에 착수하지 못하고 있다고 불만을 토로하였다.[323]

그러나 紗管會와 中央銀行이 가격제한 정책을 실시했던 것은 나름대로 일정한 목적과 근거를 가지고 있었다. 紗管會는 스스로 "면화의 가격 책정은 지극히 어렵다. 지나치게 높을 경우 면제품의 생산원가에 부담을 줄 것이며, 지나치게 낮을 경우 공급이 감소할 것이기 때문이다. 현재 각지의 물가가 치솟는 가운데 매입 가격을 정하기 쉽지 않다"[324]라고 고충을 토로하였다. 만일 紗管會가 저렴한 원면을 장악하여 각 사창에 공급할 수 있다면 면제품의 생산원가는 저하될 것이며, 물가의 안정에도 크게 기여할 것임에 틀림없었다. 中紡公司 이사회도 "현재 中央銀行이 화폐의 과다한 발행을 제한하고 있기 때문에 中紡公司 역시 이로부터 자유로울 수 없으며, 면화 가격이 치솟아 제때에 구입할 수 없다"[325]라고 토로하였다.

1948년 5월에 이르자 中紡公司는 더 이상 면화 매입 공작을 계속 진행할 수 없어 사실상 중단하고 말았다.[326] 방직자본가들은 분분히 국내산 면화의 매입 가격을 마땅히 생산지의 실제 가격에 의거하여 결정해야 한다고 주장하였다. 5월 6일 棉花商業同業公會는 紗管會의 규정 가격에 따라 계산하면 매 담 면화는 시가와 300만 원 정도나 차이가 난다고 불만을 토로하면서, 紗管會에 시가에 따라 매입 가격을 조정해 주도

323 《經濟週報》6卷 7·8期, 1948. 2. 19. p.139.

324 南京中國第二歷史檔案館藏檔, 檔號 : 73-394 : 1948年度全國花紗布管理委員會工作簡報.

325 南京中國第二歷史檔案館藏檔, 檔號 : 475-2987 : 中紡公司董事會會議(二屆十二次).

326 《中央日報》, 1948. 5. 13.

록 요구하였다. 中紡公司 업무처장 桂季桓 등도 원면 매입 공작을 순조롭게 진행하기 위해서는 면화의 매입 가격을 마땅히 시가에 의거하여 조정해야 한다고 주장하였다.[327] 더욱이 국공내전이 확대되면서 하북과 산동, 섬서 등 면산지들이 속속 공산군 점령구로 편입되자 국내산 면화의 확보 계획은 더욱 실현하기 어렵게 되었다.

면화의 매입 계획이 순조롭게 진행되지 못하자 각 사창은 원면의 부족이라는 심각한 사태에 직면하게 되었다. 면화의 시가는 날마다 치솟았으며, 암시장에서의 면화 가격도 동반 상승하였다. 通州 棉花 100근의 가격은 1947년 12월에 평균 3,532,333원이었는데, 1948년 1월에는 평균 4,422,333원, 2월 평균은 644만 원, 3월에는 무려 13,803,333원으로 치솟았다.[328]

3월 17일, 上海 방직공업의 동업공회인 6구공회는 상무이사회를 개최하고, 각 사창이 보유하고 있는 원면이 최소 2주일, 최대 2개월을 지탱할 수 있는 수량에 불과하므로, 원면 부족을 해결할 수 있는 방안을 조속히 강구해 줄 것을 紗管會에 요청하였다. 또한 전국방직공업동업공회이감사연석회의도 정부 주도의 원면 확보 정책이 지연되면서 원면 부족이 이미 엄중한 단계에 이르렀다고 정부의 정책을 비판하였다. 이러한 상황에 대해 여론은 "국내 방직업계의 가장 긴박한 문제는 바로 원면 부족이다. 만일 원면 공급이 단절된다면 수십만의 노동자가 실업에 처할 것이며, 2차 가공공장 및 관련 상인 역시 심각한 위협을 받게 될 것이다. 더욱이 上海 경제의 지주인 사창의 영업 중단은 일반 경제와 사회 안전에 공황과 소요를 일으킬 수 있는 원자폭탄이 될 것이다"[329]라고 보도하

327 《公益工商通訊》3卷 4期, 1948. 5. 31. p.24.

328 中國科學院上海經濟研究所編, 《上海解放前后物價資料匯編》, 上海人民出版社, 1958. 附表(上海도매물가분류지수 〈표3〉).

329 《經濟週報》6卷 14期, 1948. 4. 1. p.273.

였다. 이는 경제적 불안정이 사회적 불안으로 확대될 수 있으며, 나아가 정권의 안정을 위협할 수 있는 가능성을 경고한 것이었다.

4. 가격제한 정책의 동요와 원면 정책의 파탄

면화 가격의 부단한 상승과 紗管會의 경직된 가격제한으로 인해, 적지 않은 면화상들은 매입의 편리성을 좇아 종종 가격제한 규정을 준수하지 않았다. 이러한 이유에서 4월 29일과 5월 3일에 개최된 紗管會의 두 차례 회의에서 袁良은 면화 매입 가격의 제한을 철저히 준수하도록 지시하였다. 회의에서 袁良은 "근래 면화 가격이 급등하여 각지의 면화 매입 가격이 본 회에서 정한 제한가격을 초과하니 각 위탁 매입 기구는 즉시 매입을 정지하고 제한가격을 유지해야 한다 〔…〕 본 회의 각 사무처는 규정 가격에 따라 매입되고 있는지 철저히 감독하고 〔…〕 규정 가격을 준수하지 않는 창상은 제한가격조례를 위반한 죄목으로 단속할 것"[330] 이라고 천명하였다.

비록 袁良이 회의에서 제한가격을 준수하도록 엄중히 요구하였으나, 면화 매입 공작이 순조롭게 추진되지 못하자 제한가격 정책은 동요되기 시작하였다. 5월 24일, 紗管會는 면화 매입 대책을 논의하기 위해 회의를 개최하였는데, 이 회의에는 采運處長 潘簡良, 紡織品外銷委員會 부주임비서 宋立峰과 中紡公司 업무처장 桂季桓 등이 참석하였다. 회의에서는 과거 각지 원면의 제한가격 규정이 當地의 환경에 적응하지 못하였으며, 따라서 이것이 바로 면화를 매입하는 데 큰 장애가 되었음을 인정하고, 이후에 매입하는 면화의 가격은 마땅히 시가를 근거로 해야 한다는 데 원칙적으로 의견의 일치를 보았다. 이에 따라 가격의 결정은 마

330 南京中國第二歷史檔案館藏檔, 檔號 : 73-798 : 花紗布管制辦法.

땅히 현지의 식량, 면사 및 면화의 시가를 참작하여 결정하며, 우선 매입한 이후 차후에 보고하도록 하였다.[331] 이와 같이 선구매 후보고의 구매체계를 결정한 것은 그만큼 면화의 보유고가 바닥을 드러내고 있어, 시급히 구매하지 않으면 안 되는 사정을 반영하는 것이다.

6월 12일, 紗管會는 물가가 급등하면서 각 시장의 면화 가격도 급등하자 소기의 매입 수량 목표를 달성하기 위해 '統購棉花核價辦法'(면화 일괄 매입 가격의 결정 방법)을 다음과 같이 결정하였다.

(1) 매입 가격은 각지 시장의 실제 가격에 따라 공평하고 합리적으로 결정한다.
(2) 각지 면화 가격은 紗管會가 中紡公司와 회동하여 각지 면화시장의 실제 상황을 참작하여 그날그날 결정한다.
(3) 위탁 매입 시 결정 가격의 범위 내에서 이루어져야 하며, 경쟁을 위해 가격을 높이는 행위를 허용하지 않는다.[332]

이러한 가운데, 1948년 5월 중순, 中紡公司 天津分公司 경리 楊亦周는 中國共産黨 華北在京辦事處 관할인 永茂公司의 林彤如와 비밀리에 접촉하였다. 永茂公司의 주요한 임무는 군수물자인 화공, 금속재료, 약품, 석유, 교통통신 등의 기자재를 구입하는 한편, 면화, 양식, 가죽과 모피 등의 농산 부산품 등을 수출하는 일이었다. 회동에서 楊亦周는 "미국에서 天津으로 수입되는 면화가 단절된 이후 中紡公司가 보유하고 있는 면화의 수량이 매우 적어 생산을 중단하지 않을 수 없는 어려움에 처해있다. 이로 말미암아 여기에서 일하는 수많은 노동자가 실업자로 전락하는 것이 아닌가 우려될 정도이다. 공산당 점령구로부터 면화를 공급받을 수만

331 《紡織週刊》9卷 20期, 1948. 6. 30. p.283.

332 南京中國第二歷史檔案館藏檔, 檔號 : 73-1365 : 紡調會,紗管會委員會會議紀錄.

있다면 이와 같은 곤란을 해결할 수 있을 것 같으며, 지방 치안에도 유리할 것"[333]이라는 입장을 전달하였다. 이는 당시 내전의 확대 속에서 華北의 수많은 면산지역이 중국공산당의 세력 판도하에 들어가면서 현실적으로 면화의 확보가 어렵게 되자, 中紡公司가 지역적 차원에서 면화의 확보를 위해 중국공산당 측과 접촉하고 있는 모습을 보여 주는 것이다.

楊亦周의 요청에 대해 林彤如는 면화의 대가로서 군수 약품, 화약원료, 휘발유, 통신기재 등과의 교환을 요구하였다. 그러나 본래 국민정부는 '해방구'와의 교역을 일체 금지하고 있었을 뿐만 아니라, 林彤如가 요구한 것이 바로 군수물자와 직접 관련을 가진 품목들이라 楊亦周의 입장에서 받아들이기 곤란한 요구였을 것이다. 이에 楊亦周는 만일 공산당 점령구에서 요구하는 물품이 일반 물자라고 한다면 비준을 받아 금구를 넘는 것은 큰 문제가 아니나 군수품은 제한이 매우 엄격하다는 뜻을 전하였다. 실제로 天津 경비사령 陳長捷은 이와 같은 물품이 금구로 이관되는 것에 난색을 표하고 동의하지 않았으며, 결국 물물교환 형식의 면화 매입은 결실을 보지 못하고 말았다.

6월 26일부터 28일까지 中紡公司 업무처장 桂季桓은 漢口 및 湖北地區에서의 면화 매입 상황을 시찰하고 29일 上海로 돌아온 이후 湖北省 면산구에 약 40-50만 담의 면화가 남아 있으며, 漢口 부근에서도 10만 담 정도를 매입할 수 있다고 보고하였다. 그러나 현실적으로 어려운 점은 첫째, 면화가 湖北의 면산지로부터 반출될 경우 공산당 점령구를 통과해야 하는데, 이때 매 담 은원 10원을 통행비로 지불해야 한다고 보고하였다. 또한 국민당 통치구에 들어오더라도 제반 수속 비용으로 다시 적지 않은 비용을 지불해야 했으며, 무엇보다 위험도가 매우 컸다.

333 林彤如, 〈闖天津衛作特殊的貿易談判〉, 《建國前后商業工作實錄》, 中國商業出版社, 1988. 11. p.215.

둘째, 면산지역의 면화 농민은 법폐에 대한 신용이 낮아 면화를 매입할 경우 반드시 은원으로 지불하도록 요구하였다. 매 담 면화의 가격은 은원 약 47원으로 매 1원의 가격은 최고 법폐 250만 원과 태환되었다. 桂季桓의 보고에 따르면 中紡公司는 면사를 직접 漢口로 가지고 가서 면화와 교환하거나 혹은 20번수 면사 1건을 섬유장도 16분의 13의 면화 570근과 교환하도록 원칙을 정해 두었다.[334] 中紡公司의 결정은 통화팽창과 가격제한 조치의 와중에서 면화를 매입하기 위한 고육지책이었으며, 이에 대해 紗管會도 동의하지 않을 수 없었다. 中紡公司는 7월 중 漢口에서 면화 3만 담을 매입하기로 계획을 세웠는데, 이를 위해 우선적으로 면사 1천 건을 준비하기로 결정하였으며, 南通 방면에서도 같은 방식으로 면화 1만 담을 매입하였다.[335]

면화상 역시 공산군 점령구로 위험을 무릅쓰고 들어가 물물교환의 방식을 통해 면화를 매입하였다. 이러한 방식으로 매입한 면화의 수량이 증가하자, 이를 진작시키기 위해 7월 8일 濟南市 면업동업공회와 中紡公司 濟南辦事處 대표는 濟南市 사회국장 및 건설청의 대표와 회동하여 면화의 매입 방안을 논의한 이후 면화상이 면화의 매입을 위해 공산당 점령구로 들어갈 수 있으며, 더욱이 이와 같은 방법을 계속 고취하기로 결정하였다.[336]

7월 24일, 中紡公司는 행정원에 "면산구가 대부분 중국공산당의 세력으로 편입되어 면화를 매입하기 어려울 뿐만 아니라, 적의 세력권으로 편입되지 않은 지역도 마찬가지로 면화를 운송하는데 많은 어려움이 있다. 또한 농민이 은원으로 교역하기를 희망하기 때문에 대량으로 구입

334 《紡建》2卷 2期, 1948. 7. 16. pp.27-28.

335 《紡建》2卷 2期, 1948. 7. 16. p.28.

336 南京中國第二歷史檔案館藏檔, 檔號 : 475-2996 : 中紡公司董事會會議(三屆一次).

하는데 어려움이 있다. 현재 中紡公司는 면사로 면화를 매입하는 방법을 사용하고 있다"[337]라고 보고하였다. 이와 같이 국민정부의 가격제한 정책으로 말미암아 면화를 매입하기 위해 물물교환 방식이 보편적으로 확산되었음을 알 수 있다.

紗管會는 처음에 中紡公司에 위탁하여 濟南, 漢口, 沙市, 鄭州, 南通과 余姚 등 지역에서 300만 담의 면화를 매입하기로 계획하였으나, 中央銀行이 물가의 자극을 우려하여 자금의 공여를 긴축하자 매입에 많은 어려움이 따랐다. 면화의 매입 계획이 순조롭게 진행되지 못하자 각 사창에서는 면화의 부족 현상이 심각하였으며, 암시장에서 면화의 가격이 천정부지로 치솟았다. 中紡公司에 의한 면화 매입이 난관에 봉착하자 4월 상순에 이르러 紗管會는 자신의 역량으로 면화를 독점 매입하려는 계획이 불가능한 것이었음을 깨닫고 방침을 변경하였다. 즉 각 사창이 매입허가증을 발급받아 직접 면산지로 가서 제한가격 및 수량에 의거하여 스스로 면화를 매입할 수 있도록 방침을 변경하였다. 더욱이 中央銀行은 물가의 안정이라는 취지에서 紗管會로 하여금 면사 및 면포를 대량으로 시장에 판매하도록 지시하였을 뿐만 아니라 면화를 대량으로 판매하도록 지시하였다. 5월 14일 中央銀行은 紗管會에 면사의 가격이 급등하고 있으니 대량으로 면사를 대량 판매하여 가격의 안정을 도모하도록 요청하였다. 上海市長 吳國楨도 紗管會에 "上海市에는 근래 유휴자본이 흘러 넘쳐 물가 파동이 격심하니 계속해서 면화, 면사, 면포를 대량으로 판매하여 투기자본을 흡수해 줄 것"[338]을 요청하였다.

경제부 및 中央銀行 등의 지시에 따라 紗管會는 中紡公司로 하여금 5월 19일부터 면사포와 면화를 대량으로 방출하여 판매하도록 지시하였

337 《申報》, 1948. 7. 25.

338 南京中國第二歷史檔案館藏檔, 檔號 : 73-176 : 抑平紗價各項會議紀錄.

다. 5월 19일부터 6월 14일까지 中紡公司는 모두 16차례에 걸쳐 각종 면화, 즉 漢細棉花 15,000담, 通粗 13,634담, 火機 7,498담, 桃花 4,597담, 漢粗 2,808담, 南太 4,823담, 北太 150담 등 총 59,355담의 면화를 시장에 대량으로 판매하였다.[339] 그런데 유의할 점은 이와 같은 면화의 대량 판매는 면화의 독점적 매입을 통해 원면 가격을 통제함으로써 면사포의 가격을 안정시킨다는 본래의 취지에 크게 벗어난 것이며, 면화에 대한 통제를 사실상 포기한 것으로 간주할 수 있다. 말하자면 이미 紗管會는 면사포의 가격 통제 능력을 상실하고 만 것이다. 7월 23일, 中紡公司 총경리 東雲章은 "현재 20번수 면사의 원면 가격이 이미 매 건 약 12억 원에 달한다. 여기에 노임 등의 생산원가를 붙이면 이윤이 거의 없는 형편"[340]이라고 토로하였다.

비록 紗管會는 中紡公司를 통해 면화를 독점적으로 매입하고, 이러한 방법을 통해 원면을 철저히 장악하고자 하였으나, 면화상의 반대로 면상동업공회가 면화의 매입 공작에 참여하는 것을 허락하지 않을 수 없었다. 뿐만 아니라 각 사창에서 면화의 부족이 심각한 상태에 이르게 되자, 각 사창이 스스로 인원을 파견하여 면화를 매입하는 것 역시 허락하지 않을 수 없었다. 이러한 결과 면화를 독점적으로 매입하려는 정책은 사실상 실현될 수 없게 되었다. 면화를 독점적으로 매입하려는 정책이 붕괴되자 면화의 가격은 천정부지로 치솟아 더 이상 통제할 수 없는 지경에 이르고 말았다.

일찍이 1948년 3월 18일, 전국방직공업연합회는 이사회를 개최하고 각 사창에서 면화의 재고 부족이 심각한 현실에 비추어 원료 공황이 발

339 南京中國第二歷史檔案館藏檔, 檔號 : 73-394 : 1948年度全國花紗布管理委員會工作簡報.

340 《公益工商通訊》3卷 8期, 1948. 7. 31. p.19.

1948년 말, 1949년 초 면화의 가격 변동

시기	면화(通州棉 100근)
1948년 11월	1,020.00
1948년 12월	1,340.00
1949년 1월	5,300.00
1949년 2월	39,333.33
1949년 3월	183,333.33
1949년 4월	1,850,000.00

資料出處 : 中國科學院上海經濟研究所 編,《上海解放前后物價資料匯編》, 上海人民出版社, 1958. 附表(上海도매물가분류지수 〈표 3〉).

생할 수 있다는 가능성을 경고하였으며, 이에 따라 즉시 구제책을 마련해 줄 것을 정부에 청원하였다. 회의에서는 '花紗布聯合買入辦法綱要'를 의결하고 이를 中央銀行 총재 張嘉璈에게 송부하였다. 강요의 주요한 내용은 방직동업이 스스로 연합하여 면화를 매입한다는 내용이었다.[341] 3월 27일 경제부장 陳啓天은 張嘉璈와 회동하여 방직공업의 위기에 관한 대책을 숙의하였다. 이 자리에서 張嘉璈는 기존의 면화에 대한 정부의 방침은 실행하기 어려우므로 전반적으로 정책을 변경하도록 陳啓天에 요구하였다. 張嘉璈의 요청은 사실상 이전에 中紡公司와 민영사창 대표들과의 회동에서 도출되었던 결과와 합치되는 내용이었다.[342]

6월 23일 6구공회는 이사회를 개최하여 화사포관제정책을 폐지하도록 의결하는 한편, 唐星海는 각 사창에 조업 단축을 시작할 것을 제의하였다. 그 결과 먼저 20%의 조업 단축을 실시하기로 하고 이후 원면 공급의 상황을 보면서 다시 조업 단축을 해제할 것인지, 조업 단축률을 더욱

341 上海市檔案館藏檔, 檔號 : S30-2-216 : 全國機器棉紡織工業同業公會聯合會花出送六區公會理監事會議紀錄.

342 《公益工商通訊》3卷 1期, 1948. 4. 15. pp.20-21.

높일 것인지 결정하기로 했다. 이 밖에 회의에서 6구공회는 정부에 원면을 충분히 공급해 줄 것을 보증해 달라는 결의안을 채택하였다. 여론은 이를 上海 방직공업의 감공시위라고 규정하였다. 즉 이는 6구공회의 방직자본가들은 국민정부에 자신들의 요구를 관철시키기 위한 압력 수단으로 조업 단축을 활용하였다는 것이 잘 드러난다.

6월 25일, 방직자본가로서 上海市 참의원의 신분을 유지하고 있던 榮鴻元과 劉靖基 등 10명은 방직공업의 구제 대책를 논의하기 위해 참의회에 임시 긴급동의서를 제출하여 정부의 화사포관제 정책의 철폐를 요구하였다. 여기에서 참의회는 "면화를 일괄적으로 매입하는 정책은 지금까지 아무런 성과도 거두지 못하였다. 이러한 이유에서 최근 제품의 가격이 생산원가를 밑도는 현상까지 나타나고 있다. 각 사창은 현재 어쩔 수 없이 조업 단축을 실행하고 있으며, 이후 생산의 전면 중단까지 우려되는 형편이다. 이는 민생과 관련된 의복의 부족과 세수의 감소를 가져올 뿐만 아니라 수십만에 이르는 직공의 생활을 절망으로 빠뜨리게 될 것이며, 더욱이 이러한 결과는 상상하기 어렵지 않다. 정부가 신속히 관제정책을 폐지하여 새롭게 생산계획을 세우지 않는다면 이와 같은 위기를 피하기 어렵다"[343]라며 사실상 정부에 위협적인 통고를 전하였다.

마침내 6월 26일, 上海市長 吳國楨은 紗管會 주임위원과 6구공회의 대표를 소집하여 원면의 공급에 관한 대책을 논의하였다. 그 결과 "중국은행으로부터 자금을 차입하여 미국 및 브라질 면화 60,409포를 구입하기로"[344] 결정하였다.

1948년 7월 29일, 입법원은 1948년도 하반기 국가 총예산을 책정하면서 花紗布管理委員會의 철폐를 결의하였다. 같은 날, 紗管會 주임위

---

343 《公益工商通訊》3卷 7期, 1948. 7. 15. p.22.

344 〈上海民營紗廠減工施威〉,《經濟通訊》3卷 25期, 1948. 7. 3. p.782.

원이 南京에 가서 행정원과 紗管會의 철폐 문제를 논의한 이후 7월 30일 上海로 돌아와서 紗管會를 이미 철폐하기로 결정하였으며, 행정원의 정식 명령을 기다리는 중이라는 입장을 발표하였다.[345] 마침내 8월 20일, 행정원은 全國花紗布管理委員會의 정식 철폐를 결정하였으며, 이후 면화의 자유 매매를 결정하였다.

6구공회는 그간 국민정부가 추진해 온 면업정책이 마치 닭을 잡아 알을 취하는 경직된 정책이라고 신랄하게 비난하면서, 헌법에서 부여한 영업의 자유를 부여해 줄 것을 요구하였다.[346] 이후 국민정부의 면업정책에 대한 민영사창 측의 신랄한 비판이 줄을 이었다. 즉 "紗管會는 방직공업의 기생충이며 착취자이다. 紗管會가 5개월여 동안 방직공업에 무엇 하나 유익한 작용을 한 것이 없다. 단지 관아의 명패를 걸고 위협하며 간섭과 장애만을 초래했을 뿐이다"[347]라고 비난하였다. 이는 방직자본가들이 이미 국민정부의 면업 통제정책에 등을 돌렸음을 의미하는 것이며, 정책 수용자의 협조 없이 통제정책은 시행하기 어려운 지경에 이르게 된 것이다. 紗管會의 철폐는 국민정부와 방직자본가 사이의 균열이 이미 심각한 상태에 도달하였음을 반증해 주는 것이었다.

결론

종전 이후 전후 경제건설의 과정에서 생산력을 회복시키고 물가를 안정시키는 일은 가장 시급한 현안이 아닐 수 없었다. 특히 면사포, 양식, 연료 등 일용필수품의 부족은 물가의 상승과 통화팽창의 직접적인 원인이

345 《紗布日報》, 1948. 7. 31.

346 汪竹一, 〈中國棉紡織工業的遠景〉, 《棉紡會訊》 1卷 1期, 1948. 8. 20. p.2.

347 李崇威, 〈棉紡織工業的現狀和出路〉, 《紡織週刊》 9卷 22期, 1948. 7. 1. p.302.

되었기 때문에, 방직공업 등 기초공업의 생산력 회복은 전후 경제건설의 핵심적인 과제가 되었다. 이와 같은 조건하에서 국민정부는 적극적인 면업정책을 실시하였으며, 그 결과 방직공업은 기타 공업에 비해 신속히 생산력을 회복하였을 뿐만 아니라 공전의 이익률을 기록하여 이른바 제2의 황금시기를 구가할 수 있었다.

그러나 이와 같은 발전은 전후 면사포 가격의 급등과 상대적으로 저렴한 수입 원면의 가격협상 차에 근거한 것이었으며, 따라서 원면 가격의 변동에 따라 언제든지 불황과 경영 악화로 치달을 수 있는 기형적인 구조를 내포하고 있었다고 할 수 있다. 이러한 가운데 중국의 무역수지를 개선하기 위해 환율이 대폭적으로 제고되면서 면화의 수입에 큰 영향을 주게 되었다.

면사포 가격에 대한 국민정부의 통제가 성공적일수록 방직자본가의 이해와는 상충되는 것이었다. 그러나 양자 사이의 마찰과 모순은 저렴하게 원면의 수입이 가능한 동안에는 표면화되지 않을 수 있었다. 그러나 수입 원면 가격이 환율의 변동으로 말미암아 급상승하고, 이에 따라 면제품의 생산원가가 급등하자 면업통제에 대한 방직자본가들의 불만이 본격화되었으며, 양자의 갈등이 표면화되었다.

원면 수입이 어려워지면서 국민정부는 국내산 면화 확보에 눈을 돌렸으나, 내전기의 면산지 가운데 적지 않은 지역이 공산당의 세력권에 편입되어 매입과 운송 등이 쉽지 않았다. 더욱이 면화상은 국내 면화의 유통과정에서 투기와 사재기를 일삼아 면제품 생산원가를 상승시키는 주요한 원인을 제공하기도 하였다. 이를 시정하기 위해 국민정부는 국가권력을 통한 면화의 일괄적 매입과 유통을 계획하였으며, 이를 통해 면제품의 가격을 안정시키고 나아가 전반적인 물가 안정에 기여하고자 하였다.

그러나 국영사창을 통한 국내산 면화의 일괄적 매입 및 공급이라는 정부의 구상은 시행 과정에서 이미 상당히 변질되지 않을 수 없었다. 이러한 정책은 곧 면화상 집단의 반발을 불러 일으켰으며, 결과적으로 이들에게도 국영사창과 동등한 면화 매입 권리를 부여하지 않을 수 없었다. 뿐만 아니라 국민정부는 통화팽창의 와중에서 물가 상승을 억제한다는 취지에서 면화의 매입 가격을 엄격히 제한하는 정책을 실시하였다. 그러나 시가에 비해 턱없이 낮은 매입 가격은 면작농의 면화 생산 의욕을 크게 저하시켰으며, 결과적으로 소기의 성과를 거두지 못하고 말았다.

이러한 결과 각 사창은 원면 부족과 이로 인한 경영의 악화에 직면하게 되었으며, 방직자본가들은 정부의 정책을 정면으로 비판하기 시작하였다. 즉 정부의 원면정책이 실패하면서 국가권력과 자본가 사이에 이해가 충돌하고 마찰이 표면화된 것이다. 이들의 반발에 직면하여 국민정부는 기존의 면업통제기구인 全國花紗布管理委員會를 해체하지 않을 수 없었다. 花紗布管理委員會의 해체는 국민정부의 면업정책이 전면적으로 실패하였음을 의미하는 것이며, 정부에 대한 자본가의 불신을 극명하게 반영한 것이라 할 수 있다.

제6장

중국 국영기업의 민영화와 주식 발행

중일전쟁과 태평양전쟁의 진전 속에서 대일 항전은 총력전이 될 수밖에 없었으며, 따라서 공업경제는 대일 항전을 위한 중요한 물질적 기초가 되었다. 항일전쟁 시기에 방직공업 등 경공업을 민영화하는 문제는 자본가를 중심으로 이미 뜨거운 화두가 되어 있었으며, 국민정부는 방직공업의 민영화 원칙을 일관되게 견지하였다. 그러나 제2차 세계대전 종전 직후 국민정부는 적산사창을 접수하여 국영사창인 中國紡織建設公司를 설립하였으며, 이는 전시 경공업 민영화 방침과 완전히 상이한 것이었다.

1948년 이후 환율이 급등하고 물가가 폭등하자 국민정부는 '경제긴급조치방안'을 발표하고 국영기업인 中國紡織建設公司의 매각에 착수함으로써 국가 재정의 보충과 통화팽창의 억제를 도모하였다. 1948년 8월 19일의 '財政經濟緊急處分令'과 8월 2일의 '金圓券發行準備移交管理辦法'이 잇달아 발표되면서, 국민정부는 국영기업인 中國紡織建設公司의

민영화 방침과 주식 발행 방안을 최종 확정하였다.[348]

1948년 9월 10일, 국영기업인 中國紡織建設公司의 주식이 정식으로 상장되었으며, 아울러 9월 11일부터 中國紡織建設公司는 中國紡織建設股份有限公司로 변경되었다. 그럼에도 불구하고 국영기업의 민영화 및 주식 판매는 순조롭게 진행되지 못하였으며, 마침내 실패로 끝나고 말았다. 여기에서는 국영기업의 민영화 배경, 당시 이 문제에 대한 사회의 여론, 주식 발행의 곡절 과정과 실패의 원인, 그리고 이것이 전후 중국 국민정부의 경제정책에 미친 영향과 결과를 살펴보고자 한다.

1. 中國紡織建設公司의 민영화와 주식 발행의 배경

앞에서 이미 지적한 바와 같이, 항전 시기 내내, 그리고 전쟁이 종결된 직후에도 국민정부는 일관되게 방직공업 등 경공업의 민영화 원칙을 견지하였다. 예를 들면, 1943년 8월 개최된 중국 국민당 제5계 11중전회에서 선포된 '戰後工業建設綱領'이나, 1944년 11월 6일 개최된 국방최고위원회 상무위원회 제148차 회의에서 통과된 '제1기 경제건설원칙', 그리고 1945년 5월 개최된 국민당 제6차 전국대표대회에서 통과된 '工業建設綱領實施原則', 그리고 같은 해 7월 8일 국민참정회 제2차 회의에 제출된 경제부장 翁文灝의 '방직공업에 관한 보고' 등에서 잘 나타나고 있다.

한편, 전후 적산기업을 처리한 이후 이를 국영으로 할 것인가 아니면

348 국영기업인 中國紡織建設公司의 매각 및 주식 발행 문제에 관한 전론적 연구는 金志煥, 〈中國紡織建設公司的民營化與股票發行探析〉,《近代史研究》2005年 2期가 유일하다. 이 밖에 趙興胜, 〈戰后國民政府國營事業民營化問題研究〉,《江海學刊》2000年 3期(總第219期) 및 劉志英,《近代上海華商証券市場研究》, 學林出版社, 2004. 5. 가운데 부분적으로 이 문제를 언급하고 있다.

민영으로 할 것인가에 대한 논쟁이 이미 공개적으로 전개되었다. 제2차 세계대전 종결 이후, 국민정부를 위해 항전기간 동안 온갖 희생을 감내했던 후방의 공업자본가들은 적산기업의 민영화를 적극 주창하였으며, 이러한 과정에서 자신들이 우선적으로 이를 접수해야 한다고 정부에 요구하였다.

1945년 8월에 경제부가 제정한 '수복구 적산공광사업 접수정리계획'은 다음과 같은 원칙들을 확정하고 있다.[349] 첫째, 적과 합자 형태로 경영된 공광업은 공영이나 민영을 막론하고 정부가 접수하여 그 성격에 따라 분류한 이후 국영 사업기관이나 혹은 민영조직으로 하여금 접수하여 경영하도록 한다. 둘째, 전전 수복구의 민영 공광사업 가운데 적에 의해 몰수되었거나 혹은 점령되었던 것은 조사를 거쳐 원주인에게 반환한다. 만일 부역 행위가 있었던 것으로 판명될 시에는 조사 이후 상황에 따라 달리 처리한다. 셋째, 수복구 민영 공광사업 가운데 소유권 문제로 경영을 중지한 것은 정부가 먼저 접수하여 관리한 이후 적절한 시기에 민간에 위탁하여 경영한다. 넷째, 수복구 민영 공광사업 가운데 전후 경제건설과 밀접한 관계가 있는 업종의 경우 정부가 이를 통제한다. 다섯째, 수복구 민영 공광사업 가운데 부역 행위가 있었던 기업 공장의 경우 적산과 동일하게 취급한다.

1945년 11월 27일, 행정원 제722차 회의에서 행정원장 宋子文은 中國紡織建設公司를 설립하는 방안을 제출하였다. 회의 석상에서 宋子文은 "이 회사의 영업 기한을 2년으로 하고 필요시 1년을 더 연장할 수 있다. 그러나 연장은 1회로 한정한다"[350]라고 천명하였다.

---

349 전문은 다음의 자료를 참조하라. 中國第二歷史檔案館編,《中華民國史檔案資料匯編》第5輯 第3編(財政經濟 4), 江蘇古籍出版社, 2000. 1. pp.334-381.

350 中國紡織建設公司의 설립 배경과 목적에 대해서는 金志煥,〈國營與民營之間的取舍：戰后國民政府的棉業政策與中國紡織建設公司的成立〉,《中國社會經濟史研究》

그러나 적산사창을 접수하여 국영기업인 中國紡織建設公司를 설립한 것은 전시부터 국민정부가 누차 공언해 온 경공업의 민영화라는 대원칙에 어긋나는 것이었다. 따라서 특히 후방 방직자본가들은 中國紡織建設公司의 설립이 경공업의 민영화 원칙에 어긋나는 것이라고 다음과 같이 정면으로 반대하며 불만을 표시하였다. "정부 당국이 오늘날 수복구의 적산 방직공업을 접수하여 국영으로 만든 것은 타당치 못하며, 스스로의 약속에 어긋나는 행위이다. 최고국방위원회의 제1기 경제건설원칙과 국민당 6전대회의 결의안은 도대체 무엇이란 말인가?"[351]

국민정부는 中國紡織建設公司를 설립한 이후에도 적산 방직기업을 신속히 접수하기 위한 필요로 말미암아 민영사창의 적극적인 지지와 참여가 절실한 형편이었다. 이러한 이유에서 전국의 방직공업을 관리 통제하기 위해 설립된 경제부 紡織事業管理委員會는 紗廠聯合會 앞으로 각 민영사창으로 하여금 인원을 파견하여 中紡公司의 설립과 경영에 협조해 줄 것을 요청하는 공문을 보냈고, 파견 인원은 모두 中紡公司의 직원으로 채용할 것을 약속하였다.[352]

中紡公司 총경리 束雲章은 국민정부를 대표하여 重慶에서 각 사창의 대표들을 소집하여 "여러분들이 인원을 조직하여 정부를 도와 적산 일본 기업을 접수하여 관리한다면, 장래 적산사창을 공개 매각하게 될 경우 우선적으로 고려할 수 있는 권리를 갖게 된다"[353]라고 공개적으로 선포하였다. 따라서 후방 방직자본가들은 내심으로는 불만이 있었지만,

---

2006年 1期 참조.

351 涤新,〈談管制政策的廢除〉,《新華日報》, 1945.12.11.

352 上海社會科學院經濟研究所編,《榮家企業史料》下冊, 上海人民出版社, 1980. p.407.

353 裕大華紡織資本集團史料編輯組,《裕大華紡織資本集團史料》, 湖北人民出版社, 1984. 12. p.521.

그러나 2, 3년 후에 中紡公司가 민영화되는 과정에서 우선적으로 경영권을 손에 넣을 수 있다는 가능성 때문에 적산 사창의 접수 및 中紡公司의 조직 및 경영 활동에 참여하지 않을 수 없었다.

예를 들면, 大華紗廠 이사회에서 이사장은 다음과 같이 보고하였다. "현재 정부가 적산 사창을 잠시 국영으로 경영하고자 하여, 上海, 天津, 青島의 각 민영사창으로부터 기술 인원을 추천받아 정부를 대신하여 이들로 하여금 그 업무를 담당하도록 하려 한다. 들리는 말에 의하면, 이후 中紡公司는 가격을 산정한 이후 주식을 발행하여 공개적인 방식으로 민영화될 것이라 한다. 우리 공장이 이러한 과정에서 배제되지 않기 위해서라도 李庄壽로 하여금 기술 인원을 대동하고 青島로 가서 공장을 접수하도록 하고 정부를 대신하여 업무에 참여하도록 하였다. 이후 中紡公司의 민영화가 이루어질 경우 우리 회사로서는 우선적으로 경영권을 획득할 수 있는 권리를 갖게 되길 바랄 뿐이다."[354]

실제로 中紡公司가 설립된 이후에도 주관 당국은 수시로 민영의 원칙을 거듭 천명하였다. 예를 들면 1946년 초 中紡公司 이사회에서 宋子文은 방직공업을 절대적으로 민영화할 것이며 결코 국영으로 지속하지 않겠다는 의지를 확고히 천명하였다.[355] 中紡公司 총경리 束雲章도 창장회의에서 中紡公司 각 공장은 이후 모두 민영으로 전환할 것임을 천명하였다.[356] 1946년 7월 초, 宋子文은 上海招待所의 기자회견장에서 재차 다음과 같이 천명하였다. "정부로서는 절대로 경공업을 계속해서 국영의 형태로 지속해 나갈 생각을 가지고 있지 않다. 일단 금융 환경이 안정될 때까지 짧으면 2년, 길어도 3년 이후에는 반드시 모두 매각하거나

354 裕大華紡織資本集團史料編輯組,《裕大華紡織資本集團史料》, 湖北人民出版社, 1984. 12. p.521.

355 〈建設新中國紡織工業〉,《紡織週刊》7卷 1期, 1946. 1. 8. p.553.

356 上海市檔案館藏檔, 檔号 : Q192-26-61 : 中紡公司廠長會報紀錄(第1-12次).

혹은 각 공장별로 분리하여 민간에 매각할 것이며, 결코 계속 연기하지 않을 것이다."[357] 경제부장 王雲五 역시 정부가 적산공장을 국영으로 경영하는 것은 임시적인 정책으로서, 생산이 본격적인 궤도에 올라서면 즉시 민영으로 이양할 것임을 천명하였다.[358]

이러한 가운데 1946년 말 시중에서 투기와 사재기가 횡행하면서 투기의 주요 대상인 황금의 가격이 폭등하는 황금 풍조가 발생하고 이에 따라 외환 가격도 함께 급등하자 1947년 2월 7일 국방최고위원회는 '경제긴급조치방안'을 통과시켰다. 방안의 제1조인 '평형예산에 관한 사항'에서는 "모든 국영 생산사업 가운데 중공업 범위에 속하거나 특수한 상황에 속하여 반드시 정부가 경영해야 하는 것 이외에는 신속히 주식 발행 방식을 통해 공개 매각하거나 민영화한다"[359]라고 규정하였다. 이러한 조치는 국영사업을 매각하여 민영화함으로써 국가의 재정을 보충하고 시중의 통화를 흡수함으로써 통화팽창을 억제하기 위한 목적에서 비롯된 것이다.

2월 21일 宋子文은 재정부장 兪鴻鈞, 재정부 차장 徐柏園, 경제부장 王雲五, 심계부장 徐堪 등을 소집하여 회의를 개최하고 국영사업의 매각에 관한 사항을 논의하였다. 2월 22일, 행정원 부원장 겸 최고경제위원회 부위원장인 翁文灝는 上海 中國銀行에서 국영사업을 매각하기 위한 계획위원회 회의를 개최하였다. 회의에는 재정부장 兪鴻鈞, 경제부장 王雲五, 前資源委員會 위원장 錢昌照, 中央銀行 부총재 劉攻藝 및 공상계, 금융계 인사인 束雲章, 楊錫仁, 陳光甫, 徐寄廎, 秦潤卿, 李馥蓀 등이 참가하여, 사업 매각을 위한 초보적인 가격 산정 외에 매각 방식 및 구매력 문

357 〈國營事業應求歸宿〉,《紡織週刊》7卷 16期, 1946. 7. 6. p.553.

358 《商報》, 1946. 7. 29.

359 〈出售國營事業問題特輯,《資本市場》1卷 4期, 1948. 4. p.82.

제 등에 관해 논의하였다. 이와 같은 사실은 당시 국민정부가 국영사업의 민영화 문제를 재정 경제 상황이 더욱 악화되는 것을 저지하기 위해 반드시 실현해야 할 중요한 정책으로서 인식하였다는 사실과 함께, 이를 실현하기 위해 적극적으로 임했다는 사실을 잘 보여 주는 것이다.

1947년 3월 1일, 행정원장 宋子文은 사직을 표명하면서, 재정 경제 상황의 악화가 이미 정국에 심각한 영향을 주는 문제로 부상하였다는 사실을 표명함과 동시에 시급히 국영사업의 민영화 일정을 진행해야 한다고 역설하였다. 4월 들어 국민당 제6계 3중전회는 다음과 같이 의결하였다. "반드시 국가가 경영할 필요가 없는 기업을 처리하고, 적산산업 및 잉여 물자를 매각하며, 아울러 세수를 정리하여 단기간 내 신속히 재정 부족을 보충함으로써 통화의 팽창을 방지해야 한다 〔…〕 아직 매각되지 않은 적산기업은 신속히 매각하며, 정부가 반드시 경영해야 할 필요가 없는 생산사업은 매각하여 민간의 경영으로 이관하거나 혹은 주식을 발행하는 형식으로 매각하여 재정 수입을 보충한다."[360]

4월 6일에 공포된 '국영사업의 민간매각판법 8조'의 제2조 갑항은 중국방직건설공사를 민간에 매각하는 첫 번째 기업으로 다음과 같이 명확히 명시하였다. "갑 : 中國紡織建設公司, 약칭 中紡公司는 공사의 자산이 특히 방대하며, 上海, 青島, 天津 및 東北 등의 지역에 공장 설비가 분산되어 있다. 이제 그 자산의 70%를 설비 및 용도에 따라 먼저 일부 단위를 민간에 매각하고, 나머지 30%는 공사로 하여금 당분간 계속 경영하도록 하며 경제부의 관할 아래 둔다."[361] 이와 같이 中國紡織建設公司는 대부분 주식 발행을 통해 공개 매각하는 형식으로 민영화를 실현하

360 中央執行委員會秘書處,《中國國民党第六屆中央執行委員會第三次全体會議宣言及重要決議案》, 1947. 4. p.70, p.80, p.81.

361 〈出售國營事業問題特輯〉,《資本市場》1卷 4期, 1948. 4. p.82.

기로 하였으며, 이미 정부의 방안으로 확정되었다고 볼 수 있다.

다른 한편, 中紡公司는 성립 이후 복잡다변한 시장 상황에 적응하여 경영 과정에서 국영체제와의 사이에 모순이 적지 않았으며, 불경기에 접어들수록 이와 같은 모순이 표면화되었다. 앞 장에서 이미 살펴보았듯이, 中紡公司는 경제부에 속하였는데, 경제부가 전국의 방직공업을 통제하는 동시에 中紡公司를 관할하기 위해 설립한 紡織事業管理委員會는 주로 中紡公司의 이사로 조직되었다. 이와 같은 조직 구조는 中紡公司가 독립적인 경영을 할 수 있도록 보장하는 데 유리한 환경을 조성하려는 목적에서 비롯된 것이라 할 수 있다. 그럼에도 불구하고 中紡公司는 실제 경영 과정에서는 직접적으로 정부로부터 명령을 받았으며, 정책의 결정 역시 정부의 뜻을 우선적으로 고려하지 않을 수 없었으며, 따라서 시장 상황과 원칙은 종종 그 다음 순위로 밀릴 수밖에 없었다.

1946년 초부터 中紡公司는 시장 가격의 억제라는 취지에서 적극적으로 대량의 저렴한 면사와 면포를 시중에 매각하였다. 그러나 1946년 8월 17일, 국민정부가 신환율을 선포한 이후 면사, 면포의 가격은 급등했으며, 이러한 이유에서 中紡公司는 이전부터 시행해 온 저렴한 가격으로 면제품을 투매함으로써 물가를 억제하려는 판매 방식을 지속할 수 없었다.

1946년 초부터, 中紡公司는 물가를 억제하기 위해 시장의 가격 상승을 억제한다는 취지에서 면사와 면포를 대량으로 투매해 왔다. 그러나 1946년 8월 17일, 국민정부가 돌연 신환율을 선포한 이후 면사포의 가격은 급격히 상승하였으며, 이는 中紡公司로 하여금 종래 저가로 판매해 온 방식을 지속할 수 없도록 만들었다. 비록 행정원이 中紡公司로 하여금 계속해서 물가를 억제하기 위해 저가로 면사포를 투매하도록 재촉하였으나, 총경리 束雲章은 이미 中紡公司가 이와 같은 방식을 지탱할 수 있는 능력을 소진했음을 다음과 같이 호소하였다. “환율 조정 이후 모든 물가가 상승하였음에도 中紡公司는 정부의 명령을 준수하여 면사포의 가격을 올리지 않았다. 국가와 사회의 입장에서 말하자면 물가를 상승시키지 않아도 될 역량을 갖추고 있다면 올리지 않는 것이 타당할 것이다. 그러나 현재 우리들의 역량은 이를 지탱하기에 이미 너무도 미약하다.”[362]

中紡公司 부총경리 吳味經도 다음과 같은 입장을 피력하였다. “신환율이 공포된 이후 中紡公司는 정부의 명령을 받들어 면제품의 판매 가격을 올리지 않고 지난 주말의 가격으로 여전히 판매하고 있다 〔…〕 그러나 판매가격이 이미 시중 동일 상품의 시가와 많은 차이가 있어 상인들이 유통 과정에서 많은 이윤을 챙길 뿐이다. 이틀 전과 하루 전 양일간 상인들이 구매한 면사는 약 3만여 건에 달하며, 면포는 8만여 필에 달한다. 정부가 얼마나 이와 같은 희생을 감내할 역량을 가지고 있는지가 문제이다. 中紡公司가 혼자서 이와 같은 중임을 계속 지탱해 나갈 수 있을지 보장하기 어렵다.”[363]

1947년 행정원장 宋子文이 사직한 이후, 中紡公司는 수차례에 걸쳐 면사포를 저렴한 가격으로 시장에 투매하는 정책을 시정해 줄 것을 정부에 요청하였다. 그러나 이러한 결과는 신임 경제부장 陳啓天과 여러 차례 의견 충돌을 야기시켰으며, 결국 5월 중순 中紡公司 총경리 束雲章은 경제부장에게 사표를 제출하였다. 이때 그는 中紡公司와 정부와의 관계에 대해 다음과 같은 세 가지 문제점을 제기하였다. 첫째, 中紡公司는 설립 당시에 공사의 조직과 업무를 완전히 상업 방식과 성격에 의거하여 진행하며, 그 최고기구는 이사회가 되어야 한다고 규정하였다. 그

362 南京中國第二歷史檔案館藏檔, 檔号:76-275:紡管會, 紡建公司會報記錄.
363 南京中國第二歷史檔案館藏檔, 檔号:76-275:紡管會, 紡建公司會報記錄.

러나 현재 이사회는 모든 결정 시 경제부의 통제하에 있으며, 더욱이 감찰원, 심계부 등도 모두 공사를 통제하고 있어, 中紡公司가 어느덧 정부의 일기관이 되고 말았다. 中紡公司에 대한 간섭이 지나치게 많아 업무를 정상적으로 수행해 나가기 어렵다. 둘째, 도대체 中紡公司를 민영으로 전환할 것인가 아니면 계속해서 국영으로 끌고 나갈 것인가? 지금까지 정부로부터 아무런 명확한 지침이 없어 공사의 직원들은 매우 불안해 하고 있으며, 이는 결국 업무의 효율을 감소시키고 있는 실정이다. 셋째, 현재 中紡公司 직공의 대우는 민영사창과 비교하여 5분의 1에 불과한 실정이다. 이러한 이유에서 기술이 뛰어난 기사의 경우 민영기업으로 이직하는 일이 빈번한 실정이다. 따라서 이들 직공에 대한 대우를 조정할 필요가 있다.

束雲章을 뒤따라 上海에 위치한 中紡公司 소속 37개 공장의 창장들도 줄줄이 경제부에 사표를 제출하였으며, 이와 함께 자신들의 대표인 駱仰止, 汪大燧 등 9명으로 청원단을 구성하여 5월 20일 南京의 행정원으로 보내 다음과 같은 세 가지 요구 사항을 제출하였다. 첫째, 中紡公司의 이윤과 잉여는 마땅히 면방직공업 및 유관사업의 발전을 위해 사용되어야 한다. 둘째, 中紡公司는 마땅히 보통의 상업적 기구로 개조되어야 한다. 셋째, 직원들의 대우를 합리적으로 조정해야 한다.[364]

행정원으로서는 上海에 있는 中紡公司 소속의 모든 창장의 사직을 받아들일 수는 없었으며, 결국 束雲章의 사표도 반려할 수밖에 없었다. 경제부장 진계천은 이에 中紡公司의 경영을 상업화할 것과 직원의 대우를 개선할 것 등의 요구를 받아들이지 않을 수 없었다.[365]

그러나 1948년 이후 시국이 악화되면서 국민정부는 면업 통제정책을

364 〈新任經濟部長將來滬商決紡建當前難題〉,《申報》, 1947. 5. 22.

365 〈陳啓天訪晤吳市長幷視察中紡絲廠,對束雲章辭職懇切挽留〉,《申報》, 1947. 6. 8.

더욱 강화하지 않을 수 없게 되었으며, 면사, 면포와 면화의 전면적인 통제를 실시하였다. 이러한 가운데 中紡公司로 하여금 계속해서 저렴한 가격으로 면사포를 투매하는 정책을 지속시킬 것을 명령하였다. 中紡公司는 이에 대해 불만과 반대를 표시하였다. 1948년 7월 23일 束雲章은 기자들에게 다음과 같이 말하였다. "정부가 현재 시행하고 있는 면사포의 투매정책을 보면, 면화 가격은 지극히 높게 유지하면서도 그 제품인 면사포의 가격은 극력 억제하고자 하는 것으로서, 이는 中紡公司의 경영을 악화시켜 적자가 누적되어 결국 더 이상 생산활동을 지속할 수 없는 지경에 이르게 할 것이다. 현재 20번수 면사를 생산하기 위한 면화는 이미 매 담 3억 원 정도로 치솟았는데, 20번수 1건의 가격은 겨우 12억 원에 불과하여 원료비용과 거의 차이가 없다. 따라서 제조비용과 생산원가 등을 판매가격에 반영하기 어려운 형편이다."[366] 이 말에서 알 수 있듯이, 면사포의 투매정책과 면업 통제정책에 대해 中紡公司는 스스로 목소리를 높이고 있었으며, 또한 中紡公司의 민영화 및 상업적 경영을 강하게 요구하였다는 사실을 잘 알 수 있다.

2. 中紡公司 민영화 및 매각 방식에 대한 논쟁

1946년 이후 전시 기간 동안 훼손되었던 생산설비가 신속히 복원되면서 생산력도 상승하여 면방직공업의 황금시기가 재차 도래한 듯하였으며, 각 방직공장도 공전의 영리를 구가하였다. 통계 사료를 살펴보면, 1946년 전국 방직공업이 거둔 순이익은 무려 약 1조 2천억 원에 달하였으며, 마찬가지로 개별 방직공장이 거둔 이윤도 어마어마했다.

申新 2창, 5창의 사례를 살펴보면, 1946년 한 해 동안 거둔 실질 이윤

366 〈束雲章談拋售花絲布辦法不合理〉,《公益工商通訊》3卷 8期, 1948. 7. 31. p.19.

은 황금 약 5만 량에 상당하였으며, 더욱이 회계장부에 기록되지 않고 은폐된 이윤까지 더한다면 표면상 장부에 기재된 것의 열 배에 달한다고 회자되었다. 이와 같은 실적에 힘입어 1946년도에 각 공장은 여러 차례에 걸쳐 이익 배당을 실시하였다. 申新 2창과 5창은 1946년도 한 해 동안 모두 다섯 차례에 걸쳐 이익 배당을 실시하였으며, 주주와 직원들이 거둔 이윤과 배당의 총액은 황금으로 환산하여 약 14,000여 량에 달하였다.[367]

1947년 국민정부가 투기와 물가 급등을 억제하기 위해 황금과 외환의 매매를 금지한 이후, 유휴자금은 면사포 등 일용품의 사재기로 집중되었으며, 이에 따라 암시장의 판매가격도 천정부지로 뛰었다. 이에 국민정부는 中紡公司 등 국영기업의 매각을 선포하였다. 그러자 시중 유휴자금의 흐름과 관련하여 자본가들은 특히 中紡公司의 민영화 문제에 관심을 집중하였다. 이에 대한 사회 여론도 백열화되었으며, 방직공업 유관 인사들도 적극 참여하여 다종다양한 의견과 실현 방안을 제기하였다.

여기에 대한 첫 번째 유형의 의견은 中紡公司의 민영화에 적극 찬성하는 내용으로서, 이들은 中紡公司의 민영화가 곧 실현될 것이라고 확신하였다. 이들은 中紡公司가 국영기업 가운데 비중이 가장 크고, 따라서 中紡公司의 민영화를 통해 민간의 유휴자금을 대량으로 흡수할 수 있으며, 이러한 수입을 통해 통화의 발행을 크게 감소시킬 수 있다고 주장하였다.[368]

이 밖에, 中紡公司도 민영화를 통해 완전한 상업적 경영 방식이 가능하게 될 것이며, 정부기관의 관료주의적 성격으로부터 벗어날 수 있다는 의견이 제출되었다. 일반적으로 中紡公司의 직공 대우가 민영사창에

367 許維雍 · 黃漢民,《榮家企業發展史》, 人民出版社, 1985. pp.214-215.

368 方顯廷,〈民營應自中紡開始〉,《世紀平論》1卷 10期, 1947. 3. 8. p.6.

비해 저급하기 때문에, 中紡公司의 민영화가 실현된다면 직공에 대한 대우를 제고할 수 있을 것이라고 주장하였다.[369] 뿐만 아니라 만일 주식 발행의 방법을 통해 민영화를 실현할 경우 證券交易所의 업무를 건전화하게 만드는 데 크게 기여할 것이라고 주장하였다. 이 밖에 1947년 2월에 실시한 경제긴급조치로 말미암아 시중의 유휴자금이 출로를 찾지 못하였는데, 만일 中紡公司의 민영화를 실시할 경우 이들 유휴자금의 건전하고 적절한 출로를 마련하는 데 일조할 것이라 주장하였다. 즉 증권교역시장을 건전하게 만들고 암시장의 창궐을 억제하며 주식시장의 정상화를 실현한다면, 유휴자금과 생산 관계가 더욱 긴밀하게 연계되어 바람직한 결과를 창출할 수 있다는 주장이다.[370]

더욱이, 1944년 12월에 개최된 국방최고회의와 1945년 6월에 개최된 제6차 전인대회에서 일찍이 방직공업의 민영화 방침을 결정한 바 있으며, 아울러 국민정부는 이미 2, 3년 후에 中紡公司의 민영화 방침을 선포한 바 있기 때문에, 경제긴급조치 이후 中紡公司의 민영화 문제는 매우 유리한 환경에 놓여 있었다. 방직업계는 이에 中紡公司를 민영화하기 위한 다음과 같은 구체적인 방법을 제안하였다. 첫째, 토지 가격, 건축, 기계 등 각 부문의 전문가를 파견하여 中紡公司 자산평가위원회를 조직한다. 둘째, 출자자는 먼저 매입 가격의 60%를 납부한 이후 1년 이내에 나머지 40%를 청산한다. 셋째, 민영사창 가운데 中紡公司의 모든 공장을 일거에 인수할 능력을 가진 자가 있다면 마땅히 우선적으로 이에 양도하도록 한다. 넷째, 공장을 분할하여 매각할 경우 동일 소재지를 원칙으로 묶어야 하며, 가령 上海와 天津에 있는 공장들을 함께 동일한 단위로

369 鮑引年,〈談出售中紡公司〉,《紡織染工程》9卷 4期, 1947. 6. 5. p.3.
370 〈証券市場與吸收游資〉,《証券市場》1卷 9期, 1947. 3. 15. p.19.

구분해서는 안 된다.[371]

이와 같은 찬성의 입장과는 달리 中紡公司의 민영화에 반대하는 의견도 적지 않았는데, 이들은 중국의 방직공업이 中紡公司의 높은 수준의 생산력에 의지하여 계속적으로 발전해 나가야 한다고 주장하였다. 이차대전 종결 이후 국민정부가 적산사창을 접수하여 中紡公司를 설립한 이후 중국 방직공업은 생산력을 빠르게 회복하였다. 비록 방직공업에 대한 국가의 경영에 대해서 여전히 찬성과 반대의 의견 대립이 존재하기는 하였지만, 그럼에도 불구하고 사회 여론은 기본적으로 생산력의 회복과 면사포 가격의 안정에 대한 中紡公司의 적극적인 역할에 대해 긍정적으로 평가하는 분위기가 팽배하였다. 이러한 이유에서 이들은 "만일 中紡公司를 매각하여 민영화할 경우 이는 이 회사의 모든 역량과 역할을 원점으로 되돌리는 결과를 초래하고 말 것이며 머지않아 아무것도 남지 않게 되고 말 것이다. 만일 국가의 비전 있는 생산기구를 일거에 매각하여 훼멸하고 만다면 매각하지 않으니만 못한 것이다. 왜냐하면 일년 동안 中紡公司가 거둔 경영 성적과 생산 방면에서의 업적은 그야말로 탁월하였기 때문이다."[372]

이러한 이유에서 설령 中紡公司의 민영화를 찬성하는 인사들조차 매각을 통한 中紡公司의 민영화가 이 회사의 생산력에 바람직하지 못한 영향을 미치지 않을까 우려하였으며, 따라서 원래의 생산력을 지속적으로 유지해야 한다는 점을 적극 강조하였다. 즉 "中紡公司를 민영화한 이후에도 반드시 공사가 보유하고 있는 기술적 독자성을 유지시켜야 한다. 일 년 이래 中紡公司의 업무는 참으로 훌륭한 성적을 거두었다."[373]

---

371 吳欣奇, 〈紡建民營論〉, 《紡織工業》, 上海市商會, 1947. 7. p.A65.

372 雷錫璋, 〈爲中紡由國營轉爲民營折哀輿論略抒己見〉, 《紡織工業》, 上海市商會, 1947. 7. p.A67.

373 吳欣奇, 〈紡建民營論〉, 《紡織工業》, 上海市商會, 1947. 7. p.A65.

中紡公司 青島分公司 경리 范澄川은 다음과 같이 회고하였다. "우리는 당시 다음과 같이 생각하였다. 만일 中紡公司의 공장들이 매각을 통해 국영으로부터 민영으로 전환된다면 모든 것이 원점으로 돌아갈 것이며, 뿔뿔이 흩어져 자본가의 수중으로 들어가게 될 것이다. 이럴 경우 이들 자본가들이 中紡公司가 보유하고 있는 선진적인 원천 기술을 기밀로 유지하게 될 것이 아닌가? 이럴 경우 이는 우리나라 방직공업의 기술 발전에 막대한 손실을 가져올 것이다."[374]

中國紡織學會의 李錫劍은 다음과 같은 의견을 피력하였다. "中紡公司는 이 년간에 걸친 각고의 노력 끝에 상하가 일치하여 뛰어난 업적을 일구어 냈다. 국영과 민영은 원래 병립할 수 있는 것이지 양자가 반드시 대립하는 것은 아니다. 만일 동일 업종에서 생산과 업무에 관해 국영기업이 민영기업과 긴밀하게 연계하여 백년대계를 내다보고 상호 경쟁적으로 열심히 생산활동에 전력하기만 한다면, 해당 공업의 전반적이고 균일한 발전을 이룰 수 있어 더욱 바람직하며, 상호 상승작용을 가져올 것임은 말할 나위도 없다.[375]

적지 않은 방직업계 인사들은 민간의 재력에 한계가 있는 상황에서 中紡公司의 민영화는 반드시 소수 자본가의 독점을 초래할 우려가 있다고 지적하였다. 즉 "中紡公司는 실로 국가의 비할 바 없는 값진 자산이다. 또한 각 전문가가 청렴결백하고 엄밀한 관리체계를 유지하고 있다. 현재 경영 성적 역시 민영 각 공장에 비해 월등히 뛰어나다 〔…〕 만일 이 회사를 소수 자본가에게 매각한다면 이는 계란을 얻기 위해 닭을 잡는 일과 같은 어리석은 행위로서 애석한 일이 아닐 수 없다."[376]

374 范澄川, 〈我在湖南, 青島從事紡織事業的回憶〉, 《工商經濟史料叢》 第1輯, 文史資料出版社, 1983. 6. p.48.

375 李錫劍, 〈對我紡織工業前途之檢討〉, 《紡織年刊》(中國紡織學會), 1948. pp.6-7.

376 鄒春座, 〈出售國營事業以完成民生主義之建議〉, 《紡織工業》, 上海市商會, 1947.

지명한 경제학자인 張一凡 역시 국영사업은 마땅히 국가로 귀속되어야 하며 또한 마땅히 전체 인민에게 귀속되는 것이 도리에 합당한 것이지, 민영사업이란 인민의 일부 사람에게만 귀속되는 것이라고 지적하였다. 그리하여 산업이 낙후된 중국에서는 이와 같은 사업을 더욱 양호하게 발전시키는 것이 절실한 과제로서, 그렇지 못할 경우 중국 공업경제의 전도는 더욱 암울하여 희망을 잃게될 것이라고 주장하였다. 더욱이 이러한 이유에서 그는 국영사업을 민영화하는 일은 장차 소수인의 독점적인 사업으로 변화할 수 있는 가능성이 농후하다고 지적하였다.[377]

방직업계의 徐緘三도 일찍이 국영과 민영의 문제를 거론하면서, 양자 사이에는 절대적인 차이가 존재하는데, 국영은 공익을 위한 것이고 민영은 사익을 위한 것이라 지적하였다. 즉 국영은 모든 국민이 입을 옷을 생산하며 또한 생산사업을 일으켜 외화의 수입을 억제하고 국내외 시장에 판매함으로써 국부와 복리를 창출하지만, 민영은 영리의 획득이 주요한 목적이라고 지적하였다.[378] 吳覺農 역시 당시의 상황을 지적하며 민간에 이와 같은 방대한 규모의 회사를 구입할 자금력이 존재하지 않는 상황에서 이 회사를 매각할 경우 당연히 관료자본의 손에 넘어갈 것이 틀림없다고 주장하였다.[379]

1947년 9월 上海市 면포동업공회 이사장 董久峰과 염직업동업공회 이사장 潘士浩는 연명으로 경제부에 中紡公司의 매각을 연기해 줄 것을 청원하였다. "장차 국영 방직공업의 매각을 연기하여 면사포의 수요 공급을 조절하기 위한 국책에 부응하도록 해야 한다. 국영 中紡公司는 1년 여에 걸쳐 이미 탁월한 업적을 성취하였다. 그리하여 현재 방직공업

---

7. p.A71.

377 炎林, 〈國營事業售讓民營問題〉, 《經濟週報》 4卷 11期, 1947. 3. 13. p.20.

378 徐緘三, 〈中紡民營之我見〉, 《紡織染工程》 9卷 4期, 1947. 6. 5. p.2.

379 炎林, 〈國營事業售讓民營問題〉, 《經濟週報》 4卷 11期, 1947. 3. 13. p.21.

의 수요 공급을 조절하는 데 중추적인 역할을 하고 있으며, 국영이 이를 선도하고 민영이 이에 부응하는 실정이다. 국영기업은 산업을 영도하여 발전시키는데 선도적인 역할을 수행하며, 생산의 이익은 모든 백성들에 고루 혜택이 돌아가 한 업체에만 그 이익이 독점되지 않는다. 따라서 이와 같은 사업은 국영을 통해 시행하는 것이 마땅하며 민영으로 하는 것보다 훨씬 적합하다고 보여진다."[380]

국영과 민영의 논쟁이 전개되는 가운데 일부 사람들은 제3의 경영 방식을 제안하였는데, 말하자면 中紡公司가 소수의 자본가 수중으로 떨어지는 것을 방지하기 위해 집단 경영 방식을 채택하자고 주장하였다. 이를 위해 먼저 기업가, 기술자, 은행단의 세 방면이 회동하여 이들을 중심으로 매입위원회를 조직한다. 그리고 매각가격산정위원회가 中紡公司의 자산을 평가하고, 구매위원회의 집단 투자를 통해 매각을 실행한다. 예를 들면 기업가 25%, 기술자 10%, 은행단 40%, 기타 25% 등으로 한다.[381]

中紡公司의 매각과 민영화 이외에 당시 사회 각계에서는 어떠한 방식으로 中紡公司의 매각을 진행할 것인가에 대해서도 의견이 분분하였다. 매각 방식을 어떻게 결정하는가 하는 문제는 바로 中紡公司의 민영화가 성공할 수 있는가 하는 것과 상호 불가분의 관계를 가지고 있었다. 당시 매각 방식에 대해서도 대체로 두 부류의 주장이 대립하고 있었는데, 하나는 개별 공장별로 공개 매각하는 방식이고, 다른 하나는 주식의 발행을 통해 매각해야 한다는 주장이었다. 개별 공장별로 매각해야 한다는 방식에 찬성하는 사람들은 그 이유를 다음과 같이 제시하였다. 즉 "개별

380 《商報》, 1947. 9. 25.

381 雷錫璋, 〈爲中紡由國營轉爲民營折衷輿論略抒所見〉, 《紡織工業》, 上海市商會, 1947. 7. p.A67.

공장을 공개적으로 매각하는 방식이 비교적 바람직하다. 왜냐하면 정부가 中紡公司를 매각하는 주요한 목적은 바로 시중의 유휴자금을 흡수하여 이들 자금이 투기시장에서 날뛰어 민생에 영향을 주는 우려를 일소하기 위한 것이다. 따라서 매각은 시간을 단축하면 단축할수록 바람직하므로 매각 방식도 공정하고 간략할수록 바람직하다."[382]

반면 이들은 주식을 발행하여 매각하는 방식은 매우 불리하다고 여겼다. 예를 들면 정부가 신용을 확보하고 있을 경우 당연히 주식을 발행하는 방식이 바람직하다. 왜냐하면 이 방법은 유기적으로 상호 연관되어 있는 수많은 中紡公司의 기구들을 하나씩 해체시켜 상호 관련성을 상실시킬 위험성으로부터 자유로울 수 있기 때문이다. 그러나 이와 같은 방식은 공채와 다름없기 때문에 일반인들이 주식의 매입을 통해 투자하더라도 결코 경영권을 획득할 수는 없게 된다.[383]

주식 발행에 찬성하는 사람들의 입장은 "이와 같이 유기적으로 상호 결합된 대규모 사업체를 분할하여 매각한다면 그야말로 매각 이후에는 아무것도 남지 않게 되고 만다. 마치 한 마리의 소를 해체하여 매각하는 방식과 마찬가지로서 수많은 조직들이 파괴되어 바람직하지 못한 결과를 낳을 가능성이 농후하다"[384]라는 것이었다.

中紡公司 부총경리 吳味經은 中紡公司와 같이 방대하고 복잡한 사업기구를 다른 기구로 전환하는 일은 그리 간단치 않으며, 이와 같이 방대한 자산가치를 지닌 기구를 일시에 매각 완료하는 일은 불가능하다고 여겼다. 따라서 이를 매각하기 위해서는 사업장별로 나누고 시기도 분할해야 하며, 주식을 발행하기 전에 미리 공고를 내 기한 내에 신청서를

382 徐緘三, 〈談出售中紡公司〉, 《紡織染工程》 9卷 4期, 1947. 6. 5. p.4.
383 炎林, 〈國營事業售讓民營問題〉, 《經濟週報》 4卷 11期, 1947. 3. 13. p.20.
384 炎林, 〈國營事業售讓民營問題〉, 《經濟週報》 4卷 11期, 1947. 3. 13. p.20.

제출하도록 하며, 매각이 완료되기 이전에는 일시적으로 정부로 하여금 보류하도록 하고 주식이 50% 이상 매각되었을 때에 비로소 이사회를 조직한다. 그리하여 투자자로 하여금 경영권을 인수하도록 조치해야 한다고 주장하였다.[385]

사실 中紡公司를 국영으로 할 것인가 혹은 민영으로 귀속시킬 것인가의 문제가 일반 민중에게는 그다지 절실한 문제가 되지 못했다. 일반 민중은 "국영도 좋고 민영도 좋다. 인민들은 단지 신속히 생산설비를 복구하여 생산에 착수하여 물자의 생산이 증대되기를 희망할 뿐이다"[386]라는 입장이었다. 이는 다음의 기록에서도 명확하게 확인할 수 있다. "국영을 민영으로 전환해야 한다는 주장은 사실상 소수 상층인들이 경공업의 이윤을 독점하기 위한 미사여구에 불과하다. 대부분의 일반인들은 이를 구매할 능력도 없으며 이에 따른 희생을 치를 일만 남았다."[387]

"국영사업의 효율이 민영보다 못하다거나 혹은 국영제도는 관료화를 면할 수 없다거나 혹은 국영사업은 독점성의 폐해를 벗어나기 힘들다거나 혹은 국영사업의 경영은 얼마 안 가 파산할 것이며 경영이 잘 될 리가 없다. 심지어 경제민주의 구호까지 난무하기도 한다 〔…〕 비록 개인적인 이해타산에서 주판을 튕기고 있으면서도 입으로는 별의별 이유를 갖다 붙인다."[388]

그러면 국민정부는 왜 최종적으로 주식 발행을 통해 中紡公司를 매각하는 방법을 택하였을까? 앞에서 서술한 바와 같이 1947년 2월의 황금가격 폭등 이후 국민정부의 재정수지는 급격히 악화되었으며 물가 역시 부단히 상승하여 매우 어려운 상황에 처해 있었다. 당시 국민정부 입법

385 炎林, 〈國營事業售讓民營問題〉, 《經濟週報》 4卷 11期, 1947. 3. 13. p.19.
386 〈投機漲價誰負其責?〉, 《申報》, 1946. 2. 14.
387 張一凡, 〈論'宋子文政策'及'經濟改革方案'〉, 《經濟週報》 5卷 4期, 1947. 7. 24. p.11.
388 〈敵產處理紛扰與今后〉, 《紡織週刊》 7卷 1期, 1946. 1. 8. p.17.

위원 위정생은 "금년도 예산은 9조 3천억 원으로서, 예산상의 적자는 2조 3천억 원이다. 이전의 경험에 비춰 봤을 때, 추가 지출이 항상 두 배 이상에 달하였다. 이렇게 본다면, 금년도 지출은 20조 원 정도가 될 것이며, 순수 수입은 7조 원에 불과한 실정이다. 그렇다면 13조 원을 어디에서 충당할 것인가?"[389]라고 지적하였다.

宋子文은 입법원에서의 보고 시에 재정 상황에 대해 다음과 같이 진술하였다. "현재 정부가 채택하고 있는 경제긴급조치는 어떻게든 수입 지출의 균형을 맞추어 통화팽창을 억제하고자 하는 데 주요한 목적이 있다. 이러한 이유에서 현재 긴급히 지출이 필요하지 않은 비용이나 잠시 늦추어도 되는 비용의 경우 결재와 집행을 연기함으로써 재정수지의 균형을 맞추어 가려고 분투하고 있다. 이와 함께 中紡公司 등 적산기업도 시급히 매각하려고 노력하고 있다."[390]

1948년 이후 특히 6월, 7월경에 들어서면서 악성 통화팽창이 상당 정도 진행되면서 국민정부로서도 이미 붕괴에 들어선 법폐를 폐지하고 金圓券의 발행으로 전환하지 않을 수 없게 되었다. 따라서 金圓券을 발행하는 데 필요한 준비금 마련의 일환으로 中紡公司와 같은 국유사업 자산 매각을 유효한 방법으로 판단해 매각을 적극 고려하였다. 中紡公司는 방대한 규모로 인해 방직자본가 사이의 이해가 첨예하게 충돌할 것이며, 구입의 대상 선정 및 수속의 번거로움 때문에 개별 공장의 매각 방식은 현실적으로 실행하기 곤란하였다. 따라서 국민정부는 주식을 발행하는 방식이 비교적 신속하게 中紡公司를 민영화할 수 있는 현실적 방안이며, 더욱이 소수자본가의 독점을 초래할 우려가 있다는 사회 여론을 잠재울 수 있는 대안이라고 생각하였다.

389 衛挺生, 〈當前財政金融問題〉, 《文匯報》, 1947. 2. 22. 및 1947. 3. 1.

390 〈宋院長在立院報告財政情形〉, 《申報》, 1947. 3. 2.

이 밖에 中紡公司의 경영 자체도 전후 국민정부의 경제 통제정책과 불가분의 관계를 가지고 있었다.《紡織週刊》도 일찍이 "전국의 면화, 면사, 면포를 통일적으로 관리하기 위해 정부가 설립한 花紗布管理委員會 역시 中紡公司의 묵인과 지지하에서만이 비로소 생존하며 성장할 수 있다. 위원회를 대신하여 물자를 구매하고, 판매와 소비를 대신하는 것이다. 말하자면 위원회를 실질적으로 운용하는 주체는 바로 中紡公司이다. 花紗布管理委員會는 단지 명목상으로만 이를 대표하는 것에 불과하다"[391] 라고 지적한 바 있다.

이러한 이유에서 이후 국민정부는 中紡公司의 자산 가운데 30%에 상당하는 자산만을 매각하도록 결정하였다. 다시 말해 국민정부는 주식 발행을 통해 비단 사회의 유휴자본을 흡수하여 통화를 긴축하고 재정을 보충하며 수지의 평형이라는 목적을 달성하고자 하였던 것이다. 더욱이 이를 통해 계속해서 中紡公司에 대한 경영권을 유지할 수 있었으며, 마찬가지로 中紡公司를 통해 경제 통제정책을 지속적으로 실시할 수 있는 기반을 마련하게 되는 것이다.

3. 中紡公司 가격산정위원회의 성립과 자산평가 공작

1947년 4월 6일, 국민정부는 '國營事業民營化辦法'을 공포하여 中紡公司 이외에 中國水產公司, 中國煙草公司, 天津 및 東北製紙廠, 安慶, 石微, 天水의 전기공장, 中國蠶絲公司, 中國鹽業公司 등 국영기업도 공개 매각 대상에 포함시켰다. 이후 다시 雲南鋼鐵廠 등 11개 중화학공업 관련 기업도 모두 매각하기로 결정하였으며, 臺灣糖業有限公司 등 10여개 기업도 주식을 발행하여 민간에 매각하기로 결정하였다. 국영기업의 민영

391 〈國營紡建二年的成就〉,《紡織週刊》9卷 4期, 1948. 1. 23. p.49.

화는 이와 같이 계속해서 그 범위가 확대되었다. 그러나 실제적으로 국영사업을 민영에 매각하는 문제는 오히려 판매 방식, 매각 가격의 산정, 매각 시기, 매각 대상 선정 등에 대한 논란의 와중에서 각 국영기업의 매각이 순조롭게 이루어지기 어려웠다.

1948년 8월 22일이 되어 '金圓券發行準備移交管理辦法'이 공포된 이후에야 비로소 주식 발생을 통해 국영기업인 中紡公司, 招商局, 臺灣糖業有限公司, 臺灣紙業公司 및 天津紙漿公司 등 5개 국영기업을 매각하기로 최종 확정하였다. 이 가운데 中紡公司의 규모가 가장 방대하였으며 또한 사회 각계의 관심이 집중되었던 기업이다. 경제부 商業司 司長 鄧翰良도 일찍이 이 문제에 관해 설명하면서, 전국 국영기업의 자산가치는 총 2억 5천만 달러 정도이며, 中紡公司 하나만의 총자산은 1억 3천만 달러에 달한다고 지적하였다. 따라서 中紡公司는 자연히 국영사업의 민영화 정책 문제에서 핵심적인 대상으로 부각된 것이다.

中紡公司의 자산 평가 및 가격 산정 문제에 관해서, 일찍이 1947년 3월 27일 東雲章은 각 신문사 기자들에게 다음과 같이 설명하였다. "中紡公司의 가격 산정 공작은 마땅히 엄격하고 정밀한 작업이 이루어져야 하며, 이러한 과정이 전면적으로 공개되어야 한다"고 지적하였다. 더욱이 "전문가 및 사회적으로 신용이 있는 인사들로 전문위원회를 조직하고, 이들로 하여금 中紡公司의 각항 자산을 평가하고 가격을 산정하도록 하여 공평하고 공정하게 작업을 완수할 수 있도록 만전을 기해야 한다"고 지적하였다.[392]

같은 해 4월, 국민당 제6계 3중전회는 경제부로 하여금 행정원 경제위원회의 지시를 받들어 중국방직건설공사 가격산정위원회를 조직하고

392 〈紡建公司讓售民營問題, 東雲章昨招待記者談〉, 《公益工商通訊》 1卷 1期, 1947. 4. p.20.

이를 매각하기 위한 준비작업에 착수하도록 지시하였다. 이와 동시에 中紡公司는 스스로의 자산 평가 문제를 논의하기 위한 회의를 개최하였다. 회의는 자산평가의 구체적인 세 가지 방안을 다음과 같이 의결하였다. 첫째, 현행 외환의 환율을 12,000 대 1로 설정하여 계산한다. 둘째, 전체 물가지수에 의거하여 계산한다. 셋째, 각 항목별로 분류하여 물가지수에 의거하여 계산한다.[393]

中紡公司 가격산정위원회는 각 기관 단체로부터 각각 한 명씩의 대표가 파견되어 구성되었으며, 여기에는 경제부, 中央銀行, 中央信託局 敵僞産業整理委員會, 中紡公司, 銀行公會, 錢業公會, 6구공회, 전국공업협회, 上海市商會, 회계사공회, 上海證券交易所 등이 모두 포함되었다. 4월 7일 가격산정위원회는 제1차 회의를 개최하였는데, 회의에는 주석인 潘序倫을 비롯하여 徐寄廎, 束雲章, 奚玉書, 王啓宇, 王志莘, 秦潤卿, 張茲闓, 歐陽崙, 劉攻藝, 李馥蓀 등이 출석하였다.

회의에서는 먼저 中紡公司의 자산을 평가하기 위해 각 공사가 上海 각 사업 단위마다 가격을 산정하여 이를 가격산정위원회에 송부하도록 하는 방안을 결정하였다. 이와 함께 이 작업을 완수한 이후 上海 이외의 지역에서도 中紡公司의 자산에 대한 산정을 진행하기로 결정하였다. 이를 위해 먼저 中紡公司로 하여금 다음과 같은 자료를 제출하도록 하였는데, 즉 기본 단가, 물가 상승의 정도, 감가상각계수, 성능계수, 표준단가표 및 자산표준총액 등이다. 이 밖에 中紡公司 자산 가치는 각 사업장별로 나누어 첫째, 부동산, 둘째, 기계설비, 셋째, 운수공구, 넷째, 원료 및 기계 물료 등을 모두 평가에 포함시키도록 하였다. 가격 산정의 업무는 上海, 華北, 東北의 세 구역으로 구분하여 진행하도록 하였다. 회의는 이 밖에 中紡公司 가격산정위원회의 업무 범위를 다음과 같이 획정하였다. 첫째,

393 《華商報》, 1946. 4. 7.

가격 산정의 일반 원칙, 진행 순서 및 분류에 관한 사항, 둘째, 단가 표준 및 계산 방법의 심의 사항, 셋째, 자산 평가 결과의 심사 사항, 넷째, 전문가 초빙 인원 및 인선의 결정 사항 등이었다.[394]

1947년 7월 24일, 가격산정위원회는 제5차 회의를 개최하였으며, 이 자리에서 中紡公司는 매각 공장과 보류할 공장의 명단을 작성하여 보고하였다. 上海에 위치한 中紡公司 각 공장 가운데 매각 보류 공장은 모두 11개, 매각 공장은 모두 24개에 달하였다. 매각 공장 가운데 면방직공장이 11개, 모방직공장이 3개, 마방직공장이 2개, 침직공장이 1개, 염색공장이 4개, 기계공장이 1개에 달하였다.[395]

이 밖에 中紡公司 가격산정위원회는 전문가들을 초치하여 산정한 가격을 다시 점검하는 업무를 담당할 가격산정심사위원회를 조직하여, 부동산, 방직기계, 동력기계설비 등 세 분야로 나누어 심사를 진행하였다. 각 조의 구성원은 다음과 같다.

(1) 부동산조 : 林旭如, 包德(이상 중국은행 신탁부), 楊嗣范(중앙신탁국), 張鴻杰(中紡公司), 余桂馨, 金福林(이상 馥記營造公司).
(2) 방직기계조 : 曾伯康(가격산정위원회 고문), 高黙愬(信昌洋行), 何達, 林承伯, 蔡谷夫, 傳翰聲, 李伯毅, 李桂湛, 郭士金, 李學瑞, 費名訓(이상 면업전문가), 龔蘇民, 朱百先, 張相熙, 烏統昭, 巢祖光(이상 中紡公司), 楊錫仁(海京洋行), 張祖熙(중앙신탁국).
(3) 동력설비조 : 高黙愬(信昌洋行), 潘序倫(立信會計司事務所), 沈金信, 高壽華(이상 면업전문가), 兪鼎鐵, 吳冀良, 陳珩(이상 中紡公司).

394 上海市檔案館藏檔, 檔号 : S30-2-217 : 第六區機器棉紡織工業同業公會王啓宇理事長担任中紡公司估價委員會委員參加會議發來的會議記錄.

395 위에서 매각 대상 공장을 모두 22개라고 하였는데, 여기서 밝힌 내용 외에 나머지 2개 공장에 대해서는 명확한 자료가 없다.

7월 28일, 가격산정심사위원회는 제1차 회의를 개최하고 기본적으로 다음과 같은 두 가지 기본 원칙을 결정하였다. 첫째, 각 공장이 보낸 청산 장부를 꼼꼼히 대조하여 심사한다. 둘째, 각 공장에 대한 실사는 8월 24일 이전에 완료한다. 각조의 인원은 모두 7월 30일부터 업무를 개시한다.

회의에서 中紡公司 총공정사 張方佐는 심사의 원칙과 방법을 다음과 같이 보고하였다. 첫째, 심사는 반드시 각 공장이 보내 온 청산 장부와 적산을 접수할 때 접수하였던 원시 장부를 함께 대조해야 한다. 둘째, 각 공장이 보내 온 청산장부에 기재된 기계 감가상각 가운데 불명확한 부분은 대조 시에 모두 철저히 확인해야 한다. 셋째, 건물은 a, b, c의 세 등급으로 구분한다. 각 공장이 보고한 부분이 서로 일치하지 않아 정확성을 기하기 위해 대조할 경우 전체와 관련하여 일률적으로 통일된 기준을 마련한다. 넷째, 기계 부분, 특히 원동력 분야에서는 착오가 비교적 많다. 따라서 대조 업무 역시 상대적으로 용이하지 않으므로 사전에 상세한 검토 연구가 필요하다.[396]

이 밖에 같은 해 6월, 束雲章은 다음과 같이 명확하게 방침을 천명하였다. "매각 방식의 여하에도 불구하고 만일 조별로 나누어 매각을 진행하지 않으면 아마도 민간에서는 이와 같은 방대한 기구를 구매할 수 있는 구매력을 갖기 어려울 것이다. 따라서 매각 시에 마땅히 각 사업장 사이의 분류와 상호 관계에 의거한 조합 문제에 주의를 기울이지 않으면 안 된다."[397]

9월 9일, 中紡公司 가격산정심사위원회 제6차 회의에서 주석 束雲章은

396 上海市檔案館藏檔, 檔号 : S30-2-217 : 第六區機器棉紡織工業同業公會王啓宇理事長担任中紡公司估價委員會委員參加會議發來的會議記錄.

397 〈東雲章氏招待記者解釋紡建讓售問題〉,《紡織染季刊》3卷 3期, 1947. 7. 1. p.87.

심사업무단이 7월 30일부터 8월 23일까지 각 조로 나누어 각각 上海의 각 공장에 직접 가서 실사 및 대조 작업을 진행할 것이며, 23일 이후 이와 같은 조사 결과에 의거하여 中紡公司를 정리하여 청산하겠다고 표명하였다.

中紡公司의 자산에 대한 가격 평가와 산정이 진행되는 가운데 매각 방식은 점차 명료하게 드러났다. 9월 중순, 蔣介石은 전국경제위원회에 전문을 보내 이미 매각하기로 결정한 국영사업은 더욱 신속히 매각에 착수하도록 독촉하였다. 더욱이 蔣介石은 경제위원회와 국영사업관리위원회에 中紡公司의 가격 산정 업무를 기한 내에 완료하도록 촉구하는 동시에, 매각 방식 및 매각 사업장 등도 마찬가지로 신속히 확정 지을 것을 촉구하였다.[398] 이에 따라 행정원도 장차 매각 문제에 관한 모든 사항을 전국경제위원회로 이관하여 위원회의 감독 아래 해당 업무를 실행하도록 하였다. 9월 23일, 전국경제위원회는 다음과 같이 결정하였다. "매각은 두 가지 방식으로 분류할 수 있다. 첫째, 조직의 원래 체계를 유지하면서 주식을 발행하는 방법이다. 둘째, 몇 개의 단위로 나누어 개별적으로 공시하여 매각하는 방식이다."[399]

9월 26일, 전국경제위원회 산하의 국영사업 매각감리위원회는 제2차 회의를 거행하고 中紡公司를 주식을 발행하는 방식으로 매각하기로 결정하였다. 이어서 10월 30일, 전국경제위원회는 제21차 회의를 개최하고 원칙적으로 국영사업의 매각은 주식의 발행이라는 방식을 통해서 실현한다는 방침을 통과시키고, 아울러 은행들로 은행단을 조직하여 이들을 통해 주식을 공모하는 방법을 의결하였다. 이 밖에 王雲五, 陳啓天, 左舜生, 兪鴻鈞, 潘序淪, 翁文灝, 徐堪, 黃文彬 등 8명을 위원으로 추대하

398 南京中國第二歷史檔案館藏檔, 檔号 : 475-6 : 中紡公司第二屆歷次董監事會議紀錄 (1947, 1948).

399 《經濟部全國紡織工業生產會議紀錄》, 經濟部全國紡織工業生產會議籌備委員會, 1947. 10. pp.15-16.

여 전 과정을 심의하도록 하였다.

11월에 이르자 中紡公司의 일차적인 가격 산정 업무가 완료되었다. 上海 지역에 있는 中紡公司의 가격 산정은 다음과 같이 결정되었다. 기계공장 2개 : 공장 설비는 1937년을 기준 가격으로 514,972원, 토지 가격은 1947년 3월 시가 기준으로 3,479,560,000원으로 결정되었다. 염색공장 6개 : 공장 설비는 1937년을 기준 가격으로 7,731,574원, 토지 가격은 1947년 시가로 15,823,050,000원으로 산정되었다. 모방직공장 5개, 제마공장 2개, 견방직, 침직 각 1개 공장의 설비 총 자산가치는 1937년 12,463,893원으로 결정되었다. 토지 가격은 1947년 3월 법폐 23,559,378,000원, 방직공장 17개는 공장 설비 1937년 72,090,368원, 토지가격은 1937년 3월 기준 161,659,600,000원으로 책정되었다. 上海 각창 설비는 1937년 기준으로 자산 가치 합계가 법폐 92,800,807원, 토지 가격 합계는 1947년 3월 기준으로 161,659,600,000원이었다. 上海 각 공장의 설비는 1937년 기준으로 총자산 가치가 법폐로 92,800,807원, 토지 가격 가치는 1947년 3월 기준으로 204,521,588,000원이었다.[400]

中紡公司 天津分公司 소속의 7개 방직공장의 자산가치 역시 일차적으로 확정되었다. 모든 기계설비와 원동력, 건물 등을 1937년도 가격으로 환산하면 법폐 약 35,589,845원에 달하였다. 토지가격은 1947년 3월 기준으로 시가 가격 산정에 의하면 모두 법폐 23,395,910,000원에 달하였

---

400 위에서 서술한 가격 산정 공장 수는 모두 34개로서 당안자료 가운데 나타난 中紡公司 上海 지역 공장 수 35개와 맞지 않는다. 그 원인은 다음과 같다. 中紡公司 上海 지역에서 접수 관리된 적산공장은 모두 39개였다. 그런데 이후 5개 공장 가운데 4개, 즉 中紡公司 제11방직공장,.제20방직공장, 제6염색공장, 제6모방직공장은 원주인에게 환수되었으며, 中紡公司 上海 제1기계공장은 행정원 臨時駐滬辦事處의 통지에 따라 중국방직기기제조공사에 의해 접관되었다. 이러한 이유로 실제로는 34개이다. 자세한 내용은 中國紡織建設公司編,《紡建要覽》, 1948. 1. p.5 참조.

다.[401] 中紡公司 青島分公司 소속 각 공장은 방직공장이 9개, 염색, 침직, 기계, 화공, 직기제조shuttle bobbin 공장이 각각 1개씩 있었다. 자산 가치의 산정은 기계설비(1937년 가격 기준)가 43,727,786원, 토지 가격을 감가상각한 결과 1947년 기준으로 10,319,570,000원에 달하였다.[402]

1948년 이후 물가가 상승하고 화폐의 가치가 급락하면서 악성 통화팽창이 이미 심각한 단계에 진입하였다. 이에 따라 국민정부는 中紡公司를 신속히 매각하여 재정 적자를 메우고 시중에 대량으로 방출된 법폐의 유휴자금을 회수하여 통화를 긴축하기 위한 방안을 적극 모색하였다. 1948년 3월 26일, 국민정부 국무회의는 '국영사업자산을 매각하여 발행준비금을 보충하기 위한 방안'을 통과시켰는데 주요한 규정을 보면 다음과 같은 내용이 골자라 할 수 있다. "中紡公司는 경제부가 현재 자산을 1937년도 법폐 가격으로 가치를 산정하고 이를 다시 미국 달러로 환산하여 국고로 귀속시킨다. 이후 이들 자산을 국고로부터 中央銀行으로 이전시키고, 이들 자산 가운데 30%는 정부가 경영할 수 있도록 하기 위한 자금으로 유보시킨다. 나머지는 가격 산정에 맞추어 주식을 발행한 이후 中央銀行으로 하여금 이를 보관하도록 한다 〔…〕 中紡公司는 그 소속 각 공장의 성질에 따라 약간의 단위별로 나누어 공사를 별도로 조직하고 주식을 발행한다."[403]

이 밖에 이 방안은 주식의 발행 방법을 다음과 같이 규정하였다. 첫째, 일반 국민과 기타 영업조직에 대해서만 주식을 발행하여 인수할 수 있도록 하고, 국가 기관에서는 이를 매입할 수 없다. 둘째, 주식을 발행하는 매 단위의 주식이 50%에 도달했을 경우 즉시 이사는 이사회를 소집

401 《公益工商通訊》2卷 4期, 1947. 11. 30. pp.22-23.

402 《公益工商通訊》2卷 5期, 1947. 12. 15. p.23.

403 《金融週報》18卷 15期, 1948. 4. 7. p.3.

지역별 中紡公司 소속 공장의 가격 산정표

	기계, 원동기, 건물 (1937년 기준 가격)	토지 가격 (1947년 기준 가격)
上海區	92,800,748元	20,452,158万元
青島區	55,123,755元	1,031,963万元
天津區	45,596,708元	2,651,439万元
총계	193,521,211元	24,135,560万元

資料出處 :《公益工商通訊》3卷 2期, 1948. 4. 30. p.21.

하여 감사 및 이사를 公司組織辦法에 따라 선출한다. 셋째, 주식 발행은 달러를 계산 단위로 한다.

1948년 4월 12일, 中紡公司 가격산정위원회는 회의를 개최하여 논의한 이후 다음과 같이 결의하였다. 첫째, 법폐를 달러로 환산하는 방법에는 두 가지가 있다. 하나는 1937년도 환율에 따라 달러로 환산하는 것이고, 다른 하나는 물가지수의 상승에 의거하여 계산한 이후 다시 달러로 환산하는 방법이다. 둘째, 더이상 조별로 편성하지 않고 각 공장을 하나씩 매각한다. 셋째, 中紡公司 가운데 제1공장, 제12공장, 제16공장, 제17공장 등 4개 방직공장은 매각하지 않고 보류한다.[404]

이 밖에 中紡公司 이사회에서 束雲章은 다음과 같이 지적하였다. "각 공장은 이미 가격 산정을 완료하였다. 가격 산정 이후 모든 기계, 건축물의 증가 및 수선, 훼손, 지출 등은 모두 별도의 장부를 만들어 수시로 기록한다. 이와 함께 6개월마다 한 번씩 문서로 보고서를 작성하여 보고해야 하며, 이를 통해 장래 매각을 통해 민영화될 경우 수익이 증대된 부분을 첨가할 수 있으며, 별도로 그 가치를 계산할 수 있다. 또한 마땅히 공무처 및 회계처로 하여금 합동으로 통지문을 작성하여 본사와 기타 지

404 《大公報》, 1948. 4. 13.

역의 中紡公司 소속 각 기관에 이를 통지하고 방침에 따라 처리하도록 명령하였다."[405] 이 밖에 가격산정위원회는 上海, 靑島, 天津 中紡公司의 가격산정을 앞의 표와 같이 통과시켰다.

4. 방직공업의 우선 구매권 요구와 中紡公司의 주식 발행

국민정부가 中紡公司의 자산 가운데 70%를 민영화하기로 결정한 이후 中紡公司 각 공장의 직공들은 분분히 자산의 구매 과정에 자신들도 참여할 수 있도록 승인해 줄 것을 정부에 요구하였다. 1947년 7월 26일, 中紡公司 제2계 제2차 이감사연석회의 석상에서 束雲章은 직공들의 이와 같은 요구에 대해서 다음과 같은 의견을 피력하였다. "미국, 프랑스, 이탈리아 등 구미 각국에서는 특히 진보적인 공장에서 직공들이 투자할 경우 우대하는 규정들을 마련하고 있으며, 투자의 비율이나 혹은 상당한 할인 또는 기한을 분할하여 대금을 완납할 수 있도록 하는 규정을 두어 이들의 투자를 유도하고 있는데, 이는 이를 통해 노자 사이의 이해 대립을 완화시키고 직공의 업무를 격려하는 차원에서 이루어지는 일이다. 우리나라의 공장 역시 이와 같은 사례를 적극 고려할 필요가 있다고 생각된다. 우리 회사를 민영화하기 위해 가격을 산정하는 기간 동안 정부에 본 공사 직공의 투자를 우대하는 방법을 마련하여 종업원의 투자를 장려하고 이를 통해 생산도구의 사회화라는 목표도 달성할 수 있게 될 것이다."[406]

이와 동시에 束雲章은 다음과 같이 제안하였다. "우리 공사의 직공들로 하여금 주식 매입에 투자하는 행위를 특별히 장려하는 일은 가능한

405 上海市檔案館藏檔, 檔号 : Q192-2-63 : 中紡公司廠長接收人員聯席會報紀錄(第81-102次).

406 南京中國第二歷史檔案館藏檔, 檔号 : 475-2979 : 中紡公司第二屆第一至四次董監事聯席會議.

일이라고 생각된다. 이를 정부에 청원하여 中紡公司의 매각 시에 우리 공사의 직공으로 하여금 이 가운데 우선적으로 20%를 구입할 수 있도록 규정을 만들고, 더욱이 매입 시 원가로 할인해 주는 특혜를 부여할 뿐만 아니라 시기를 나누어 분납할 수 있도록 규정을 둠으로써 이를 장려한다. 이감사연석회의도 이 방안을 통과시켰으며, 경제부에 이를 상신하여 행정원 국영사업매각위원회에 이 방안을 보내 처리하도록 의결하였다.[407]

中紡公司 직원들에게 자신들의 회사에서 발행하는 주식을 우선적으로 매입할 수 있도록 배려하는 문제에 대해 사회 여론은 지지를 표시하였다. 실업가인 李燭塵은 노동자의 자본화라는 구호를 제창하고 中紡公司를 민영화한 이후 각 사업장의 종업원들로 하여금 모두 각자 해당 공장의 소유권을 가진 일원이 될 수 있도록 해야 한다고 주장하였다. 경제학자 方顯廷은 "中紡公司의 매각 시에 공사 직원들의 이해를 고려할 것인가는 우리로서는 고려해볼만한 가치가 있는 문제이다. 원칙적으로 우리들은 이와 같은 움직임이 매우 의미 있는 건의라고 생각한다. 왜냐하면 각 공장의 노동자들도 동시에 주인의 위치에 서게 되는 것으로서 확실히 경영상 더욱 효율적이 될 것이며, 일체의 노사분규도 사라질 것이기 때문이다"[408]라고 지적하였다.

전국 각지의 방직업계도 中紡公司의 매각 문제에 주목하고 있었다. 일찍이 1947년 5월, 中紡公司 青島分公司는 본사에 보고를 통해 "中紡公司가 장차 민영화될 경우 해당 직공들의 의욕과 정서가 저하될 우려가 있음은 예상할 수 있는 일이다. 이러한 이유에서 當地의 인사들은 青島 소재 각 공장의 경우 마땅히 山東省 인사들로 구성된 조직을 위주로 구

407 南京中國第二歷史檔案館藏檔, 檔号 : 475-2979 : 中紡公司第二屆第一至四次董監事聯席會議.

408 徐緘三,〈論中紡出售民營問題〉,《經濟評論》2卷 5期, 1947. 11. 1. p.6.

매가 이루어져야 한다고 주장하고 있다"[409]라고 전하였다.

1947년 10월 河北省 및 北平, 天津의 공상계 및 지역 紳士 등 8개 단체는 河北省銀行에서 연합대회를 개최하였는데, 이 자리에는 공상계의 영수인 李燭塵, 劉瑤章, 姬尊川 등 다수가 참석하였다. 회의에서는 다음의 사항들이 의결되었다. 첫째, 華北紡織建設公司라는 기구를 조직하여 中紡公司 天津分公司 소속의 7개 공장을 구매하기 위한 논의를 시작한다. 둘째, 華北紡織建設公司는 中紡公司 天津分公司 소속 7개 공장의 구매를 8개 法團의 명의로 행정원 및 경제부에 보내 비준을 요청한다. 셋째, 신공사의 발기인은 河北, 北平, 天津으로부터 300명, 晋热察绥豫로부터 100명을 선발하여 자금을 모집하고 주식을 매입하도록 한다. 넷째, 北平과 天津에서 時子周, 李燭塵, 姬尊川을 天津主席團으로 추천하여 업무를 추진하도록 한다. 다섯째, 자본의 내원은 마땅히 광대한 민중을 위주로 하며, 소수 자본가의 독점을 엄격히 금지한다. 여섯째, 天津의 각 적산공장은 華北 인민들의 피와 땀으로 만들어진 것이며, 따라서 華北 인민이 마땅히 우선적으로 투자하여 구매할 권리를 갖는다.[410]

이 밖에 1947년 9월 22일 방직공업생산회의 석상에서 제1구(重慶 및 四川省 각지) 방직공업동업공회는 "정부가 국영사창에 대해 원래 2년 후에는 민영으로 전환할 것임을 공포하였는데, 2년이라는 시간이 이미 지난 지금 정부는 마땅히 그 약속을 이행해야 한다. 그 방법은 첫째, 가격의 70%로 할인하여 매각할 것, 둘째, 매각 실제 가격은 5년 동안 시기를 나누어 분할 납부할 수 있도록 허가할 것"[411]을 요구하였다.

대후방의 공업자본가 李國偉, 潘仰山, 瞿冠英 등은 '정부가 내천공장

409 上海市檔案館藏檔, 檔号:Q192-3-23:中紡公司廠長會報紀錄(第61-69次).

410 〈華北工商界組織紡織業建設公司〉,《紡建》1卷 1期, 1947. 11. 1. pp.7-8.

411 中華民國機器棉紡織工業同業公會聯合會,《全國紡織業聯合會二屆大會特刊》, 1947. 10. p.223.

에 대해 우선권을 부여하는 방안'을 제출하고 내천에 참여한 방직공장에게는 응당 우선적으로 中紡公司를 구매하여 경영할 수 있는 권리를 부여해야 한다며 다음과 같이 주장하였다. "항전 기간 동안 대후방에서 온갖 희생과 공헌을 다한 수많은 내천공장은 종전 이후에도 다대한 어려움에 처해있다. 정부는 내천에 참여한 공장들에게 마땅히 우선적으로 배려하여 특혜를 부여해야 한다. 이와 함께 시기를 나누어 그 대금을 분할 납부할 수 있도록 하는 특혜도 부여하여 이를 민영화해야 한다."[412]

같은 해 11월 9일, 杜月笙, 石鳳翔, 石學衡 등은 杜月笙의 공관에 모여 회의를 개최하고 민영사창이 中紡公司를 매입하는 문제에 관해 논의하였다. 당일 밤, 石鳳翔은 陳啓天과 劉泗英을 만나 매입 문제를 협의하였으며, 동시에 행정원 및 각 유관 부회에 공장의 매입을 허가해 줄 것을 청원하였다.[413]

1947년 11월 6일, 전국경제위원회는 '국영사업의 매각에서 주식 발행을 채택하는 방식과 은행단을 조직하여 자금을 모으는 판법'을 통과시키고 국영사업의 매각문제를 더욱 구체화하였는데, 그 골자는 다음과 같다. 첫째, 정부는 먼저 국영사업 가운데 일부를 선정하여 국가기관을 지정하여 銀錢業, 실업계 및 화교 등으로 각각 국영사업을 민영화하기 위한 주식모집 은행단을 설립하고, 해당 국영사업을 새로운 공사 조직으로 분할하여 공개적으로 주식을 모집한다. 둘째, 국영기업에 대해 각각 매각 가격을 산정하고 기업마다 독립적인 조직으로 새로운 공사를 만드는 것을 원칙으로 삼는다. 셋째, 국가기관은 5% 이내에서 주식 매각을 활성화시키기 위해 주식을 매입할 수 있다. 넷째, 만일 은행단이 약

412 中華民國機器棉紡織工業同業公會聯合會, 《全國紡織業聯合會二屆大會紀錄》, 1947. 10. p.117.

413 上海社會科學院經濟硏究所編, 《榮家企業史料》 下册, 上海人民出版社, 1980. pp.407-408.

정 기한 내에 자금을 모집하지 못해 자금을 납입하지 못할 경우, 주식의 절반 이상을 구매한 자가 정부 및 은행단과 합동으로 신공사를 조직하고 규정에 따라 이감사를 선정할 수 있다.[414]

12월 11일, 전국경제위원회는 中紡公司의 매각에 대한 우선구매권 방안을 통과시켰는데, 이 방안의 요점은 다음과 같다. "후방 민영사창이 입은 손실은 확실한 숫자를 제출하여 증명할 수 있는 경우, 그리고 적의 수중에 들어간 지역에서 적인에 의해 파손되었으며 이를 객관적으로 증명할 증거가 있는 경우 심사 이후 우선 구매를 고려할 수 있다."[415]

이어서 12월 15일, 내천 방직공업 대표인사인 杜月笙, 石鳳翔, 章劍慧, 陸紹雲, 朱仙舫, 李冀耀, 劉益遠, 劉梅生, 芮廷玉, 石學衡, 朱達政, 孫學翰, 鄭彦之 등은 회의를 개최하고 中紡公司의 우선 매입 문제를 논의한 후, 전시 후방 방직공업의 손실 현황을 다음과 같이 발표하였다. 申新紗廠 : 방추 2만 추, 직포기 500대, 1천 킬로와트 발전기 한 벌. 裕華紗廠 : 방추 1만 5천 추, 면화 2천 담. 震寰紗廠: 방추 8천 추. 豫豊紗廠 : 방추 2만 추, 직포기 300대, 500킬로와트 발전기 한 벌. 西安大華紗廠 : 방추 3만 추, 직포기 800대, 면화 4만 담. 기타 각 사창도 모두 3, 4차례에 걸친 적기의 공습을 받아 피해를 입었으며, 많은 경우 10여 차례의 공습을 받기도 하였다.[416]

12월 말, 위에서 서술한 방직공장들은 민영화 과정에서 中紡公司의 각 공장을 우선적으로 매입할 수 있는 권리를 부여해 줄 것을 정부에 요청하는 동시에 다음과 같은 요구사항을 제출하였다. 첫째, 국영사업매각위원회 가격산정위원회는 본 회의 대표가 회의에 참석할 수 있도록

414 張西超,〈出售國營事業的幾個問題〉,《經濟週報》5卷 23期, 1947. 12. 4. p.4.

415 〈中紡優先承購權全經會昨通過原則〉,《公益工商通訊》2卷 6期, 1947. 12. 30. p.23.

416 《商報》, 1947. 12. 16.

배려해야 한다. 둘째, 신속히 매각 가격을 결정하여 후방의 각 민영사창으로 하여금 우선적으로 공장을 구매할 수 있는 특혜를 부여해야 한다. 셋째, 매각 대상은 반드시 방직공장을 경영한 경험이 있으며 현재도 방직공장을 경영하고 있는 사람을 대상으로 이루어져야 하며, 소수 자본가가 이를 독점하는 폐해를 방지해야 한다.[417]

당시 국영사업의 매각 문제는 행정원이 전국경제위원회에 명령을 내리면 위원회가 이를 받들어 이행하는 형태로 진행되었다. 실제의 수요를 조사하여 이에 부응하기 위해 전국경제위원회는 산하에 국영생산사업 매각감리위원회를 설립하여 이 일을 전문적으로 처리하도록 하였다. 후방 방직공업이 제출한 요구에 대해 국영생산사업 매각감리위원회는 '中紡公司자산신청 우선구매판법'을 수정 통과시켰다. 이 방안에 따라 1948년 1월 大華, 裕興, 大興紡織公司, 普益經緯公司, 天津華新紡織公司 및 후방 민영방직공장 復興委員會 등 10여 조직이 이미 우선구매를 신청하였다.

국영 생산사업 매각감리위원회는 우선 구매 원칙을 아래와 같이 정하였다. 첫째, 후방 민영 방직공사 가운데 전시 군수를 위해 공급하면서 손실을 입었을 경우, 군수에 대한 공급으로 말미암아 손실을 입었다고 인정할 수 있는 객관적인 수치를 산출하여 우선 구매를 허가한다. 둘째, 적점령구로 편입된 공장이 적인에 의해 폭력적이고 강제적으로 점거되어 훼손되었거나 협박에 의해 일부 혹은 전부가 매각되었을 경우 구체적이고 객관적으로 증명할 수 있는 문건을 제출할 경우, 심의 이후 확실히 그렇다고 인정된 것에 한정하여 원래 공장을 우선적으로 구매할 수 있다. 셋째, 방직공장의 경영주 가운데 전전이나 전시에 스스로의 의지에 의해서 적에게 매각한 경우는 우선 구매를 통해 원래 공장 자산의 환수를

417 〈內遷紗廠請優先承購國營紗廠〉,《經濟週報》6卷 1期, 1948. 1. 1. p.26.

신청할 수 없다. 넷째, 지방정부가 경영의 양여를 청구한 것은 민영에 경영을 양여한다는 주지와 부합하지 않는다. 이와 같은 4항의 원칙에 근거하여 기업들은 매각감리위원회에 우선 구매를 신청할 수 있다.[418]

각 방직기업들이 다투어 中紡公司의 우선 구입 권리를 획득하기 위해 경쟁하는 과정 속에서 국민정부는 마침내 주식 발행을 통해 中紡公司를 매각하기로 최종 결정하였다. 국민정부가 金圓券을 발행하고 이러한 과정에서 中紡公司 등 국영기업의 자산을 발행 준비금으로 충당한다고 선포한 이후, 1948년 8월 30일, 工商部는 中紡公司를 변경하여 등기한 이후 주식 800만 주를 발행하여 시장에서 공개 매각하기로 결정하였으며, 이와 함께 매각은 국가의 각 은행에 위탁하여 처리하도록 하였다.

中紡公司 이사회는 자신의 주관하에 주식을 中央銀行 國庫局으로 이관하고, 국고국은 다시 중국은행, 교통은행과 中國農民銀行으로 주식을 보내어 9월 10일부터 발행하도록 하였다. 中紡公司 비서장 汪大燧와 가격산정위원회의 歐陽崙은 수도 南京으로 가서 공상부와 재정부 양 부처와 상의한 이후 中紡公司의 증권 발행을 기한에 맞추기 위해 밤낮을 가리지 않고 인쇄 작업을 진행하여 9일까지 완료한 이후 中央銀行 및 감찰위원회로 송부를 완료하기로 결정하였다. 이 밖에 中紡公司 직공에게 中紡公司의 주식을 보유할 수 있도록 우선 구매권을 부여함으로써 이들이 자금을 모아 주식을 보유하는 것을 허가하기로 결정하였다.[419]

1948년 9월 4일, 中紡公司는 국영기업으로서는 마지막 이감사연석회의를 개최하였는데, 회의에는 陳啓天, 劉攻藝, 秦潤卿, 束雲章, 吳味經, 顧葆常과 歐陽崙 등 10여 명이 참석하였다. 회의는 구회사(中國紡織建設公司)의 업무 기한을 9월 10일까지로 한정하고, 모든 장부와 업무일지

418 《資本市場》1卷 1期, 1948. 1. p.55.

419 〈本公司改組股票已上市〉,《紡建》2卷 5期, 1948. 9. 16. p.1.

등의 정리를 마친 이후, 9월 11일부터 주식회사 형태의 신공사인 중국방직건설주식회사로 개편하여 경영을 지속해 나가기로 결정하였다. 회의는 신공사의 組織章程 초안을 통과시켰으며, 동시에 주식 매각이 10분의 1에 도달한 시점에서 주주회의를 개최하여 일부 이사와 감사를 선출하기로 결정하였다. 주식의 배당은 공채의 두 배 이상으로 하여 주주의 이익을 보호하기로 하였으며, 이러한 조치를 통해 中紡公司의 주식 구입에 일반인들의 흥미를 유도하고자 하였다. 이와 함께 주식의 매각 방법을 다음과 같이 결정하였다.

"우리 회사의 모든 자산은 東北分公司를 제외하고 모두 1억 4천만 원이다. 그러나 정부는 일반인들이 주식 매입에 가능한 한 많이 참여하도록 장려하는 의미에서 자본 총액을 金圓券 8억 원으로 정하여 모두 800만 주를 발행하기로 결정하였다. 주식은 한 장당 100원이며 5주, 10주, 100주의 세 가지 형식으로 구분한다. 이 가운데 560만 주는 金圓券을 발행하기 위한 준비금으로 충당하며, 240만 주(자산 총액의 30%)는 9월 10일부터 공개 매각하거나 혹은 중국은행, 교통은행, 그리고 중국농민은행의 세 은행에 위탁하여 매각한다."[420]

회의에는 中紡公司 직공대표인 陸紹雲, 鄭彦之, 劉益遠, 高越天 등이 참석하여 공사의 개조 및 주식 발행 문제에 대해 다음과 같은 요구를 제출하였다. 첫째, 공개 매각하는 주식 가운데 40만 주를 공사의 회계처로 넘겨 당분간 보관하도록 하며 이를 우리 공사 직공이 한 달 내에 자금을 모집하여 구입하도록 한다. 둘째, 직공들이 만일 10만 주 이상을 구매했을 경우 대표를 추천하여 이사회에 참석할 수 있도록 한다. 셋째, 공사의 개편이 기한 내에 이루어질 경우 모든 직공은 결산 시에 발생하는 잉여를 상여금 및 공로에 따른 장려금으로 지급한다. 넷째, 공사 개편 시에

420 南京中國第二歷史檔案館藏檔, 檔号 : 475-2998 : 中紡公司董事會會議紀錄.

기타 기관의 사례를 참조하여 해산비를 지급한다.[421]

이와 함께, 당시 정부의 각 기관은 다투어 中紡公司의 주식 발행에 대한 담화를 발표하였다. 예를 들면 공상부 대변인은 "中紡公司와 관련된 모든 장정, 자산의 평가, 증권의 인쇄, 이감사의 초빙 및 허가 사항 등은 각 주관 인원이 밤을 새워서라도 업무를 추진하여 기한 내에 완성하도록 해야 한다. 10일이면 총액 2억 원 상당의 주식이 中央銀行에 위탁되어 시장에서 매각될 수 있게 될 것이다"[422]라고 발표하였다. 9월 6일, 中央銀行 부총재 劉攻藝는 中紡公司의 주식이 장차 10일 이후에 정식으로 매각되게 될 것이며, 민간 투자를 장려하는 차원에서 특별히 민간 대상 주식의 배당을 10%로 결정한다고 밝혔다. 이는 국가가 발행하는 공채가 5%인 것에 비해 매우 유리한 조건이었다. 證券交易所가 아직 정상적인 업무에 착수하지 못한 관계로 중국은행, 교통은행, 농민은행 등 은행들이 이를 대신 매각하도록 하였다.[423]

9월 7일, 국고국 국장 夏晉熊은 中央銀行에서 中紡公司와 초상국 등 5개 국영기업 대표와 中央銀行업무국 부국장 王紫霜, 국고국 부국장 周舜莘, 중국은행신탁부 林旭如, 중국농민은행신탁부 韓振鵠, 교통은행신탁부 陳靜民 및 臺灣銀行 謝惠元 등을 초치하여 中紡公司의 주식 800만 주를 기명방식과 무기명방식의 두 종류로 나누기로 결정하였으며, 이와 함께 1천 주 이상을 구매한 자는 반드시 기명으로 하도록 규정하였다. 이와 동시에 中紡公司 등 5개 국영기업의 주식을 10일부터 정식으로 매각하기로 결정하였다.[424]

---

421 南京中國第二歷史檔案館藏檔, 檔号 : 475-2998 : 中紡公司董事會會議紀錄.

422 《金融週報》19卷 11期, 1948. 9. 15. p.4.

423 〈中紡股票十日后發行, 由中交農等銀行代售〉,《申報》, 1948. 9. 7.

424 〈紡建等五公司股票委托各行出售〉,《公益工商通訊》3卷 11期, 1948. 9. 15. pp.22-23.

9월 8일과 9일 이틀 동안 中紡公司 관계자는 주식 200만 주를 中央銀行 국고국으로 송부하였다. 이관된 주요 내용은 다음과 같다. 발행 번호가 제00001호부터 제15000호까지 100주 주식 1만 5천 장, 도합 150만 주, 총액 金圓券 1억 5천만 원. 제00001호부터 제30000호까지 주식 10주 3만 장 도합 30만주, 총액 金圓券 3천만 원. 제00001호부터 40000호까지 주식 5주 4만 장 도합 20만 주, 총액 金圓券 2천만 원 이상 총액 합계 주식 8만 5천장, 총합 200만 주, 총액 金圓券 2억 원이다. 그 나머지 40만 주 주식은 中紡公司 직원의 구입용으로 남겨 두었으며, 이는 中紡公司 회계처에 당분간 보관되었다.[425]

이 밖에 中紡公司 이사회는 "우리 회사에 직공의 구매용으로 남겨둔 주식 40만 주는 원래 9월 말까지로 구매 시한을 정하였으나 직공들의 경제적 사정을 감안하여 1개월 더(10월 말까지) 연장하며, 이 기한을 넘길 경우 中央銀行으로 이관하여 매각한다. 이와 함께 일반인들의 구매를 장려하기 위한 목적에서 매각 부분은 이사회가 공상부에 건의하고 이를 다시 행정원에 보고하여 조속한 시일 내에 시장에서 공개 매각하도록 건의한다"[426]라고 결정하였다.

5. 中紡公司 주식 매각의 지연 원인

中紡公司의 주식 매각에서 그 성패의 관건은 전국 방직공업 가운데 70% 정도의 비중을 차지하고 있던 上海 방직업계의 협조와 적극적인 참여를 어떻게 이끌어 내느냐에 달려 있었다고 해도 과언이 아니다. 그

425 南京中國第二歷史檔案館藏檔, 檔号 : 475-5 : 中紡公司董監事聯席會議紀錄(第1-15次).

426 南京中國第二歷史檔案館藏檔,檔号:475-2999 : 中紡公司董監事聯席會議紀錄.

런데 9월 10일 中紡公司의 주식이 정식으로 시장에서 매각을 시작하였음에도 불구하고 上海 시장에서 이에 대한 호응이 그다지 열렬하지 않았다. 매각을 대행하는 각 기관의 보고를 살펴보더라도 주식의 매각 상황은 매우 부진하다 못해 시장의 반응이 싸늘했던 것으로 보인다.[427]

그러자 어쩔 수 없이 행정원은 中央銀行과 각지 주식 매각을 위탁한 기관에 명령을 하달하여 11월 6일부터 당분간 주식 매각을 정지하도록 지시하지 않을 수 없었다. 국민정부 국고국의 통계를 살펴보면 9월 10일부터 10월 8일까지 中紡公司의 주식 가운데 매각된 분량은 29,218주에 불과하였다.[428] 또 다른 통계를 살펴보더라도, 9월 10일부터 11월 6일 매각 중지 시까지 中紡公司의 주식은 겨우 36,980주가 매각되었을 뿐인데, 이는 매각 예정 주식 200만주 가운데 1.85%에 불과한 수치였다. 매각된 주식은 上海에서 35,850주, 南京에서 285주, 天津에서 540주, 北平에서 305주가 매각되었을 뿐이다.[429] 11월 6일까지 공개 매각된 주식이 37,095주에 불과하였으며, 이는 金圓券으로 3,709,500원에 불과하였다. 매각이 중지된 1,962,905주의 주식은 여전히 中央銀行 국고국에 보관되어 있었다.[430]

中紡公司의 민영화 문제는 이미 제기되어 논쟁을 겪는 등 두 해 반에 걸쳐 진행되었음에도 최종적으로 中紡公司 주식을 매각할 때가 되자 매각이 지지부진하였다. 도대체 이러한 원인은 어디에 있었을까?

먼저 직접적인 원인은 바로 證券交易所가 잠정적으로 영업을 중단하

427 〈五國營公司股票上海人不感興趣〉,《華商報》, 1948. 9. 11.

428 中國第二歷史檔案館編,《中華民國史檔案資料匯編》第5輯 第3編(財政經濟5), 江蘇古籍出版社, 2000. 1. p.431.

429 劉志英,《20世紀40年代后期上海証券市場的國營事業股票問題》,《近代上海華商証券市場研究》, 學林出版社, 2004. 5. p.9.

430 南京中國第二歷史檔案館藏檔, 檔号：475-5：中紡公司董監事聯席會議紀錄(第1-15次).

고 있었던 원인이 크다. 金圓券의 발행 이후 정부는 물가의 상승을 우려하여 잠정적으로 證券交易所의 영업을 정지시켰기 때문에, 국영사업의 주식은 모두 중국은행, 교통은행, 농민은행 등 각 은행이 나누어 매각할 수밖에 없었다. 그러나 이는 국영기업의 주식을 보유한 자가 생활상의 필요나 혹은 기타 더 나은 이윤을 획득할 기회가 출현하여 이들 주식을 시급히 현금화해야 할 경우 證券交易所를 통해 즉시 현금화하는 일이 어렵게 되었다는 것을 의미하였으며, 이러한 이유에서 구매자는 선뜻 구매에 나설 수 없었던 것이다. 따라서 시중에서는 당국이 證券交易所의 영업을 신속히 정상화해야 한다고 주장하였다. 합리적이고 체계적인 자본시장은 비단 산업자본을 모집하기 위한 장소가 될 수 있을 뿐만 아니라 국영사업의 주식을 매각하기 위해서도 매우 필요하였기 때문이다.[431]

이와 같은 주장에 대해 행정원도 그 필요성을 인지하고 "證券交易所가 지금까지 업무를 회복하지 못하고 있어 앞으로 국영기업의 주식이 정상적으로 시장에서 매각될 수 있을지 상황이 매우 불투명하다. 따라서 유휴자금들이 구매를 미루고 당분간 관망의 태도로 돌아서 있다"[432]라고 판단하였다. 中紡公司 이사회도 "일반인들이 주식을 매입한 이후 자금이 무형 중에 동결되게 되며, 이는 사실상 경제 원리에 위배되는 것이다. 국고 수입을 보충하고 일반인들의 구매 의욕을 고취하기 위해서는 조속히 공개적으로 證券交易所에서 상장해야 하며, 그리하여 일반인들의 자금이 유연성 있게 활용될 수 있는 활로를 터 주어야 한다"[433]라고 주장하였다.

431 〈國營事業股票開始出售〉,《經濟評論》3卷 23期, 1948. 9. 18. p.2.

432 中國第二歷史檔案館編,《中華民國史檔案資料匯編》第5輯 第3編(財政經濟 5), 江蘇古籍出版社, 2000. 1. p.430.

433 南京中國第二歷史檔案館藏檔, 檔号 : 475-5 : 中紡公司董監事聯席會議紀錄(第1-15次).

매각이 지체된 두 번째 원인으로는 中紡公司의 경영권이 여전히 국민정부의 수중에 장악되어 있어 일반인들이 주식을 매입하더라도 실질적인 경영권을 획득하기 어려웠다는 점에 있다. 이러한 원인이 결국 주식에 대한 일반의 관심을 크게 저하시키는 주요한 원인으로 작용했던 것이다. 앞에서 서술한 바와 같이 경영권은 中紡公司의 민영화 방식과 불가분의 관계를 가지고 있었다. 이러한 이유에서 "만일 정부가 주식을 발행하는 방식을 택한다면 일반인들이 주식 매입에 투자한다고 하더라도 결코 경영권을 손에 넣을 수 없다"[434]라는 우려를 표명하며, 이것이 결국 민영화를 가로막게 될 것이라는 여론이 적지 않았던 것이다. 또한 "주식 발행이라는 방식을 채택할 경우 소액 투자자들은 경영권의 획득과 유리되어 아무런 흥미도 느끼지 못하게 될 것이다"[435]라는 의견이 제기되었다.

방직업계의 대표적인 정기간행물인 《紡織週刊》도 "국영사업의 주식 매각은 현재의 방법으로는 적당하지 않으며 그 효과가 매우 미미할 것이다. 그러나 만일 정부가 방식을 변경하여 각 공장을 개별적으로 매각하여 전체를 민영으로 이관할 경우 반드시 대량의 유휴자금을 흡수할 수 있게 될 것이다"[436]라고 주장하였다. 행정원 측에서도 "매각하는 부분은 전 자산의 약 30%에 불과하여, 민영화 이후에도 실질적인 경영권이 정부의 수중에 있게 된다"[437]라고 지적하였다.

정부가 주식을 발행하는 방법은 이전에 비해 큰 변화가 있었다. 이전에는 경제부가 中紡公司가 발행하는 주식 방식에 대해 모든 자산의 70%를 민영에 양도하고 정부는 30%를 보유하도록 하였다. 더욱이 매

---

434 炎林, 〈國營事業售讓民營問題〉, 《經濟週報》 4卷 11期, 1947. 3. 13. p.20.

435 炎林, 〈國營事業售讓民營問題〉, 《經濟週報》 4卷 11期, 1947. 3. 13. p.21.

436 朱仙舫, 〈如何挽救当前紡織業的危機〉, 《紡織週刊》 10卷 1期, 1948. 11. 5. p.4.

437 中國第二歷史檔案館編, 《中華民國史檔案資料匯編》 第5輯 第3編(財政經濟 5), 江蘇古籍出版社, 2000. 1. p.431.

각 사창도 모두 30개 단위에 달하였으며, 몇 개의 조로 분류하여 주식을 발행하도록 하였다. 그리고 민간이 매입하는 주식이 51% 이상에 달하면 먼저 이를 접수하여 경영권을 행사할 수 있도록 규정하였다. 이와 같은 주식 발행 방식은 中紡公司 각 사창이 발행 주식의 정황에 근거하여 민영화를 실행하는 방안이다. 그러나 정부는 최종적으로 中紡公司의 자산 가운데 30%만을 매각하기로 결정하였다.

이와 같은 방식은 민간 자본으로 하여금 매력을 느끼지 못하도록 하였으며, 따라서 방직업계의 인사들은 다투어 불만을 표시하였다. 즉 "정부가 70%를 보유하고 30%를 매각할 경우 일반인들이 주식을 보유했다고 할지라도 주주의 권리를 행사할 길이 없다. 또한 30%의 민간 주주는 정부 측 주주와 대항할 방법이 없다. 이러한 까닭에 주식을 발행하여 민간에 매각하더라도 여전히 국영의 성격을 유지하게 되며, 결과적으로 이와 같이 유명무실한 주주가 되기를 원하는 자가 아무도 없을 것이다. 만일 정부가 이와 같은 방식을 변경하여 각 공장을 나누어서 주식을 발행하고 완전히 민영으로 자산을 매각하여 양도할 경우 中紡公司의 주식이 매각된 이후 인민들은 다투어 구매할 것이며, 이를 통해 소기의 성과를 달성할 수 있게 될 것이다."[438]

中紡公司를 주식회사의 형태인 중국방직건설주식회사로 개편한 이후에도 국민정부는 여전히 공사에 대한 경영권과 영향력을 손에서 놓지 않고 있었다. 1948년 9월 공상부가 제정한 '中國紡織建設股份有限公司章程'의 제9조는 모든 회사의 주식은 공상부를 주주대표로 규정하였으며, 이 밖에 제12조 및 제13조의 규정에 따르면 정부가 보유한 주식 부분에 대한 권리를 행사하여 임명한 이사, 감사는 공상부가 초빙하여 파견하도록 하였다. 제17조의 규정에 따르면 이사회는 이사장이 소집하도

---

438 〈紡建出售辦法決定〉,《棉紡會訊》1卷 2期, 1948. 9. 5. p.13.

록 하고, 과반수 이상의 이사가 출석해야 비로소 결의안이 유효하며 가부 동수일 경우 주석에게 결정권을 부여하였다. 이들 장정의 내용으로 보자면 주식의 70%를 정부가 장악한 상황하에서 정부가 여전히 인사권과 경영권을 장악하고 있었으며, 실질적으로 中紡公司를 통제하고 있었음을 알 수 있다.

中紡公司 주식의 매각이 지연된 마지막 이유는 가장 결정적인 것이기도 한데, 바로 국민정부의 경제 통제정책에 그 원인이 있었다. 비록 中紡公司가 형식상으로는 이미 주식회사로 개편되었지만 그러나 그 경영권은 여전히 국민정부의 수중에 있었으며, 中紡公司 역시 여전히 자신의 생산품인 면사, 면포를 시중에 투매하여 시가를 억제하는 임무를 수행하고 있었다. 이와 같은 경영 방식은 유휴자금을 흡수할 수 있는 매력을 상실할 수밖에 없었다. 즉 "현재 국영사업은 정부를 위해 업무를 수행하기 때문에 누적된 적자가 상당한 실정이다. 이와 같은 현상은 사회 공익을 위해 복무할 경우 왕왕 발생하는 것이다. 현재 공사의 조직이 이미 개편되었으나 경영권은 여전히 정부의 수중에 장악되어 있어 만일 공사의 적자가 누적될 경우 투자자가 어찌 이를 감당할 수 있겠는가? 투자자는 이러한 사정을 고려하여 국영사업에 대한 투자에 적극 나서기를 주저하고 있는 것이다."[439]

1947년 12월 국민정부 경제부는 면화, 면사, 면포의 전면적인 통제정책을 발표하였다. 비록 민영사창 방면에서는 자율적인 통제를 희망하였으나, 국민정부는 이와 같은 자율적 통제를 수용하지 않았으며, "上海 민영사창의 요구는 스스로 연합하여 판매를 도모한다고 하지만 정부로서는 모든 경제 현상을 고려하여 이를 허용하지 않기로 결정하였다"[440]

439 《商報》, 1948. 9. 27.

440 〈全面管制花紗布〉,《紡織建設月刊》1卷 1期, 1947. 12. 15. p.56.

라고 통보하였다.

민영사창은 자유롭게 매매할 수 있는 권리를 상실하였기 때문에 사실상 국영사창과 마찬가지의 입장에 처해 있었다. 따라서 민영사창은 이와 같은 경영 환경에 대한 극도의 불만을 다음과 같이 표시하였다.

> 이후 민영 방직공업은 완전히 정부의 지배하에 들어가게 되어, 업무상 국영 中紡公司와 하등 다른 점이 없게 되었다. 면화, 면사, 면포의 전면 통제와 中紡公司를 민영사창에게 매각하는 일은 서로 상충되는 일이다. 우리들은 이와 같은 문제점이 표면화되는 것을 지적하고자 한다. 이미 전면적인 경제 통제정책을 실행하려고 하여 일괄 구매와 일괄 소비, 그리고 생산에서도 국가가 생산자에게 제품 생산을 일임하고 생산비를 제외한 기타 잉여를 허용하지 않는 등 경제정책을 시행하고 있다. 이는 中紡公司를 민영에게 매각하지 않겠다는 의지와 다름 아니며, 심지어 민영 방직공장 역시 모두 국영으로 만들고자 하는 것과 다름없다. 만일 그렇지 않고 中紡公司를 매각하여 민영으로 하여금 적극적으로 구매에 뛰어들게 하려 한다면 통제통제정책을 강화해서는 안 되며 더욱이 현재의 부당한 통제 역시 가능한 한 해제하고 자유로운 경영으로 전환하지 않으면 안 된다.[441]

사회의 일반 여론 역시 이와 같은 문제점을 다투어 지적하였다. 즉 "中紡公司의 매각을 방해하는 것은 아마도 현행 경제 통제정책이 가지고 있는 불합리일 것이다. 면화, 면사, 면포의 전면적이 통제를 실시한 이후 방직공장은 완전히 자유 경쟁과 자유 발전의 기회를 상실하게 되었다. 정부가 생산을 위탁하여 생산비만을 지급하고 잉여를 허락치 않으며 생산품은 모두 일괄적으로 거두어 가는 현행의 체제하에서 공장 측은 영

441 〈花紗布管制與中紡出售〉,《經濟評論》2卷 12期, 1947. 12. 20. p.1.

원한 고용원에 불과하게 되니, 이러한 상황하에서 방직사업에 그들이 투자하기를 기대할 수 있겠는가? 그들이 투자하더라도 그들 자신의 경영에 의한 자유로운 발전의 희망을 접어야 한다면, 자본을 가진 사람으로서 누가 이를 기꺼이 하려 하겠는가?"[442]

그러나 이와 같은 경제 통제정책마저도 실제적으로 면화의 구매 계획이 순조롭게 진행되지 못하여 면화, 면사, 면포의 전면적인 통제 역시 순조롭게 진행될 수 없었다. 이와 동시에 각 공장은 원료 면화의 부족으로 심각한 경영난에 빠지고 말았다. 이에 방직공장의 면화 부족을 구제하기 위해 경제부는 全國花紗布管理委員會(약칭 紗管會)를 창설하여 긴급 면화 배급제도를 실시하였다. 그러나 면화 배급을 신청할 수 있는 대상은 3천 추 이상의 방추를 보유한 大紗廠으로 한정되었으며, 또한 공장이 보유하고 있는 면화의 보유고가 1개월에 미치지 못하는 방직공장만을 대상으로 면화의 배급을 실시하도록 하였다. 그리하여 5월 29일까지 上海 및 기타 개항장에서 면화를 배급받거나 정식으로 계약 수속을 진행한 방직공장은 모두 43개 소에 달하였으며, 배급된 면화는 모두 13,146,265파운드로 12만 담에 상당하였다. 이는 이미 40여 개 방직공장의 면화 보유고가 1개월에도 미치지 못하였다는 사실을 의미하는 것이며, 어쩔 수 없이 紗管會의 구제를 신청하지 않으면 안 되었던 것이다. 민영사창 측에서는 紗管會의 통제정책에 대해 분분히 신랄한 비판을 제기하였다.[443] 이러한 이유에서 이후 국민정부는 면화, 면사, 면포의 전면적인 통제정책을 포기하지 않을 수 없었던 것이다.

---

442 陳烈川, 〈國營事業賣得掉吗?〉, 《經濟家》, 1948. 11. p.6.

443 "全國花紗布管理委員會는 방직업의 기생충이며 착취자이다. 위원회는 5개월여 동안 방직공업에 대해 아무런 유익한 작용도 하지 못하였다. 오히려 관아의 간판을 내세워 공갈협박하고 간섭과 장애만을 초래했을 뿐이다." 李崇威, 〈棉紡織工業的現狀和出路〉, 《紡織週刊》 9卷 22期, 1948. 7. 1. p.302.

1948년 8월 19일 金圓券을 발행하는 동시에 물가의 제한을 선포하여 노동임금을 동결하였다. 이와 같은 상황하에서 中紡公司의 주식을 구입한다고 해도 수익이 발생할 것이라고 기대하기 힘들 것이며, 이러한 이유에서 사람들이 中紡公司 주식의 매각에 관심을 갖지 않았던 것은 어쩌면 당연한 일이었을 것이다.

뿐만 아니라, 1948년 이후 내전이 확대되고 통화팽창, 물가 급등, 교통운수의 지체, 그리고 면업 통제정책 등 경제 통제정책이 진행되면서 중국의 경제 상황은 나날이 악화되었으며 방직공업은 절망적인 분위기 속으로 빠져들었다. 이와 같은 상황 아래에서 전국의 자본은 부단히 上海를 이탈하였으며, 이는 이미 엄중한 추세가 되었다.

당시 국내 여론도 "최근 上海의 공장을 남쪽으로 이전하는 것이 성행하고 있는데, 이러한 상황에서 국영사업이 순조롭게 민간에 매각될 것인가는 매우 의문스러운 점이 아닐 수 없다 〔…〕 上海市 공장을 남쪽으로 이전하는 일은 이미 이 시대의 유행이 되었다"[444]라고 보도하였다. 자본의 南流는 명확하게 방직공업의 경영 위기를 반영하였다. 申新紗廠 총경리 榮鴻元도 일찍이 "홍콩 공상업의 기형적 번영은 기실 국내 전란과 공업통제정책의 불합리함에서 비롯된 것이다. 華北, 華中 실업가들의 투자가 주로 홍콩에서 공장을 개설하는 데 집중되니, 자금이 밖으로 빠져나가는 것은 어쩔 수 없는 형편이다. 현재 면화, 면사, 면포의 통제정책은 마땅히 합리적으로 개선되지 않으면 안 된다"[445]라고 지적하였다.

총체적으로 1948년 이후, 모든 중국 방직공업은 이미 빈사상태로서 파산 상태에 이르게 되었다. 이와 같은 상황하에서 中紡公司의 주식이 순조롭게 민간에 매각되기는 불가능하였던 것이다.

---

444 《申報》, 1948. 4. 19.

445 〈檢討花紗布管制政策〉, 《公益工商通訊》 3卷 5期, 1948. 6. 15. p.21.

6. 공산화 직전 中紡公司 주식의 재발행과 좌절

1949년 1월 14일 上海證券交易所의 주식거래인들은 上海市參議會에 청원하여 증권교역시장을 회복시킬 것을 요구하는 동시에 다음과 같이 건의하였다. "上海 지방의 自衛를 위한 경비가 절실히 요구되는 현재, 증권교역시장을 복원하여 여기서 거래되는 주식에 自衛特別稅를 교부하는 방안을 적극적으로 고려해야 한다. 이와 같은 경비 염출 방안은 시민으로부터 경비를 징수하여 지방의 용도로 사용하는 것이다."[446]

같은 날 上海市參議會는 上海市政府에 전문을 보내 上海證券交易所의 영업을 회복할 수 있도록 허가해 줄 것을 청원하였다. 참의회는 전문 가운데에서 證券交易所가 가지고 있는 유휴자금의 흡수 기능을 강조함으로써, 경제상의 병폐를 제거하여 공상업의 번영을 달성하고 일반인의 투자를 권장하여 유휴자금을 감소시키는 취지에서 마땅히 즉시 證券交易所의 영업을 복원해야 한다고 주장하였다.

1949년 1월 26일 행정원 제41차 회의는 上海證券交易所의 業務回復辦法을 통과시키고 다음과 같이 규정하였다. "정부가 유휴자금의 흐름을 터주어 경제를 안정시키고 이를 통해 上海證券交易所의 업무 회복을 특별히 허가한다. 上海證券交易所에 상장되는 증권은 당분간 다음의 것들로 정한다. 첫째, 정부의 채권, 둘째, 국영사업의 주식, 셋째, 민영공사의 주식, 특히 첫째와 둘째의 두 종류의 주식 상장은 재정부와 공상부가 별도로 규정을 정한다."[447]

2월 7일 上海證券交易所는 상무이사회를 거행하여 이사장 杜月笙이 제반 사항을 보고한 이후 다음과 같은 내용을 결정하였다. 첫째, 2월 21

446 〈經紀人向參會請愿要求恢復証交市場〉,《申報》, 1949. 1. 15.

447 上海市檔案館編,《舊上海的証券交易所》, 上海古籍出版社, 1992. 12. pp.258-260.

일(월요일) 정식으로 업무를 복원한다. 둘째, 국영사업 주식의 상장과 개시 방법은 민영사업 주식과 같은 방법으로 한다. 셋째, 당일부터 교역소의 각처는 신속히 업무를 복원할 수 있도록 만전을 기하여 즉시 업무를 개시하며, 각 국과 주식을 상장한 민영공사에게 통지하여 신속히 상장 수속을 마치도록 조치한다. 넷째, 국영기업의 주식 거래 단위는 證券交易所 업무회의를 개최하여 결정한다.[448]

2월 8일 上海證券交易所는 中紡公司에 편지를 보내 주식의 상장 업무에 관해 협의를 통해 수속을 준비하도록 요구하였다. 공상부도 中紡公司에 규정에 따라 주식 상장을 준비하도록 명령하였다. 2월 10일 中紡公司는 공상부에 전문을 보내 11월 8일 中央銀行이 잠정적으로 주식 매각을 중지한 이후 주식은 여전히 中央銀行 국고국에 보관되어 있으며, 상장 수속을 하기 이전에 처리 방안을 지시해 줄 것을 요청하였다.

2월 18일 공상부는 다음과 같이 회답하였다. "재정부, 中央銀行 국고국과 협의할 것과 中紡公司 주식 상장에 관한 각 항 수속 및 판매 지불 방식, 장부의 편제 기술 문제 등은 이미 공상부에 전문을 보내 證券交易所에 파견된 감독원과 재정부 駐上海 主管人員, 그리고 國庫局이 서로 협의하여 구체적인 방법을 강구하도록 지시하였다."[449]

2월 21일, 上海證券交易所는 마침내 업무의 개시를 선포하였으나 中紡公司의 주식은 아직 상장되지 못하였다. 證券交易所 방면의 인사는 "證券交易所가 업무를 복구한 이후 적어도 유휴자금 10억 원 이상을 흡수할 수 있다 〔…〕 국영기업의 주식은 이미 재정부, 공상부 양 부처가 교역소에 상장하여 판매하도록 지시하였다. 그러나 中紡公司 등은 아직까지

448 《金融週報》20卷 7期, 1949. 2. 26. pp.3-4.

449 南京中國第二歷史檔案館藏檔, 檔号 : 475-5: 中紡公司董監事聯席會議紀錄(第1-15次).

수속을 완료하지 않고 있어 상장이 늦어지고 있는 형편이다"[450]라고 말하였다.

이로부터 알 수 있듯이, 證券交易所가 업무를 재개한 초기만 하더라도 공상부는 비교적 적극적으로 中紡公司의 주식 상장을 추진하였다는 사실을 잘 알 수 있다. 그러나 中紡公司의 주식이 상장되기 위해서 몇 가지 선결되어야 할 문제가 있었다. 이러한 사실은 2월 21일 中紡公司 이사회가 공상부에 전문을 보내 방침을 하달해 줄 것을 요구한 사실로부터 잘 알 수 있다. 우선 정부가 원래 정한 30%의 매각 방식 정책을 계속 유지해야 할 것인가의 여부였다. 다음으로는 1949년 2월 둘째 주의 도매물가 총지수는 이미 1948년 8월 19일에 시행한 제한가격과 비교하여 이미 392.4배나 올랐으며, 따라서 中紡公司의 자산을 어떠한 방식을 통해 상승시킬 것인가가 문제였다. 中紡公司 이사회에서 총경리는 이 회사의 가격 상승 문제에 관하여 다음과 같은 보고를 하였다. "1948년 12월 31일 편제한 자산 부채 가운데 고정자산은 여전히 1948년 8월 19일의 제한가격에 의거하여 산정한 가격을 기준으로 하고 있어 타당하지 않으며, 따라서 마땅히 최근 각종 물가지수의 상승에 따라 조정되어야 할 것이다."[451]

이 밖에 印花稅와 상장 비용의 부담, 그리고 中紡公司 직원을 위해 보류해 두었던 주식을 여하히 처리할 것인가의 문제도 여전히 남아 있었다. 이 가운데 가장 문제가 된 것은 역시 中紡公司의 자산 가격을 물가 상승에 맞추어 조정하는 문제였다. 이러한 이유에서 공상부는 中紡公司의 주식을 상장할 때 처음 액면가를 中央銀行업무국과 證券交易所가 臺灣糖業公司의 주식 시가를 고려하여 적당히 조정할 것을 지시하였다. 이에 따라 中紡公司 이사회는 中紡公司가 보류한 40만 주의 주식 구매

450 《金融週報》20卷 9期, 1949. 3. 2. p.6.

451 南京中國第二歷史檔案館藏檔, 檔号:475-2999:中紡公司董事會董監事聯席會議紀錄.

방법을 다음과 같은 7항에 걸쳐 건의하였다. 첫째, 40만 주 주식은 여전히 공사의 직공을 위해 보류하도록 청원한다. 둘째, 구매 수속은 직공복리위원회가 맡아서 처리한다. 셋째, 보류해 둔 주식은 證券交易所에서 처음 상장하여 고시한 가격에 근거하여 구매하며, 1개월 이내에 모든 대금을 지불한다. 넷째, 天津分公司 직공을 위해 12만 주를 보류해 둔다. 다섯째, 현재 직공은 장부에 근거하며, 각각 월급에 따라 구입하는 주식의 액수를 정한다. 여섯째, 직공 가운데 주식을 구매하기를 원하는 사람은 마땅히 주식 상장 이전에 주식 수량을 신청한다. 일곱째, 직공들이 구매하고 남은 수량의 주식은 직공복리위원회에서 구입하여 보관하며, 복리기금으로 활용한다.[452]

3월 5일, 中央銀行은 證券交易所 등의 관련 책임자 및 中紡公司 총경리 등을 초치하여 이와 관련된 각종 문제를 협의하고 "中紡公司 주식은 3월 8일 정식으로 상장한다. 최초 고시가격은 中央銀行 업무국과 證券交易所가 臺灣糖業公司 주식의 시가를 고려하여 적당히 결정한다"라고 합의하였다. 이후 中紡公司 이사회는 南京 공상부에 전문을 보내 협의 상황을 보고하고 앞으로의 방향에 대한 지침을 시달해 줄 것을 요청하였다. 3월 6일 공상부장 陳啓天은 전문을 보내 中紡公司 이사회에 다음과 같이 지시하였다. "국영사업 주식은 자본 총액이 작년 9월 발행시 金圓券의 시가 기준에 따라 계산된 것이다. 그러나 현재의 총 자산은 이와 비교하여 차이가 매우 크다. 따라서 반드시 액면가를 초과하여 매매할 터인데, 도대체 몇 배로 계산하는 것이 적절할 것인가 하는 문제를 최초 상장하여 판매할 때 심사숙고하지 않으면 안 된다 〔…〕 마땅히 적당한 가격으로 책정해야 하며 지나치게 낮게 책정하여 국고의 손실을 가져와

452 南京中國第二歷史檔案館藏檔, 檔号 : 475-5 : 中紡公司董事會董監事聯席會議紀錄(第1-15次).

서는 안 된다."[453]

공상부의 지시에 따라, 3월 7일 中紡公司는 다시 中央銀行 및 上海證券交易所에 전문을 보내 中紡公司의 자산은 현재의 물가 수준 및 기타 국영사업의 주식을 상장하였을 때의 가격을 참조하여 결정해야 하며, 中紡公司의 동의를 거친 이후에만 비로소 상장하여 주식을 거래할 수 있다고 전하였다. 같은 날, 上海證券交易所 총경리는 中紡公司에 전화를 걸어 이미 中央銀行 稽核處 처장 李立俠, 업무국장 林崇墉 등과 中紡公司 주식의 상장 가격을 협의하였으며, 당일 시황을 고려할 때 1만 8천 원 전후가 적당하다고 전하였다. 그러나 中紡公司 측에서는 이 가격이 지나치게 낮으며, 공상부장의 지시에 부합되지 않음을 전하였다. 그러나 中央銀行 측은 "中紡公司의 주식은 아직 일반인들의 투자 흥미를 이끌어내지 못하고 있으며, 따라서 개시 가격이 지나치게 높아서는 안 된다는 뜻을 전하였다. 이와 동시에 中央銀行으로서는 中紡公司의 주식 상장 이후 점차적으로 주식의 가격을 높여 나감으로써 주식 투자자의 흥미를 자극할 계획이라고 전하였다. 또한 이렇게 함으로써 매각하지 못했던 주식을 상당한 시일이 지난 후 매각함으로써 유휴자금을 흡수할 수 있도록 고려하고 있다고 전하였다.[454]

中央銀行 측이 주장하는 中紡公司 주식의 저가 상장 방안은 공상부의 반대로 수용되지 못하였다. 中紡公司 측도 수차례에 걸쳐 장거리 전화로 陳啓天에게 이를 보고하며 지시를 청하였다. 그러나 陳啓天은 "비록 中央銀行이 이와 같이 주장하더라도 내일(8일) 中央銀行 및 證券交易所 쌍방과 다시 협의하여 결정할 것"이라고 회답하였다. 이후 공상부는 "上

453 南京中國第二歷史檔案館藏檔, 檔号 : 475-5 : 中紡公司董事會董監事聯席會議紀錄(第1-15次).

454 南京中國第二歷史檔案館藏檔, 檔号 : 475-5 : 中紡公司董事會董監事聯席會議紀錄(第1-15次).

海市의 경제상황을 고려할 경우 中紡公司의 주식 상장이 적절한지 좀더 세밀한 연구가 필요하다. 현재와 같은 상황에서는 곤란한 점이 있다는 사실도 고려되어야 한다. 당분간 시장이 진정된 이후를 기다려야 하며 지나치게 성급하게 상장할 필요는 없다"라는 의사를 전하였다.

이에 따라 中紡公司도 中央銀行 및 上海證券交易所에 전문을 보내 "본 공사의 주식을 이번 달 9일에 상장하여 거래를 개시하는 문제를 당분간 연기해 주도록" 요청하였다. 中紡公司 이감사회 연석회의에서 顧毓琇은 다음과 같이 강조하였다.

> 통화를 흡수하는 일이 비록 中央銀行의 직권 범위에 속하기는 하지만 시장에서 주식 가격의 등락이 지나치게 폭이 커서 본 공사의 장래에 미칠 영향을 고려하지 않으면 안 된다. 中央銀行이 비록 주식 상장 이후 점진적으로 주식을 자극하여 가격을 상승시킴으로써 투자자의 흥미를 끌자는 뜻을 전하였으나, 본 공사의 주식이 현재 일반인의 수중에 있는 것은 3만 7천여 주에 불과하고, 中央銀行에 보관되어 있는 수량이 190여만 주에 달하는 상황이다. 만일 中央銀行이 주식 시가가 어느 정도 상승한 시점에서 보유한 본 공사의 주식을 시장에 내어 놓을 때, 주식 가격은 필연적으로 급락할 것이다. 그렇게 된다면 주식 매각은 비단 유휴자금을 흡수할 수 있는 효과를 거둘 수 없을 뿐만 아니라 도리어 일반인들로 하여금 中紡公司의 신용에 대해 의구심을 떨칠 수 없도록 만들 것이다. 따라서 현재 中紡公司의 주식을 바로 상장하는 일은 신중하게 재고되어야 한다.[455]

이와 같이 주식 가격이 지나치게 낮았기 때문에 中紡公司의 주식은 당

455 南京中國第二歷史檔案館藏檔, 檔号 : 475-2999 : 中紡公司董事會一至七次董監事聯席會議紀錄.

분간 상장하지 않는 쪽으로 결론이 내려졌으며, 결과적으로 1949년 5월 하순, 上海가 공산화될 때까지도 中紡公司의 주식은 매각될 수 없었던 것이다.

결론

1945년 종전 이후, 국민정부는 원래 일본 자본 방직공장을 접수하여 이를 기초로 국영기업인 중국방직건설공사를 설립하였다. 이후 국가 재정의 적자를 보충한다는 취지에서 적극적으로 中紡公司의 민영화 및 주식의 매각을 추진하였다. 그러나 전국 방직공업의 절대 부분이 존재하고 있던 上海 지역의 자본가들은 결코 이와 같은 정부의 정책에 적극적으로 협조하거나 지지하지 않았다. 이러한 원인은 바로 국민정부의 경제 통제정책과 불가분의 관계를 가지고 있었던 것이다.

1947년 12월 이후 국민정부는 면화, 면사, 면포의 전면적인 통제정책을 실시하기로 결정하였으며, 이는 민영사창의 자유로운 경영권을 침해하였다. 따라서 민영사창 역시 사실상 국영사창과 마찬가지의 입장에 처하게 되고 말았다. 더구나 中紡公司의 경영권은 여전히 국민정부의 수중에 장악되어 있었으며, 국민정부는 中紡公司로 하여금 낮은 가격으로 면사와 면포를 투매하도록 하여 시중의 물가를 억제하고자 하는 정책을 이 회사를 통해 실행하였던 것이다. 이와 같이 전면적인 경제 통제정책은 유휴자금을 흡수할 수 있는 매력을 상실하도록 만들었던 것이다.

더욱이 1948년 이후 경제 상황이 악화되면서 적지 않은 방직자본가들은 속속 자본을 국외로 이출시켰으며, 공장을 이전하였다. 이는 방직공업의 전반적인 파산을 의미하였다. 국민정부 통치 말기에 국공내전의 혼란과 더불어, 각 정부 부문 사이에, 그리고 국유자본과 민영자본 사이에,

그리고 정책 의결기관과 시장 사이의 소통 불량과 장애는 자본시장의 무질서를 초래하였으며, 정상적인 운용이 불가능하도록 만들었다. 이와 같은 상황 아래에서 중국방직건설공사의 민영화 및 주식 매각이 실현될 수 없었던 것은 당연한 일이었다.

제7장

최후 시기 경제 통제정책과 자본가

1948년에 들어서면서 중국 내 총체적인 물가 상승과 통화팽창 속에서, 중국 사창(방직공장)들은 원료 면화의 확보에 어려움을 겪었으며, 이로 인해 경영상 심각한 위기에 직면하였다. 그 주요한 원인은 내전이 확대되면서 국내 면화의 생산량이 급감하였을 뿐만 아니라, 외화 부족으로 말미암아 국외로부터 면화를 충분히 수입할 수 없었기 때문이다. 원면 부족은 필연적으로 생산량의 감소와 면사포 가격의 상승을 초래하였으며, 일용 필수품인 면제품 가격의 상승은 전반적인 물가상승과 통화팽창의 주요한 원인이었음에 틀림없다. 이러한 의미에서 국민정부로서는 면업의 어려움을 타개하기 위한 조치를 적극적으로 강구하지 않으면 안 되었다.

이 시기에 국민정부의 면업 통제정책은 크게 두 가지로 요약할 수 있는데, 원면 공급의 확보와 면사포 가격의 억제가 바로 그것이다. 여기에서는 국민정부, 국영사창(中國紡織建設公司), 민영사창(第六區機器棉紡織工業同業公會)의 3자 구도 속에서, 이 시기에 국민정부가 실시한 면업 통제정책의 구체적인 내용과 변화, 그리고 이에 대한 방직자본가의 동향을 추적해보려 한다. 이러한 과정을 통해 국민정부의 면업 통제정책을 객관적으로 평가하고, 국민정부의 패퇴와 신중국의 성립을 경제정책의 실패와 자산계급의 지지 철회 및 붕괴와 관련시켜 그 단서를 제공해 보고자 한다.

1. 방직공업의 원면 부족과 면화 공동수매

1948년 이후 공업 복원과 전후 경제건설의 지체로 인해 일용필수품을 중심으로 물자 부족의 현상이 뚜렷해지면서 물가의 상승과 통화팽창이 급속히 진행되자, 중국 경제는 심각한 위기에 직면하게 되었다. 1948년 9월 14일, 국민정부는 중간 상인이 누층적으로 개입하여 이로 인해 면화의 가격이 상승하는 것을 방지하여 방직공장에 안정된 가격으로 원면을 공급하고, 이를 통해 다시 면사포의 가격을 안정시키기 위해 행정원 경제관제위원회 上海區物資調節委員會를 구성하고, 국내산 면화를 수매하기 위한 기본 방침을 제정하였다. 그 주요한 내용은 국영사창인 중국방직건설공사와 민영사창의 대표자가 中央銀行 대표자와 회동하여 공동으로 면화를 수매하기 위한 기구를 구성하고, 이를 통해 원면을 확보한다는 것이다.

삼자가 회동한 결과, 마침내 國棉聯合收買委員會가 탄생하였는데, 이 위원회에는 中央銀行, 中紡公司, 민영사창의 각 한 명이 위원으로 참석하였으며, 中央銀行의 대표가 주임위원을 겸임하였다. 위원회 아래 國棉聯合收買處를 설치하였으며, 총처를 上海에 두고 漢口에 분지점을 설치하였다. 上海 中紡公司 및 모든 민영사창은 의무적으로 위원회의 회원으로 가입해야 했으며, 사창이 단독으로 면화 생산지에 가서 국내 면화를 수매할 수 없도록 하였다. 면화 상인이 생산지에서 직접 수매한 면화도 위원회에서 일괄적으로 수매하도록 하였다. 국내산 면화를 공동으로 수매하기 위한 자금은 각 사창에 공동으로 할당하여 출자를 받는 동시에 中央銀行에서도 일부 지원하였으며, 수매 이후 일정한 비율에 따라 면화를 배분하였다.

9월 15일, 上海 및 蘇浙晥 지역 방직공업의 동업공회인 6구공회는 이사회를 개최하고 국내 면화의 수매에 관한 문제를 논의한 이후 다음과 같이 결의하였다.

(1) 上海市 안에서 국내산 면화는 반드시 國棉聯合收買處를 통해 일괄적으로 수매해야 하며, 각 공장이 사적으로 수매하는 것을 금지한다.
(2) 수매 가격은 산지 가격과 운송 비용, 그리고 이윤 등을 참작하여 결정한다.
(3) 각 공장이 참가 여부를 자유롭게 결정할 수는 있지만, 불참하는 공장은 上海市 안에서 국면을 수매할 수 없다.
(4) 수매한 면화는 매주 혹은 반 개월에 한 번씩 배분한다.[456]

이후, 전국방직공업연합회는 임시 이감사회의를 개최하여 이 문제를 논의한 이후 "정부가 원면을 일괄적으로 수매하기로 한 계획은 수매 가격을 안정시키고 수요량을 확보한다는 취지에서 필요한 조치라고 사료된다. 따라서 國棉聯合收買委員會의 활동에 전적으로 찬동하며, 각 사창의 개별적인 수매를 포기한다"[457]라는 성명을 발표하였다. 이 밖에 6구공회 소속의 각 민영사창도 연합수매에 필요한 자금을 확보한다는 취

456 《紡織染工程》10卷 9期, 1948. 9. 15. p.26.

457 上海市檔案館藏檔, 檔號：Q192-1-990：中紡公司機器棉紡織工業同業公會聯合會上章程.

지에서 上海 각 상업은행에 은행단을 조직하여 민영사창에 자금을 대여해 주도록 요청하기로 결정하였다. 이러한 결과 각 은행은 은행단을 조직하여 1500만 원의 자금을 대여해 줄 것을 결정하고, 대여 기간은 3개월로 하며, 이자는 中央銀行이 정한 규정에 따라 책정하기로 하였다.[458]

9월 16일, 國棉聯合收買委員會는 성립대회를 개최하였는데, 中央銀行에서 劉攻藝, 李立俠, 中紡公司에서 束雲章, 吳味經, 6구공회(민영사창)에서 王啓宇와 劉靖基 등이 참석하여 업무 추진 전반에 관해 논의하였다. 논의 결과 행정원을 통해 각 면화 생산지의 해당 省政府로 하여금 국내산 면화의 수매정책을 적극 지지해 줄 것을 요청하기로 하였다. 이와 함께 대회에서는 中央銀行 대표 李立俠을 國棉聯合收買委員會의 주임위원으로 선출하고, 中紡公司의 吳味經과 민영사창의 劉靖基를 위원으로 임명하였으며, 실무 인원은 中央銀行 및 中紡公司, 민영사창에서 발탁하여 근무하도록 하였다. 공동수매 자금은 잠정적으로 1억 원으로 결정하여, 절반은 中央銀行에서 부담하고 나머지 절반은 中紡公司와 민영사창에서 부담하는 것으로 결정하였다. 中央銀行에서 출자하여 수매한 면화는 中紡公司와 민영사창에 각각 공급하여 면사포를 생산하도록 한 이후, 물가의 억제를 위해 우선적으로 충당하도록 하였다.[459]

10월 5일, 國棉聯合收買委員會는 수매 지역을 확대하기로 하고 다음과 같이 방침을 결정하였다.

(1) 국내산 면화의 수매 지역은 기존 上海와 漢口의 두 지역 이외에 沙市, 西安, 南京, 杭州, 寧波, 南通, 重慶 등에도 국면연합수매처를 설치하고, 嘉定, 太倉, 閔行 등에도 분점을 설치한다.

---

458 包敬第, 〈新經濟管制與紡織業〉, 《紡織建設月刊》 1卷 11期, 1948. 10. 15. p.3.

459 南京中國第二歷史檔案館藏檔, 檔號 : 475-2999 : 中紡公司董事會董監事聯席會議紀錄.

(2) 각지의 공동수매 가격은 그 지역의 제한가격에 따른다.

(3) 10월 10일부터 각 사창은 전국의 어떤 지역에서도 면화를 마음대로 수매할 수 없다.

(4) 수매 자금을 1억 5천만 원으로 확대하고, 中央銀行과 국영, 민영사창이 각각 절반씩 부담한다.[460]

이 밖에 국면수매처는 농림부 棉產改進處에 각지에서 수매한 면화를 검사하여 면화의 무게를 증가시키기 위해 고의로 수분을 혼입하거나 잡물을 섞는 등의 행위를 철저히 단속해 줄 것을 요청하였다. 이에 따라 면산개진처는 각 면화검사소에 단속을 강화하도록 지시하는 한편, 上海市에도 별도로 면화검사소를 설치하여 수매한 면화를 검사하도록 하였다.[461]

그러나 국내산 면화의 수매 계획은 각 생산지에 적용된 제한가격 때문에 순조롭게 진행되지 못하였다.[462] 예를 들면 漢口의 각 사창은 國棉聯合收買委員會에 "현재 면화의 수매 업무가 답보 상태에 빠진 후, 각 사창에서 보유하고 있는 원면의 수량이 매우 부족한 상황이다. 따라서 수매처가 면화를 확보하기 이전에 각 사창이 면화 생산지에 직접 가서 시급히 면화를 수매할 수 있도록 조치를 바란다"[463]는 의견을 전달하였다.

國棉聯合收買委員會도 스스로 "반드시 각지에 적용된 제한가격으로 면화를 수매해야 하는데, 수매 가격과 실제 가격 사이에는 큰 차이가 있다. 예를 들어 漢口 지역에서 생산된 면화의 가격을 살펴보면, 시가가 이

---

460 《公益工商通訊》4卷 2期, 1948. 10. 31. p.25.

461 《棉檢月刊》1卷 2期, 1948. 10. 1. p.30.

462 국민정부는 물가상승을 억제하기 위해 1948년 8월 19일의 가격으로 모든 물가를 동결하였다. 8·19 물가 통제정책에 관해서는 다음 절에서 상세히 설명하고 있다.

463 《棉紡會訊》1卷 5期, 1948. 10. 20. p.12.

미 제한가격의 3배를 초과하고 있는 형편이다. 따라서 이미 각지에 수매처를 설치해 두기는 하였지만 南通에서 100여 담을 수매한 것을 제외하고는 20일이 넘도록 거의 수매가 이루어지지 않고 있다"[464]라고 고충을 토로하였다. 11월 초의 신문도 "면화의 공동수매를 위해 위원회가 발족된 지도 이미 일 개월이 지났지만 아무런 성과도 거두지 못하고 있다"[465]라고 보도하였다.

이러한 이유에서 國棉聯合收買委員會도 어쩔 수 없이 면화 수매 방침을 변경하지 않을 수 없었다. 11월 3일, 전국방직공업연합회는 이감사연석회의를 개최하고 각 사창이 국내산 면화의 공동수매에 참가하는 방식에 관해 논의한 이후, 참가 방식을 강제적 참가에서 자유 참가로 전환해야 한다는 데 의견을 같이하였다. 이와 함께 회의는 만일 보름 후에도 면화 수매 성적이 좋지 못할 경우 공동수매 정책을 포기하도록 정부 당국에 건의하기로 결정하였다.[466] 이러한 분위기 속에서 같은 날 國棉聯合收買委員會도 국내산 면화의 수매 방침에 관해 논의하고, "공동수매는 계속 진행하되, 각 사창의 참가 여부를 강제하지 않으며, 참가를 희망하지 않는 사창은 자유롭게 스스로 면화를 수매할 수 있도록 한다"라고 방침을 결정하였다. 같은 날 6구공회도 "공동수매를 희망하는 사창은 11월 5일 이전까지 신청해야 하며, 기한을 넘길 경우 이를 포기한 것으로 간주한다"[467]라고 결의하였다. 이후 11월 16일, 國棉聯合收買委員會는 "민영사창 가운데 이미 불참을 표시한 사창이 40여 개 공장, 아직 명확히 뜻을 표명하지 않은 사창이 20여 개 공장"[468]이라고 밝혔다. 11월 31

464 《紡織週刊》10卷 1期, 1948. 11. 5. p.2.
465 《紗布日報》, 1948. 11. 2.
466 《公益工商通訊》4卷 3期, 1948. 11. 15. p.21.
467 《申報》, 1948. 11. 4.
468 《紡織週刊》10卷 4期, 1948. 11. 29. p.9.

일, 국면연합수매처의 책임자는 민영사창 가운데 참가를 희망한 사창이 단지 두 곳에 불과하다고 밝혔다.[469]

민영사창이 탈퇴한 이후 면화의 공동수매는 사실상 中紡公司와 中央銀行 양자에 의해 계속 진행되었으나, 자금 부족으로 수매가 순조롭게 진행되기는 어려웠다. 더욱이 면화 생산지는 이미 대부분 내전의 와중에 있었으며, 전구에 가까울수록 金圓券에 대한 면화 생산 농가의 신용이 부족하여 규정 가격에 따라 화폐로 면화를 구입하는 일이 용이하지 않았다. 당초 수매처는 연말까지 면화 100만 담을 수매하기로 계획을 세웠으나 1949년 1월까지 각지의 보고에 의하면 수매된 국면은 32만 담에 불과하였다.[470] 이와 같이, 면화 수매 자금의 부족과 수매시 면화의 가격 제한, 정치 불안 및 면화 운송의 곤란 등 여러 원인으로 국민정부의 국내산 면화의 공동수매 계획은 소기의 성과를 거두지 못한 채 끝나고 말았다.

한편, 국민정부는 국내산 면화의 수매뿐 아니라 미국 원조 면화를 도입하기 위해 많은 노력을 기울였다. 1948년 6월, 미국 양원은 중국원조방안을 통과시켰는데, 원조 액수를 총 4억 달러로 결정하였다. 원조 가운데 주요한 품목이 바로 미국 면화로서 총 36만 포(매 포 500파운드)에 달하였으며, 이는 중국 방직공업이 보유하고 있는 전체 방추를 2개월 동안 가동하여 생산할 수 있는 정도의 수량에 해당되었다. 미국 원조 면화는 총 4기로 나누어 각각 중국에 운송되었는데, 제1기에 1,300만 달러를 지불하여 면화 69,878포를 구매한 후 이를 중국에 운송하도록 하였으며, 제2기에는 4,170만 달러로 232,000포를 구매하며, 제3기, 제4기는 각각 미국 면화 36만 포를 구매하여 중국에 운송하도록 결정하였다.[471]

469 《公益工商通訊》4卷 5期, 1948. 12. 15. p.22.

470 《紡建》2卷 11·12期, 1949. 2. 1. p.34.

471 陳荷夫, 〈論美援棉花的運用〉, 《紡織週刊》10卷 1期, 1948. 11. 5. p.5.

미국의 원조 물량을 수용하고 배분하기 위해, 행정원은 미국원조운용위원회를 특설하여 관련 업무를 전담하도록 하였다. 미국원조운용위원회의 주임위원에는 전 경제부장 翁文灝가 임명되었으며, 부주임위원에는 재정부장 兪鴻鈞, 위원에는 외교부장 王世杰, 교통부장 兪大維, 재정부장 王雲五와 上海市長 吳國楨 등이 임명되었다. 비서장에는 中央銀行 업무국장 沈熙瑞가 임명되어 실질적으로 위원회의 행정업무를 총괄하였다.

미국원조운용위원회는 우선 면화소조를 설립하여 미국 원조 면화의 운용에 관한 정책을 연구하도록 하였다. 면화소조의 정식 명칭은 미국원조면화위원회The Cotton Committee of Council for United States Aid로서, 사실상 전국의 방직사업과 관련된 업무를 처리해 나갔다.[472] 이 밖에 면화위원회는 별도의 집행기구로서 미국원조화사포연영처를 설립하였는데, 연영처의 이사회는 中央銀行, 中紡公司, 민영사창의 공회 대표가 각각 1명씩 참가하여 구성되었는데, 中央銀行의 劉攻藝, 中紡公司의 張似旅, 민영사창의 榮一心이 참가하였다.

면화위원회는 원조 면화의 배분 원칙을 다음과 같이 결정하였다. 첫째 미국 원조 면화를 배분받은 사창은 정해진 기한에 따라 면사포로 이를 교환한다. 둘째, 원조 면화를 배분받은 사창은 자창에서 방직을 위해 필요한 최소한도의 면사만을 남겨 둔다. 셋째, 각 사창은 배분받은 미면을 마음대로 판매할 수 없다. 이러한 원칙을 살펴보면, 미국 원조 면화의 배분을 통해 국민정부가 각 사창에서 생산된 면사포를 통제하려는 의도를 가지고 있었음을 잘 알 수 있다. 나아가 이렇게 생산된 면사포를 적극적으로 시장에 판매함으로써 면사포의 가격을 억제하려 하였던 것이다. 예를 들면, 1948년 9월 26일 미국원조화사포연영처는 신신 1창과 '미국

472 吳濟昌,《美援棉花的分配和運用》, 1949. 4. p.38.

원조 면화와 면사포를 교환하기 위한 계약'을 체결하였는데, 계약서 중에는 "연영처가 申新紗廠에 배분하는 원면 984포는 매 포 중량이 500파운드로 합계 약 492,000파운드이며, 申新 1창에서 생산된 20번수 人鐘牌 면사 815.45건과 교환한다. 면화 등급은 8분의 7 중급Middling 면화 599파운드를 20번수 400파운드 표준 면사 1건과 교환한다"[473]라고 규정하였다.

미국 원조 면화의 배분 과정을 살펴보면, 전국 사창의 방추 수에 근거하여 배분 비율을 결정하고, 中紡公司 및 민영사창 대표와 회동하여 심사를 거친 이후 다시 결정 사항을 주관 당국에 송부하였다. 주관 당국은 정해진 비례 수량을 가지고 각 사창과 개별적으로 면화를 배분하기 위한 계약을 체결하였다. 일차로 배분된 면화의 총 수량은 69,629포였는데, 이 가운데 中紡公司에 배분된 수량이 28,318포(40.73%), 6구공회가 31,244포(44.93%), 7구공회가 1,557포(2.24%) 등이었다. 제3차 미국 원조 면화의 배분 수량을 살펴보면, 총 95,880포 가운데 中紡公司가 36,261포(37.82%), 6구공회가 55,439포(57.82%), 青島 華新紗廠 1,007포(1%) 등이었다.[474] 이와 같은 통계 수치를 살펴보면, 미국 원조 면화는 국영사창과 민영사창에 공평하게 배분된 것으로 보인다.

2. 물가 통제와 판매 가격의 제한

공업 복원의 지체와 내전으로 인한 정상적인 경제부흥 계획의 차질은 물가상승과 통화팽창 등 심각한 경제 위기를 초래하였으며, 이는 다시 上海 등 대도시에서 격렬한 노동운동을 촉발시켜, 결과적으로 국민정부

---

473 上海社會科學院經濟研究所編,《榮家企業史料》下, 上海人民出版社, 1980. p.628.

474 吳濟昌,《美援棉花的分配和運用》, 1949. 4. pp.39-40.

는 심각한 경제위기 및 정치위기에 직면하게 되었다. 이러한 의미에서 일용필수품인 쌀과 면사포, 연료 등의 가격 통제는 이와 같은 위기를 수습하기 위한 시급하고도 불가피한 조치가 아닐 수 없었다.

이와 같은 인식에서 1948년 8월 19일, 국민정부는 재정경제긴급처분령을 반포하여 金圓券의 발행을 정식으로 선포하였다. 주요한 내용은 1 대 300만 원의 비율에 따라 金圓券으로 법폐를 회수하며, 금, 은, 미 달러를 정부가 강제로 회수할 수 있도록 한다는 것이다. 이와 함께 물가의 상승을 억제하기 위한 목적에서 8월 19일의 가격을 기준으로 모든 물가를 동결함으로써, 8월 19일부터 시작하여 10월 말까지 장장 74일간 가격제한 조치를 실시하였다. 국민정부는 긴급처분령의 실행을 감독하고 독려하기 위한 목적에서 전국의 주요 도시를 經濟管制區로 획분하여, 蔣經國을 上海로, 宋子文을 廣州로, 張厲生을 天津으로 파견하여 經濟督導員으로 임명하였다.

蔣經國은 上海에 도착하자마자 經濟安定大隊를 조직하여 淞滬警備司令部에서 이를 관할하도록 하였으며, 대대장에는 陶一珊, 부대대장에는 張亞民을 각각 임명하였다. 대원들은 매일 사업공회의 시장 안에 상주하였으며, 張亞民 역시 거의 매일 시장을 순시하였다. 이 밖에 蔣經國은 그의 심복을 통해 上海에서 7천여 명의 인원을 소집하여 '大上海青年服務總隊'를 조직하였는데, 이들은 매일 대로를 활보하면서 구호를 외치고, 투기를 단속한다는 명목으로 제멋대로 행인들을 수색하거나 차량을 검문하였다. 그러나 이와 같은 강경한 조치는 곧 정부와 자본가 사이의 모순을 격화시켰을 뿐만 아니라 적지 않은 上海의 관리들조차 거부감을 가지고 멀리서 관망하는 태도로 일관하게 만들었다.[475] 이와 같은 자본

475 "면사시장에서는 검사원들의 엄격한 감시로 말미암아 면사 상인들이 관망하는 태도를 취하고 있기 때문에 교역이 거의 이루어지지 않고 있다. (…) 면사와 면포의 교역에

가와 관료들의 태도에 대해 蔣經國은 "지금 가장 우려되는 일은 고급 관리들조차 대부분 현재의 정책에 대해 관망하고 회의하며, 혹은 반대하는 태도를 취하고 있다는 사실이다. 이로 인해 나는 고독하게 정책을 추진하고 있으며, 고위 관리 중에 나를 돕거나 함께 고민하는 사람이 한 명도 없다"[476]라고 언급함으로써 심정의 일단을 피력하였다.

8월 25일, 督導員辦公處는 긴급경제회의를 개최하고 면사포 가격의 안정에 관해 논의하였나. 회의에는 上海市長 吳國楨, 社會局長 吳開先, 6구공회 대표 榮一心과 中紡公司 총경리 東雲章, 부총경리 吳味經, 금융관리국장 林崇墉, 외소위원회 주임비서 劉建華 등 10여 명이 참석하였으며, 독도원 蔣經國, 中央銀行 부총재 劉攻藝가 회의를 주도하였다. 회의에서는 면사포 가격의 안정에 관해 논의한 이후 다음과 같이 결의하였다.

(1) 면사로 면화를 교환하는 방식으로 미국 원조 면화를 국영과 민영 각 사창에 배분한다.
(2) 上海市 社會局이 면상공회의 책임자를 소집하여 국내산 면화의 가격을 안정시키기 위한 대책을 논의한다.
(3) 면사 가격은 8월 19일의 가격인 金圓券 707원을 상한선으로 하며, 따라서 中紡公司의 고시가격도 707원 이내에서 결정한다.
(4) 민영사창도 마찬가지 방법으로 판매한다.
(5) 가격제한을 이유로 고의로 제품을 판매하지 않을 경우 검사원을 파견하여 각 창고를 수색한다.

도 제한가격이 적용되어야 했기 때문에 상인들이 관망하는 태도로 일관하여 시장이 한산한 형편이다."《商報》, 1948. 8. 26. 및 8. 31.

476 《蔣經國自述》, p.173(郭太鳳, 《王雲五評傳》, 上海書店出版社, 1999. 9. p.339에서 재인용).

그러나 8월 19일의 면사포 가격의 제한 조치에 대해 6구공회 이사장인 王啓宇는 이의를 제출하고, 8월 19일의 면사포 시가를 결코 모든 면제품에 일률적으로 적용할 수 없을 뿐 아니라, 면화의 가격도 제한함으로써 면사포 가격의 안정을 도모해야 한다고 주장하였다. 방직업계 인사들은 "20번수 면사 1건의 합리적 가격이 950원 이상이 되어야 함에도 불구하고, 정부는 단지 707원으로 가격을 제한하고 있다. 공상업을 경영하는 사람이라면 누구나 합법적인 이윤을 보증받기 원한다. 따라서 가격제한은 반드시 이들의 입장을 고려해야 하며, 장기적인 이익의 침해는 생산에 심각한 영향을 미칠 뿐 아니라 도리에도 어긋난다"[477]라고 불만을 토로하였다.

국영사창인 中紡公司 방면에서도 마찬가지의 우려가 제기되었다. 8월 말, 中紡公司 이사회도 "현재 中紡公司에서 생산되는 20번수 면사의 실제 생산원가는 780원이며, 더욱이 이것은 아직 이윤을 포함하지 않은 가격이다. 그럼에도 가격을 707원으로 제한함으로써 손실이 막대하다. 中紡公司로서는 비록 정부의 명령을 준수하여 제한가격 안에서 제품을 판매하고 있기는 하지만 합리적인 조정이 있지 않고서는 더 이상 생존하기 어렵다"[478]라고 가격제한의 불합리성을 지적하였다.

방직공업 방면에서의 반대에 대해 蔣經國은 '上海市民에게 드리는 말씀'을 발표하여 "현재의 생산 상황을 斜紋布의 예로 살펴보면, 배급 면사의 가격, 노임, 전기요금과 기타 생산원가를 제외하고도 8·19 제한가격으로 판매할 경우 한 필당 1원 8각의 이윤을 남길 수 있다. 이렇게 볼 때, 일반 사창에서 손실을 보고 있다는 주장은 사실과 다르다"[479]라고 주장

477 包敬第, 〈新經濟管制與紡織業〉, 《紡織建設月刊》 1卷 11期, 1948. 10. 15. p.4.
478 南京中國第二歷史檔案館藏檔, 檔號 : 475-2998 : 中紡公司董事會會議紀錄.
479 《商報》, 1948. 10. 25.

하였다. 그러나 8·19 가격제한 조치에 대해 上海市長 吳國楨조차 재정부장 兪鴻鈞에게 "만일 현재의 면화 가격과 면사포의 판매가격이라면 어떠한 사창이라도 장기적으로 생산활동을 지속해 나갈 수 없을 것이다. 이들이 현재의 제한가격으로 제품을 판매할 수 있는 이유는 일찍이 저렴한 가격에 면화를 사서 비축해 두었으며, 바로 이 면화를 가지고 면사포를 생산하고 있기 때문에 가능한 일이다"[480]라고 토로하였다.

8월 26일, 蔣經國은 관련 인사를 소집하여 검사회의를 개최한 자리에서 시장, 창고, 水陸空의 교통 등을 조사하도록 지시하는 동시에 각종 화물, 금은, 외화의 이동을 철저히 조사하여 위반시에는 이동을 금지하도록 하였다. 이와 같은 조사 활동은 26일 當日부터 시작되었는데, 조사를 통해 위법 사실이 드러날 경우 개인의 경우 특별법정에 회부하였으며, 화물을 모두 몰수하였으며, 공사의 경우 영업허가증을 몰수하거나 정업처분을 내리는 동시에 책임자를 특별법정에 회부하였다. 또한 蔣經國은 吳國楨과 회동한 자리에서 3개월을 넘기고도 판매하지 않고 쌓아 둔 면사포는 모두 몰수하며, 대량의 물자를 판매하지 않고 있을 경우 시장가격을 조작하려는 의도로 간주하여 사재기와 투기의 죄목으로 고발조치하기로 결정하였다.[481]

가격제한 조치에 대한 반발과 마찰은 上海市를 비롯한 곳곳에서 물물교환 풍조가 성행하였던 사실에서도 잘 나타나고 있다. 中紡公司도 8·19 가격제한 조치 이후 종종 물물교환 방식으로 면사포를 판매하기 시작하였다. 당시 中紡公司의 주요 임원이었던 范澄川은 회고록에서 "8·19 가격제한 이후 中紡公司에서 생산된 21×23 細紗 한 필의 가격은

480 吳修垣譯, 馬軍校注,《從上海市長到臺灣省主席-吳國楨口述回憶》, 上海人民出版社, 1999. 11. p.55.

481 中國社會科學院吳經濟研究所編,《上海市棉布商業》, 中華書局, 1979. 7. pp.383-384.

28.3원으로 제한되어, 그 이상 가격을 올리는 것이 금지되었다. 만일 사재기나 투기를 할 경우 군법에 회부되었다. 그러나 상인들이 中紡公司에서 생산된 제품을 구입해 간 이후 곧 암시장에서 이들 제품이 발견되곤 하였으며, 면사포의 가격은 하늘 높은 줄 모르고 치솟았다 〔…〕 판매하면 할수록 손실은 커졌으며, 우리는 생산 비용이라도 건지기 위해 판매 수량을 줄이다가 결국은 중지하지 않을 수 없었다. 직포공장에 면사한 건당 몇 필의 면포와 물물교환을 시행하기 시작하면서 공장은 비로소 정상적으로 가동되기 시작하였으며 손실을 만회할 수 있었다"[482]라고 회고하였다. 민영사창 측에서도 면사를 면화로 교환하는 방식을 채택하기 시작하였다. 이와 같은 물물교환 방식은 사실상 金圓券의 신용을 급속히 붕괴시키고 있었다.[483]

金圓券을 전면적으로 실시한 이후 물가가 급등하였으며, 국민정부의 물가 동결에도 불구하고 면화 가격도 급등하여 암시장에서 매 담 170-180원의 가격대가 형성되었다. 그러나 蔣經國은 면화의 시가가 매 담 130원을 초과하지 못하도록 명령을 내렸으며, 이러한 결과 시중에서 면화의 거래가 전면 중단되는 현상이 나타났을 뿐만 아니라, 암시장의 가격도 기세가 꺽이지 않았다.[484] 8·19 가격제한 조치가 시행되는 동안, 永安紗廠 등 많은 사창들은 면사포를 창고에 쌓아둔 채 판매 수량을 가능한 한 줄여 경영 압박을 완화시켜 보려고 하였다.[485]

9월 1일, 蔣經國은 中紡公司의 束雲章 및 吳味經과 회동하고 上海市

482 范澄川,〈關于青島中紡公司工作的回憶〉,《青島文史資料選輯》第4輯, 1983. 10. 1. p.81.

483 "물물교환 방식이 보편적으로 실행된 결과 직접적으로는 金圓券에 사형을 선포하였으며, 간접적으로는 경제 전반의 퇴화를 가져왔다." 安士,〈價格管制與物物交易〉,《經濟評論》4卷 3期, 1948. 10. 30. p.4.

484 《經濟通訊》3卷 37期, 1948. 9. 25. pp.1157-1158.

485 上海社會科學院經濟研究所編,《上海永安公司的產生,發展和改造》, 上海人民出版社. 1981. pp.213-214.

면사포의 공급에 관해 의견을 교환하였다. 이 자리에서 蔣經國은 면사포 가격의 제한 조치가 일정 정도 효과를 거두고 있기는 하지만, 상인들이 면사포를 쌓아두고 판매하지 않고 관망하고 있으며, 中紡公司에서 생산된 제품도 암시장에서 출현하고 있다고 지적하였다.[486] 더욱이 蔣經國은 8, 9월 두 달 동안 비록 中紡公司 및 민영사창에서 판매된 면사의 수량이 적지 않으나, 이들 제품 가운데 일부가 암시장에서 출현하고 있는 사실에 우려를 표명하였다.[487]

바로 다음 날인 9월 2일, 上海 恒豊紗廠의 이사인 吳錫林, 申新紗廠 총경리 榮鴻元 등이 면포를 사재기했다는 혐의로 긴급 체포되었다. 9월 3일, 蔣經國은 上海 공업계의 인사들을 초치하여 가격제한 정책을 시행하는 동안 사창이 감산하거나 생산을 중단하는 일을 일체 불허하며, 이러한 방침을 위반할 경우 정부가 직접 공장을 접수하겠다고 엄포하였다.[488]

이러한 조치에도 불구하고, 면사포의 가격이 안정되지 못하자, 蔣經國은 紗布市場에서의 면사포 교역을 전면 중단시키는 극약처방을 내놓았다. 10월 2일, 蔣經國은 上海市長 吳國楨, 中紡公司 吳味經, 민영사창 대표 王啓宇, 紗商業公會 唐志良과 면포업공회 董久峰 등과 만나 면사포의 공급 문제를 논의한 이후, 中紡公司와 민영사창이 시장을 열어 도매 및 소매상인에게 직접 면사포를 배분하여 판매하며, 판매 가격은 8 · 19 제한가격을 표준으로 하기로 결정하였다. 이 밖에 회의는 다음과 같은 문제를 결정하였다.

(1) 면사포 시가의 상승을 방지하기 위한 목적에서 즉시 사포시장에서

486 《紡建》2卷 5期, 1948. 9. 16. p.2.

487 《紡建》2卷 8期, 1948. 11. 16. p.16.

488 劉涤源, 〈論物價的局部管制〉, 《觀察》5卷 6期, 1948. 10. 2. p.6.

의 교역을 중지하도록 명령한다.

(2) 모든 시민은 시민증을 보이고 면포 1丈 5尺을 구매할 수 있다. 시민증 위에 찍힌 면포 구매 일자로부터 3개월 이내에는 다시 이를 구매할 수 없다.

(3) 가공 공장에서 보유하고 있는 면포 수량이 신청 수량을 초과할 수 없다.[489]

10월 4일 사포시장에서 교역이 중지된 이후 紗商公會 소속의 620개 綿紗商은 영업 정지에 들어갔으며, 이에 따라 중개상인 수백 명이 실업자로 전락하고 말았다. 이러한 이유에서 10월 5일, 사상공회 대표는 蔣經國을 방문하여 조속히 대책을 마련해 줄 것을 요청하였다. 이러는 동안 적지 않은 면사포 상인들이 생존을 위해 스스로 암시장에 뛰어들었다.[490]

이 밖에 가격제한 조치의 영향으로 말미암아 上海의 일용필수품은 끊임없이 華南地域으로 유출되었다. 가격제한 조치가 실시된 기간 동안 上海 면방직업계가 제한가격에 의거하여 판매한 면사는 5만 건, 면포는 수십만 필에 달하여 손실액이 무려 5천만 원 이상에 달하였다. 예를 들어 申新紗廠의 경우만 계산하더라도 손실액이 5백만 원에 달하였으며, 면화 보유는 16만 담에서 2만 2천 담으로 급감하였다. 모방직업의 손실액도 2천만 원 정도에 달하였다.[491] 中紡公司의 경우 본사와 지사가 모두 제한가격에 따라 면사포를 판매하였기 때문에 손실이 막대하였다. 中紡公司 이사회는 "中紡公司의 제품은 제한가격으로 판매되고 있기 때문에 판매 물량은 넘치는 반면 원료는 제한가격으로 사들일 수 없어

489 《公益工商通訊》4卷 1期, 1948. 10. 15. p.19.

490 《申報》, 1949. 10. 14.

491 中國社會科學院經濟研究所, 〈解放前上海物價各個時期的一般趨勢〉, 《中國近代國民經濟史參考資料》(二), 1962. p.336.

생산이 위축되고 경영 위기에 몰리게 되었다"[492]라고 고충을 토로하였다.

10월 21일, 中紡公司 총경리 束雲章은 中紡公司 각 사창의 책임자를 소집하여 경영 손실을 보충하는 방안에 관해 논의한 결과, 대표단을 南京으로 파견하여 中紡公司의 위기를 직접 호소하기로 결정하였다. 10월 22일, 총경리 束雲章과 비서장 汪大燮가 南京으로 가서 中紡公司 소속 上海 각 사창에서 6분의 1에 상당하는 생산활동을 중단하고 있으며, 원료의 부족이 생산량의 부족으로 이어져 시장에 제품을 공급할 수 없는 형편임을 당국에 직접 호소하였다.[493]

3. 경제 통제정책의 실패와 공업자본가의 동향

앞서 살펴본 바와 같이, 중국 공업경제에서 가장 큰 비중을 차지하고 있던 면업의 곤경은 전반적인 중국 경제의 어려움으로 이어져 물가상승과 경제 불안이 만연하게 되었다. 이러한 가운데 10월 27일, 행정원장 翁文灝는 南京에서 財政 經濟 관련 수장들을 소집하여 경제관제회의를 개최하였다. 회의에는 王雲五, 張厲生, 谷正綱, 左舜生, 吳兆洪 및 上海에서 南京으로 달려온 蔣經國, 吳國楨, 劉攻藝 등 10여 명이 참석하였다. 회의에서 蔣經國은 경제관제국의 督導 상황 및 上海로부터 각지로의 물자 유출의 현상을 보고하였다. 회의에서는 특히 가격제한의 문제에 관해 논의가 집중되었는데, 회의 결과 대부분 "가격제한 정책은 유지되어야 하겠지만, 이러한 정책은 반드시 유연성을 가지고 그때 그때 대처할 필요가 있다. 가격제한 조치 가운데 불합리한 부분은 조정되어야 하며, 이

492 南京中國第二歷史檔案館藏檔, 檔號 : 475-2999 : 中紡公司董事會董監事聯席會議紀錄.

493 《商報》, 1948. 10. 22., 10. 23. 및 10. 30.

를 통해 시장에 활력을 불어넣고, 공급과 수요를 조절하여 민생 일용필수품의 가격을 안정시켜야 한다"[494]라는 데 의견의 일치를 보았다.

이와 같은 의견은 사실상 물가 통제정책의 경직성을 비판한 것이며, 아울러 정책의 수정 및 폐지를 이미 예고하고 있었다. 10월 30일, 蔣經國과 劉攻藝는 행정원장 翁文灝의 요청으로 급히 南京으로 불려갔다. 이틀 후인 11월 1일, 국민정부 행정원은 마침내 재정긴급처분령과 가격제한 정책의 폐지를 선포하였으며, 일반인들도 금, 은 및 외화를 소유할 수 있도록 허용하였다. 이와 함께 金圓券의 태환율을 제고하여, 황금 매 량에 대한 金圓券의 태환율을 200원에서 1,000원으로 제고하였으며, 백은은 매 량 3원에서 15원으로, 달러는 4원에서 30원으로 제고하였다. 가격제한 정책을 포기한 이후 74일 동안 억제되어 왔던 물가는 수직 상승하였다.

한편, 미국원조화사포연영처는 면사포의 가격을 억제시키려는 목적에서 12월 25일부터 中紡公司로 하여금 미국 원조 면화를 면사포로 교환하여 판매하도록 일임하였다. 판매 대상은 中紡公司에 등기한 가공공장 및 면사상이었으며, 1949년 1월 12일까지 모두 2,061건을 판매하였다. 1949년 초 물가가 다시 급등하자, 국민정부는 물자를 투매하여 가격의 상승을 억제하려는 의도에서 中紡公司에 면사포를 대대적으로 투매하도록 지시하였다. 이에 따라 中紡公司는 1월 13일부터 23일까지 열흘 동안 모두 9,163건에 달하는 면사를 투매하였다.[495] 면사포의 투매는 다음과 같은 방침에 의거하여 이루어졌다.

(1) 中央銀行 및 미국원조화사포연영처는 3인위원회 소조를 조직하여

494 《申報》, 1948. 10. 28.

495 吳濟昌, 《美援棉花的分配和運用》, 1949. 4. pp.33-34.

투매 업무의 처리를 총괄한다.

(2) 中紡公司에 위탁하여 투매한다.

(3) 中紡公司는 매일의 시장가격을 3인위원회에 보고하며, 위원회는 이를 참작하여 투매할 수량과 품목을 결정한다. 위원회의 대표는 中紡公司 대표 및 시장감리인과 회동하여 함께 업무를 감독한다.

(4) 中紡公司에 등기한 면사상 및 가공업을 투매의 대상으로 한다.

(5) 이와 같은 방법을 즉시 사업공회에 통보한다.[496]

이상과 같이 中紡公司는 3인위원회의 명령을 받아 대리판매 수속을 집행하였다. 매일 오전 11시부터 12시까지 中紡公司는 각 번수 면사의 시장가격을 3인위원회에 보고하였으며, 위원회는 투매 수량과 가격을 결정한 이후 즉시 시장에 고시하였다. 고시 후 면사포를 구매하려는 사람이 신청서를 작성하여 지정된 상자 속에 이를 투입하면, 中紡公司 대표는 위원회 대표와 회동하여 상자를 수거한 이후 시장감리인의 감시 아래 상자를 개봉하고 수량에 따라 배분하였다. 이 밖에 위원회는 매일 오후 4시에 회의를 개최하여 다음 날 투매할 면사의 수량과 방침을 논의하였다.[497] 中紡公司가 투매한 가격은 시가에 비해 20번수 면사 매 건 평균 15,000원 정도 저렴하였으며, 12파운드 세포는 매 필 최고 1,750원, 최저 100원, 평균 650원 정도 저렴하였다.[498]

그럼에도 불구하고 1949년 이후 물가가 폭등하면서 이와 같은 투매정책도 소기의 성과를 거둘 수 없었다. 中紡公司 조사과가 조사한 지수에 따르면, 8월 19일을 기준 시기로 하여 1949년 2월 현재, 식염은 810배나 가격이 폭등하였으며, 식용유는 745배, 연료는 728배, 비누와 기타 일용

496 《申報》, 1949. 1. 13.

497 《商報》, 1949. 1. 13.

498 南京中國第二歷史檔案館藏檔, 檔號 : 475-14 : 中紡公司業務概況報告.

1948년 말, 1949년 초 면화, 면사, 면포 가격의 변동

시기	면화 (通州棉/100근)	면사 (雙馬/20번수사포)	면포 (藍鳳/남포필)
1948년 11월	1,020.00	7,333.33	450.00
1948년 12월	1,340.00	13,666.67	775.00
1949년 1월	5,300.00	45,266.67	2,683.33
1949년 2월	39,333.33	347,666.67	18,833.33
1949년 3월	183,333.33	1,426,666.67	82,333.33
1949년 4월	1,850,000.00	37,000,000.00	2,383,333.33
1949년 5월		1,567,000,000.00	144,666,667.00

資料出處 : 中國社會科學院上海經濟研究所 編, 《上海解放前后物價資料匯編》, 上海人民出版社, 1958. 附表 : 上海解放前歷年主要商品批發價格表三.

품은 520배나 폭등하였다. 그런데 불과 한 달 후인 3월의 지수는 8월 19일을 기준으로 할 경우 식염은 5,871배, 식용유는 3,929배, 연료는 3,520배, 비누와 기타 일용품은 2,500배나 폭등하였다.[499] 물가의 폭등이 더 이상 정책을 통해 통제할 수 없는 지경에 이르고 만 것이다.

1월 18일, 공상부장 劉維熾는 "정부는 물가 안정을 위해 물자의 투매를 결정하였다. 현재 정부가 장악하고 있는 쌀과 면사 등은 그 수량이 풍부하여 물가의 통제에 자신감을 가지고 있다"[500]고 말하였으나, 정부의 발표가 허장성세에 불과하였음을 모두 잘 알고 있었다. 정부의 선전에도 불구하고 면사포 가격은 고삐 풀린 망아지처럼 걷잡을 수 없이 계속 폭등하였으며, 상승의 속도 또한 놀라울 정도였다. 그러자 암시장도 덩달아 창궐하였으며, 수많은 면사포 상인들은 다투어 암시장에 뛰어들었다. 中紡公司를 통한 국민정부의 면사포 투매정책은 더 이상 면사포 가

499 南京中國第二歷史檔案館藏檔, 檔號 : 475-14 : 中紡公司業務概況報告.

500 《申報》, 1949. 1. 19.

격의 안정에 아무런 기여도 할 수 없었다. 1949년에 접어들면서, 중국 방직공업 전체는 이미 파산 상태에 접어들고 말았다.

그러면, 국민정부의 면사포 투매정책에 대해 방직자본가들은 어떻게 대응하였으며, 이들의 동향은 어떠했을까. 1948년과 1949년에 물가가 폭등하고 통화팽창이 걷잡을 수 없이 진전되면서, 국민정부가 면사포를 투매함으로써 필사적으로 물가의 안정에 진력하였음은 이미 살펴본 바와 같다. 그런데 이와 같은 투매정책은 일찍이 1946년 초에도 이미 실시된 적이 있다. 따라서 1949년의 투매정책은 국민정부가 일용필수품의 가격을 안정시키기 위해 中紡公司를 통해 면사포를 투매한 경험을 본격화한 것이다. 그러면 1946년 초 中紡公司의 투매정책에 대해 민영사창의 반응은 어떠하였을까.

1946년 초 中紡公司의 면사포 투매정책에 대해 민영사창의 반응은 한마디로 매우 부정적이었다. 上海의 신문은 일제히 "근래 민영사창은 대부분 두려운 마음을 가지고 있는데, 즉 국영사창이 장래 지나치게 저렴한 가격으로 면사포를 판매할 경우 민영사창으로서는 그 압박을 이겨낼 수 없을 것이라 여기고 있다"[501]라고 보도하여, 이에 대한 민영사창 방면의 거부감을 간접적으로 전하였다. 더욱이 민영사창 측은 "中紡公司는 폭리를 얻기 위해 전체 민생을 외면하고 있다. 中紡公司는 민간의 부담을 경감시킨다는 미명 아래 시가를 억제하려 한다 〔…〕 中紡公司에서 생산된 면사가 시가보다 지나치게 저렴할 경우 이윤을 제한하게 되어 재생산을 위축시키게 될 것은 명확하며, 결과적으로 모든 생산을 위축시키게 될 것이다"[502]라고 하여 거부감을 나타냈다. 이상의 기록을 통

501 《申報》, 1946. 1. 1.

502 中國第二歷史檔案館編, 《中華民國史檔案資料匯編》 第5輯 第3編(財政經濟 5), 江蘇古籍出版社, 2000.1. p.472.

해 볼 때, 민영사창은 中紡公司를 통한 투매정책이 면사포 가격의 하락을 초래할 가능성이 있으며, 그러한 결과가 자신들의 생산과 경영에 심각한 영향을 미치지 않을까 우려하고 있었음을 알 수 있다. 비록 국민정부의 면사포 투매정책이 소비자의 입장을 고려하여 가격의 안정을 도모하는 것이었지만, 한편으로 이와 같은 정책은 근본적으로 방직자본가의 이해와는 모순되는 것이었다.

국민정부가 실시한 면사포의 가격제한 정책과 투매정책, 그리고 중국공산당의 세력 확대와 끊임없는 국공 간의 내전은 중국 방직공업의 경영에 심대한 충격을 주었음에 틀림없다. 1947년 한 해 동안 홍콩에서 365개의 공장이 새로 등기 수속을 마쳤는데, 이 가운데 약 20% 정도가 중국의 국내 자금으로 개설된 것이었다. 그런데 1948년부터 중국 자본이 국외로 급속히 유출되기 시작하면서, 1948년 1월부터 4월까지 홍콩에 등기된 공장은 모두 105개였으며, 39개 공장이 등기 신청 중이었는데, 이 가운데 60% 정도가 중국 국내 자본으로 개설된 것이었다.[503]

이와 같이 방직자본의 국외 유출은 바로 국민정부의 면업 통제정책과 밀접한 관련을 가지고 있었다. 당시 방직업계에서 출판된 한 출판물은 이 문제에 대해 "기업가들은 국내에서 공업을 경영할 경우 이윤을 획득할 수 없을 뿐 아니라 도리어 손해를 보게 된다고 생각하여 극력 공장의 이전을 모색하게 되었다. 이러한 결과 홍콩은 중국 민족공업의 피난처가 되었으며, 신흥공장들이 우후죽순처럼 설립되었다"[504]라고 기록하였다. 申新紗廠 총경리인 榮鴻元도 이와 같은 상황에 대해 "홍콩 공상업의 기형적인 번영은 사실은 국내 전란과 불합리한 공상업 통제의 결과로 조성된 것이다. 자본가들이 홍콩에 공장을 세워 자금을 유출시키

503 丘陵,〈國內工業南逃的剖視〉,《經濟週報》6卷24期, 1948. 6. 10. p.430.

504 《紡聲》2期, 1948. 7. p.13.

는 행위는 부득이한 조치이다. 현재 실시되고 있는 면업에 대한 통제정책은 마땅히 합리적으로 개선되지 않으면 안 된다"[505]라고 하여 국민정부가 실시하고 있는 면업 통제정책에 불만을 표시하였다. 중국의 대표적인 신문인《申報》역시 "공업이 홍콩으로 이전하는 것은 국내의 통제를 회피하려는데 그 목적이 있다. 자본의 도피는 필연적으로 물자의 부족을 더욱 가속화시킬 것임에 틀림없다"[506]라고 하여 방직자본가의 자본 국외 유출을 비난하였다.

적지 않은 방직기업들이 종전 초기에 외국에서 구입하기로 계약한 방직설비를 직접 홍콩과 臺灣으로 수입하여 공장을 개설하였다. 申新 9창은 이와 같은 방법으로 홍콩에 방추 수 38,600추 규모의 緯綸紗廠을 설립하였으며, 申新 1창도 홍콩에 25,000추 규모의 南洋紗廠을 설립하였으며, 외국에서 새로 구입 계약한 방직설비도 모두 홍콩과 臺灣으로 직수입하였다.[507] 이 밖에 직접 공장 설비를 해체하여 국외로 이전하는 방법도 종종 사용되었다. 申新 2창과 5창은 上海의 공장 설비를 철거하여 18,400추 규모의 廣州第二紡織廠을 설립하였다.[508] 申新 1창도 방추 5,040추, 직포기 200대를 臺灣으로 옮겨 분창을 설립하였다.[509] 1949년이 되면, 申新紗廠은 심지어 태국에 신공장을 설립하려는 계획까지 수립할 정도였다.[510]

중국 자본의 국외 유출에 힘입어 1949년 이후 홍콩 방직공업은 본격

---

505 《公益工商通訊》3卷 5期, 1948. 6. 15. p.21.

506 《申報》, 1948. 4. 25.

507 朱龍湛,〈榮氏兄弟和申新一廠〉,《20世紀上海文史資料文庫》(3), 1999. 9. p.91.

508 許維雍 · 黃漢民,《榮家企業發展史》, 人民出版社, 1985. 12. pp.258-259.

509 上海社會科學院經濟研究所編,《榮家企業史料》下, 上海人民出版社, 1980. p.649.

510 上海社會科學院經濟研究所編,《榮家企業史料》下, 上海人民出版社, 1980. p.662. 그 밖의 방직자본 해외 유출과 신사창의 설립에 관한 상세한 내용은 丘陵,〈國內工業南逃的剖視〉,《經濟週報》6卷 24期, 1948. 6. 10. p.430 참조.

적으로 발전하기 시작하였다. 일부는 홍콩에서 다시 자본을 臺灣으로 이전하여 紗廠을 신설하기도 하였으며, 일부는 다시 국외로 유출시켰다. 1949년 이후, 홍콩 및 臺灣의 경제발전은 중국 자본의 유출 및 이전과 밀접한 관계를 가지고 있다.[511] 사실 1947년 이전에, 홍콩의 방직공업은 규모가 매우 작았으며, 대부분 사실상 수공업 수준에 머물러 있었다. 1947년부터 홍콩에는 수많은 방직공장들이 속속 세워지기 시작하였는데, 그 대부분은 上海 방직자본가들이 투자한 것이다. 이러한 결과 1950년 이후 방직공업은 발전을 거듭하여, 1950-80년대 동안 면제품과 의복의 수출이 홍콩의 전체 수출에서 차지하는 비중이 절반에 이를 정도로 중요한 위치를 차지하였다.[512] 臺灣의 경우를 살펴보더라도 1947년 이후 방직공업이 매우 급속히 발전하였다. 예를 들어, 1946년 현재 방추는 10,664추, 직포기는 274대에 불과하였으나, 1953년에는 방추가 143,000추, 직포기가 2,094대의 규모로 발전하였다.[513]

확실히 臺灣은 방직공업의 발전에 매우 유리한 조건을 갖추고 있었다. 예를 들면, 정치 환경이 안정되어 있었으며, 노동운동이 거의 발생하지 않았고, 기후도 온화하였다. 전기 요금도 저렴하여 매 도당 臺灣貨로 13원에 불과하였으며, 임금 또한 저렴하여 남공은 매일 800-1,000원, 여공은 400원에 불과하였다. 뿐만 아니라 이와 같이 생산된 면사포의 시장도 형성되어 있었다. 유일한 결점은 면화가 자체적으로 생산되지 않아 수입에 의존해야 한다는 점이었다. 그러나 당시 중국 본토에서도 내

511 汪鴻孫, 〈舊上海棉紗行業槪述〉, 《上海文史資料存稿匯編》 六, 上海古籍出版社, 2002, pp.21-22.

512 魏上吼, 〈香港紡織工業發展史述評〉, 《中國近代紡織史研究資料匯編》 第九輯, 1990.9, pp.2-4.

513 魏上吼, 〈臺灣紡織工業的發展特征〉, 《中國近代紡織史研究資料匯編》 第五輯, 1989.9, p.14.

전으로 말미암아 국내산 면화의 유통이 어려워 사실상 수입에 전적으로 의존할 수밖에 없는 상황임을 감안한다면 절대적인 결함이라고 할 수도 없었다.[514]

4. 공업경제의 해체와 노동자의 공장보호운동

중국 공업 가운데 가장 많은 노동자를 고용하고 있던 방직공업의 붕괴 및 자본의 해외 유출은 실업과 노동운동 등 심각한 사회문제를 야기하였다. 1948년 12월 7일, 上海市總工會는 제3차 상무이사회를 개최하였는데, 회의에서 이사장 周學湘은 "上海市의 공장들이 이전하면서 노동자의 생계를 전혀 고려하지 않고 있다. 우리는 정부에 고의로 공장을 폐쇄하거나 정업할 수 없도록 하는 엄정한 법률을 제정해 줄 것을 요구할 것이다. 만일 부득이하게 공장을 이전해야 할 경우라면 마땅히 노동자 및 전 가족도 함께 이주하도록 조치해야 한다. 이러한 과정에서 소요되는 모든 비용은 마땅히 자본가 측에서 부담해야 하며, 노동자가 생산 활동을 계속할 수 있도록 하여 실업을 방지하고, 생계를 보장해 주어야 한다"[515]라고 주장하였다.

이러한 가운데 국공내전이 격화되면서 전국의 경제는 심각한 불황의 나락으로 빠져들었다. 이미 1947년 6월 이후 동북지방에서 중국공산당의 세력이 확대되면서 中紡公司 東北分公司는 심각한 경영난에 직면하였다. 1948년 1월이 되자 中紡公司 東北分公司는 전란과 전력 공급의 부족으로 철수를 준비하기 시작하였다. 中紡公司 青島分公司의 상황도 대동소이하였다. 석탄 연료의 부족으로 말미암아 1948년 12월에 이르

514 《公益工商通訊》4卷 6期, 1948. 12. 31. p.25.

515 《紡織建設月刊》2卷 1期, 1948. 12. 15. p.111.

면 모든 생산활동을 중단하기에 이른다. 생산을 중단하자 이 회사의 2만여 명의 노동자가 실업 상태로 내몰렸으며, 가족들을 포함하면 모두 10만 명의 생계가 막막해졌다.

더욱이 내전이 격화되면서 농촌에서 생산된 양식이 上海 등 도시로 원활하게 공급되지 못하였으며, 극심한 통화팽창으로 말미암아 임금은 양식의 가격 상승을 따라갈 수 없었다. 1949년 2월 9일, 中紡公司 노동자 대표는 임금을 쌀로 환산하여 배급해 줄 것을 요구하였다. 더욱이 1949년 이후 中央銀行이 통화팽창으로 말미암아 화폐의 발행을 축소하자 中紡公司는 어쩔 수 없이 노동자들에게 화폐 대신 회사에서 자체적으로 발행한 公司票라는 일종의 어음을 지급하고 나중에 이를 화폐로 교환해 주기로 약속하였다. 1943년 4월 13일 中紡公司 창장회의에서 총경리는 재무처로 하여금 中央銀行과 교섭을 통해 월급의 70%는 공사표로 지급하고 나머지 30%는 화폐로 지급해 주도록 지시하였다.[516]

이러한 와중에서 1948년 11월 20일, 中紡公司 이사회는 上海, 天津, 青島 지역의 방직설비 가운데 7만 5천 추를 臺灣과 홍콩 등으로 이전하기로 결정하였다. 이에 《紡織週刊》은 "면화와 동력의 부족은 臺灣도 마찬가지인데, 만일 군사 형세로 말미암아 정치적인 동기로 공장설비의 이전을 고려한다면 우리는 정부에게 결코 경거망동하지 말 것을 경고한다"[517]라고 질타하였다.

中紡公司뿐만 아니라 민영사창에서도 공장설비와 자본을 臺灣이나 홍콩, 혹은 기타 국외로 이전시키려는 움직임이 점점 가시화되었다. 그러자 공장노동자들은 이와 같은 설비 이전의 움직임에 반대의 기치를

516 上海市檔案館藏檔, 檔號 : Q192-7-8 : 中紡公司廠長會報紀錄暨緊急措施委員會聯席會議紀錄.

517 《紡織週刊》10卷 4期, 1948. 11. 29. p.2.

올리는 동시에, 이를 저지하기 위해 공장보호운동(護廠運動)을 대대적으로 전개하였다. 이미 1946년 가을 중국공산당의 지시에 근거하여 上海에서는 방직공업 방면의 지하당소조가 결성되었으며, 그 하부조직으로서 中國紡織事業協進會가 성립되었다. 일찍이 1946년 4월 周恩來는 許滌新과 함께 上海를 방문하여 방직사업 관련 인사들과 폭넓게 접촉하는 한편, 이들에게 단결하여 해방을 영접하도록 강력히 요구한 바 있다.

지하당의 영도 아래 방직사업협진회는 적극적으로 방직사업 부문의 상층인사들을 포섭해 나갔으며, 이들의 역량을 공장보호운동을 전개하는 데 적극 동원하였다. 이러한 가운데 중국방직건설공사의 공장설비 이전 계획에 대해 중국방직학회는 다음과 같은 의견을 공개적으로 발표하였다. 첫째, 中紡公司는 방직업계의 영도적 위치에 있으므로, 절대로 공장설비를 이전하거나 분산시켜는 안 된다. 둘째, 국가은행 및 정부기관은 방직공업의 어려움을 해결하기 위해 적극 나서야 한다. 셋째, 노자 쌍방의 협조가 매우 절실하다.[518]

1947년 5월, 중국공산당은 河北省 石家庄에서 全國工商會議를 소집하여 사영공상업에 대해 "군수공업 및 국민경제와 밀접한 관계를 가진 것, 그리고 민간이 경영할 능력이 없는 분야를 제외하고, 나머지 공상업은 모두 민간의 경영을 허용한다"[519]라는 방침을 선포하였다. 이후 수많은 여론들은 다투어 중국공산당의 공상업정책을 열렬히 지지하였다. 여론은 "우리들은 공상업과 관련된 중국공산당의 수많은 규정들을 모두 살펴보았는데, 그야말로 매우 관대하고 포용력 있는 내용들이라고 할 수 있다. 중국공산당의 공상업정책은 공산주의를 하자는 것이 아니고 오히려 자본주의를 발전시키자는 취지이다. 중국공산당이 해방구에서 실행

518 《紡織週刊》10卷 6·7·8期, 1948. 12. 24. p.2.

519 〈共產區對于工商業〉,《華北工商政策》, 1949. 3. 1. p.2.

하는 공상업정책은 순수하게 공상업을 발전시키는 데 목적이 있는 것이지, 무슨 공산주의를 실행하자는 것이 아니다"[520]라는 글에서도 잘 살펴볼 수 있다. 이와 같은 기록을 통해 알 수 있듯이, 공산화 직전기에 중국공산당은 급격한 공산화를 지양하고 공상업의 자유로운 자본주의적 발전을 폭넓게 포용하는 정책을 제시하였으며, 이를 통해 공상자본가들의 거부감을 해소하고자 적극 노력하였음을 알 수 있다.

이러한 가운데 각 공장에서는 노동자들에 의한 공장보호운동이 적극 전개되었다. 이러한 상황은 中紡公司 이사회의 기록에서도 잘 나타나고 있다. 1948년 12월, 中紡公司 이사회는 陳啓天, 東雲章, 顧毓瑔, 吳味經, 顧葆常 등이 참석한 가운데 긴급대책회의를 개최하였는데, 회의석상에서 "각 공장에서 공장보호대를 조직하여 직공 및 설비, 물료의 안전 보장 등을 요구하고 있다. 이전에 일부 설비를 이전하는 계획에 대해 현재는 견제가 너무 심해 실행하기 어렵다"[521]라고 토로하였다. 이와 같이 공장노동자에 의한 공장보호운동은 국영 및 민영기업의 자본 이탈 및 설비 이전을 저지하는 데 큰 역할을 하였음을 알 수 있다.

1949년 2월 7일, 中紡公司 青島分公司 경리 范澄川은 군사당국이 青島가 군사 전략상 가치를 상실하여 조만간 철수하고자 하는데, 이 도시의 항구, 정류장, 수력발전소와 함께 中紡公司의 각 공장을 모두 폭파시키려 한다고 본사에 보고하면서, 이러한 계획이 노동자들의 폭동을 유발할 가능성에 대해 우려를 표명하였다. 이에 中紡公司 총경리 顧毓瑔은 南京으로 가서 국방장관 徐永昌과 면담을 해 青島 공장의 폭파를 중지해 줄 것을 요청하여 겨우 이를 면할 수 있었다.[522]

---

520 〈評中共的工商業政策〉,《經濟通迅》3卷 13·14期, 1948. 4. 17. pp.404-405.

521 《公益工商通迅》4卷 6期, 1948. 12. 31. p.23.

522 顧毓瑔, 〈在中紡公司迎接解放和接管〉,《上海解放三十五週年文史資料紀念專輯》, 上海人民出版社, 1984. 5. p.310.

1948년 가을, 국민정부 교통처장이 중앙의 명령을 받아 공장 설비의 이전을 집행하기 위해 范澄川의 의견을 구하였는데, 이 자리에서 范澄川은 "중요한 사실은 공장설비를 이전하려 해도, 이를 해체하여 옮겨 줄 노동자를 찾을 수 없다는 것이다. 왜냐하면 이들은 틀림없이 숙련된 노동자들로서 공장 안의 다른 작업장에서 일하는 노동자들과 부자, 형제, 부부, 자매 등의 혈육관계일 것이 분명한데, 이들의 생계를 빼앗기 위해 기꺼이 기계를 철거하는 데 나서겠는가?"[523]라고 반대의 의사를 분명히 하였다.

1948년 겨울, 중국공산당 지하당소조의 당원인 趙仲玉은 范澄川을 만나 공장보호운동을 적극 전개하도록 지시하였다. 이후 范澄川은 공장장 연석회의를 소집하여 공장보호운동을 적극 전개하도록 지시하는 한편, 특히 공장설비가 파괴되어 노동자의 생계를 앗아가는 행위를 적극 방지해야 한다고 지시하였다. 이와 같이 중국공산당은 青島分公司 경리인 范澄川 등 공상업자본가 상층부 및 정부관료를 광범위하게 포섭하였으며, 이들을 통해 공장보호운동을 적극 전개했음을 알 수 있다.[524]

지하당소조는 민영사창의 대표적인 인물인 榮德生을 적극 포섭하였는데, 그는 이러한 영향하에서 "생각해 보니 공산당도 공업이 필요할 터인데, 아무리 나빠도 국민당만 하겠는가?"[525]라고 하면서, 공산화 전야에도 거리를 활보하였다. 이와 같은 榮德生의 공공연한 행위는 자본가들을 안심시키는 작용을 하여 많은 사람들이 그를 따라 대륙에 잔류하게 되는 원인을 제공하였다. 민영사창의 공업자본가들 가운데 적지 않은 사람들이 대륙에 잔류하게 된 원인은 한편으로는 공상업 발전과 경

523 范澄川, 〈關于青島中紡公司工作的回憶〉, 《青島文史資料選輯》 4輯, 中國文史出版社, 1983. 10. p.84.

524 《上海文史資料選輯》 2輯, 上海人民出版社, 1979. 5. p.88.

525 陸鳴芝, 〈榮家企業的創立和發展〉, 《中國近代紡織史研究資料匯編》 13輯, 1991. 3. p.9.

영의 자유에 대한 중국공산당의 선전이 效과를 발휘했음을 보여 주는 대목이기도 하다. 다른 한편으로는 노동자들의 철저한 공장보호운동 속에서 어쩔 수 없이 대륙에 남을 수밖에 없었던 경영자들도 적지 않았을 것으로 추측된다.

1949년 봄, 중국공산당 上海地下黨의 吳克堅은 中紡公司 고위층 인사들을 포섭하기 위해 공산당원인 金城銀行의 陳百流를 통해 그의 오랜 지기인 王兼士를 적극 활용하였다. 王兼士는 바로 중국방직건설공사 총경리인 顧毓瑔의 매부였다. 중국공산당은 王兼士를 통해 顧毓瑔을 포섭하였으며, 이후 中紡公司 시설의 보호 및 물자, 외환을 온전하게 보존하도록 지시하였다. 이에 매일밤 8시 반에 顧毓瑔은 자택에서 중국공산당 지하당과 전화를 통해 상황을 보고하였으며, 또한 지시를 받았다. 이와 같은 활동이 1949년 5월 27일 上海 공산화까지 계속되었다.

중국 국영기업 가운데 최대의 규모를 자랑했던 中國紡織建設公司의 총경리마저 중국공산당에 포섭된 상황은 그야말로 공산화 직전 국민정부의 통치역량의 붕괴를 여실히 보여 주는 놀라운 사건이었다. 그러나 더욱 놀라운 사실은 中紡公司를 통제하는 국민정부 내부의 수뇌부마저 중국공산당에 포섭된 사람들이 적지 않았다는 사실이다.

국민정부 경제부장 孫越崎는 경제부차장이며 中紡公司 대리이사장인 簡貫三과 中紡公司 총경리 顧毓瑔에게 "中紡公司는 방대한 기계설비를 보유하고 있으므로 마땅히 훼손없이 보존하여 인민정부에 이전할 것"[526]을 지시하였다. 이에 顧毓瑔은 中紡公司 이사회에서 다음과 같이 지시하였다. (1)각 공장의 직공들은 안심하고 업무에 임해 '해방'을 영접하라. (2)각 공장의 기계설비는 응당 훼손 없이 잘 보존해야 한다. (3)각 공장의 모든 문건과 장부도 훼손 없이 보존해야 한다. (4)각 공장의 원료 및

526 顧毓瑔, 〈回憶中紡公司〉, 《中國近代紡織史硏究資料匯編》 第6輯, 1989. 12. p.3.

제품도 온전하게 보존하라.[527] 이로부터 국민정부 통치 말기 정부 수뇌부인 경제부장, 경제부차장을 비롯하여 中紡公司 이사장, 총경리, 민영기업의 영수 등 광범위한 인사들이 중국공산당에 포섭되어 국민정부로부터 이탈하였음을 잘 알 수 있다. 이러한 상황에서 국민정부가 더 이상 명맥을 유지하는 일은 불가능하였을 것이다.

1949년 4월 26일 중국공산당 輕工業處는 중국방직건설공사를 접수하기 위한 방안을 다음과 같이 마련하였다. 즉 (1)접수 초기 경공업처 감독부의 가장 중요한 임무는 바로 생산의 계속성을 확보하는 일이다. 멈춰선 생산설비는 신속히 회복시켜야 하며, 원래 직공들도 대부분 그대로 유임시켜 생산 및 경영계통의 계속성을 유지해야 한다. (2)감독부는 계속 존치하여 中紡公司 이사회의 직권을 대행하도록 한다.[528]

마침내 1949년 5월 25일 중국공산당은 滬西(上海 西區)를 점령하였으며, 5월 26일 국민정부의 잔여 부대가 무기를 버리고 투항함으로써 5월 27일 上海 전역은 중국공산당의 지배하에 편입되었다. 다른 한편, 중국공산당이 본격적으로 남하하면서 長江 유역으로 물밀듯이 진격해 오자, 上海, 南京 등 각지로부터 홍콩, 臺灣, 기타 국외로 탈출하는 피난 행렬이 끝없이 이어졌다. 이미 1948년 말부터 공상자본가를 비롯하여 수많은 사람들이 上海로부터 속속 臺灣, 홍콩 등으로 탈출하였다. 11월 중순, 일거에 3만 1천 명 정도가 臺灣으로의 피난길에 올랐으며, 中國商船海運公司는 12월분의 승선 예약이 찼다는 이유로 예약을 더 이상 받지 않았다. 上海의 부동산 가격이 절반으로 급락한 반면 臺灣, 특히 臺北의 지가는 두세 배나 급등하였다.[529] 1948년 12월, 臺北의 인구는 원래의 20

527 顧毓琭,〈回憶中紡公司〉,《中國近代紡織史研究資料匯編》第六輯, 1989.12, p.3.

528 中共上海市委黨史研究室編,《接管上海》上, 1993, p.262.

529 "金圓券을 발행한 이후, 上海로부터 臺灣으로 유휴자본이 다투어 도피길에 올랐다. 臺灣에서 가장 인기 있는 투자는 바로 토지의 매매였으며, 이러한 이유에서 臺灣省의 부

만 명에서 갑자기 50만 명으로 폭증하였으며, 上海發 臺灣行 여객기는 아무리 증편해도 그 인원을 감당할 수 없는 형편이었다.

결론

종전 이후 공업설비 복구의 지체와 일용필수품의 부족은 물가 상승을 야기하였으며, 이는 다시 실업과 노동운동으로 이어져 극심한 사회불안을 야기하여 정권의 안정마저 동요시켰다. 이와 같이 중국 전반의 경제적, 사회적 불안정성은 국민정부가 면업 통제정책을 실시할 수 있는 정당성을 부여해 주었다고 할 수 있다.

국민정부는 국영사창인 中國紡織建設公司를 설립하여 투매정책을 실시함으로써 일용필수품인 면사포 가격의 상승을 억제하여 물가 전반의 안정을 도모하였다. 국민정부는 국내산 면화와 미국 원조 면화의 공동수매를 추진하여 원료 가격을 안정시킴으로써 생산된 면사포의 가격을 안정시키기 위해 노력하였다. 뿐만 아니라 1948년에 접어들면서 물가가 급등하고 통화팽창이 만연되면서 물가를 안정시키기 위한 극약처방으로서 8·19 물가 통제정책을 통해 면사포의 판매 가격을 8월 19일의 가격으로 동결시켰다.

그러나 中紡公司를 통한 면사포의 투매정책이나 판매가격의 동결 정책은 소기의 성과를 거둘 수 없었으며, 마침내 실패로 종결되고 말았다. 비록 국민정부가 시행한 면사포의 가격제한과 면제품의 투매 정책은 전후 통화팽창의 경제위기 속에서 실행의 객관적 정당성을 가지고 있기는 하였지만, 이와 같은 면업 통제정책은 근본적으로 방직자본가의 이해와

동산 가격은 전반적으로 급등하였다. 이 가운데 臺北市가 투자의 중심지가 되어, 한 달 안에 토지가격이 이미 두세 배나 급등하였다."《商報》, 1948. 10. 25.

모순 관계에 있었으며, 따라서 이들의 지지를 얻기는 당초부터 어려운 일이었다. 이것이 바로 면업 통제정책이 소기의 성과를 거둘 수 없었던 가장 근본적인 원인이었다.

국민정부가 추진한 경제정책의 실패가 확연히 드러나게 되는 1948년에 이르게 되면, 중국공산당은 지하당의 주도로 수많은 공상자본가 상층 인사들을 적극적으로 포섭해 나간다. 이들은 국민정부의 공장설비 이전에 맞서 노동자들과 함께 공장보호운동(護廠運動)을 전개하였으며, 나아가 이들 가운데 적지 않은 사람들이 중화인민공화국 수립 이후 대륙에 그대로 남았다는 사실은 많은 것을 시사해 주고 있다.

결론

본서의 대미에서 다음과 같은 몇 가지 핵심적인 문제를 총괄함으로써 결론을 대신하고자 한다. 우선 종전 직후 국민정부가 실시한 방직공업 등 경공업의 국영화와 이러한 결과로 적산사창의 국영화를 통해 설립된 중국방직건설공사에 대한 평가에 주목하고자 한다. 특히 기존 중국 학계를 중심으로 이루어져 온 연구에서는 이 공사를 四大家族의 전형 기업으로서 위치시켰으며, 따라서 그 설립 배경과 관련해서는 四大家族의 蓄財나 국고를 보충하기 위한 재정적 목적, 혹은 중국공산당과의 내전을 수행하기 위한 경비 염출이라는 다분히 정치성이 농후한 평가가 이루어져 왔음은 주지의 사실이다.

실제로 중일전쟁기 국민정부를 따라 重慶 등 서남지역으로 공장설비를 이전하였으며, 나아가 전시 기간 동안 국민정부 통치구의 경제를 지지했던 후방공업은 국민정부가 항일전쟁을 수행하는 데 불가결한 물질적 기초를 제공하였으며, 따라서 항전 승리에 대한 후방 자본가의 공헌은 높이 평가받아야 마땅할 것이다. 국민정부는 전시 이들의 희생과 공헌을 극대화하기 위해 항전의 승리가 도래한 이후 경공업의 민영화와 적산의 우선 승계 권리를 부여할 것임을 누차 약속해 왔다.

그러나 본서에서 서술한 바와 같이, 종전 직후의 경제적 조건으로 말미암아 국민정부의 약속은 그대로 이행되기 어렵게 되었다. 전시 억눌려 있던 수요는 전후 일시에 폭발하였으며, 수급의 불균형은 물가 급등과 통화팽창으로 나타났다. 자본가들뿐만 아니라 일반 시민들도 모두 화폐의 가치를 보존하기 위해 투기와 사재기에 뛰어들어 암시장이 창궐하였으며, 이것이 다시 물자부족과 물가 급등을 가속화시키는 악순환이 반복되었다. 명목임금의 상승에도 불구하고 실질임금이 하락한 노동자와 적산의 폐쇄로 말미암아 실업에 처한 수백만 명의 노동자들은 거리로 뛰쳐나와 정권의 안정마저 위협하였다.

따라서 폐쇄된 적산 공장의 생산을 시급히 복원하고 가동을 재개하여 일자리를 창출하고, 생산된 제품을 저렴한 가격으로 투매함으로써 물가의 상승과 통화팽창을 억제하는 일은 전후 경제건설의 핵심적인 과제가 아닐 수 없었다. 만일 전시 국가에 대한 후방 공업의 공헌과 희생을 고려한다면 적산기업을 이들에게 우선적으로 승계하도록 배분하는 것이 도리에 맞는 일이었을 것이다. 그러나 후방 공업자본가들은 종전 직후 수복구의 물가 급등과 통화팽창, 노동운동 등을 근본적으로 해결할 수 있는 역량을 갖추고 있지 못하였다. 이와 같은 현안을 해결하기 위해 국민정부는 국영기업의 효율성에 주목하였으며, 더욱이 전시 정치적 정당성의 결여로 말미암아 어려움에 처해 있던 上海 등 수복구 공상자본가의 선진적인 기술과 설비, 생산 능력에 주목하였던 것이다. 이것이 바로 중국방직건설공사가 성립된 배경과 목적인 것이다.

전시 경제에 대한 후방 방직공업의 막대한 공헌에도 불구하고, 이들이 종전 이후 중국의 경제건설을 담당하기엔 역량이 부족하였음은 객관적인 사실이었다. 따라서 이들이 적산사창을 후방 방직공업에 분배하여 경영하도록 국민정부에 요구한 것은 전시 공헌에 대한 보상이라는 측면에서 제기한 것이다. 그러나 국민정부의 입장에서는 적산사창의 처리와 전후 경제건설의 문제를 단지 전시 공헌에 대한 보상이라는 측면만을 가지고 고려할 수는 없었을 것이다. 이와 같은 경제적 조건과 기능을 홀시하고 단지 정치적 시각에서 중국방직건설공사를 재단하는 방식으로는 공정한 역사적 평가에 도달하기 어려울 것이다.

두 번째, 종전 직후 국민정부는 어떻게 공상자본가들을 주도적으로 강력히 통제할 수 있었을까? 이는 무엇보다도 전시 공상자본가들의 정치적 동향과 밀접한 관계를 가지고 있다고 하겠다. 실제로 1930년대 재정부장 宋子文은 면업통제위원회를 설립하는 등 일련의 경제 통제정책을 추진하였으나 결국 자본가들의 비협조와 반대로 소기의 성과를 거두지 못한 경험을 가지고 있다. 그러나 종전 직후 물가의 급등과 통화팽창, 극심한 노동운동 등 경제위기는 정부로 하여금 경제 통제정책을 실현할 수 있는 객관적 정당성을 부여했다고 볼 수 있다. 뿐만 아니라 자본가들 역시 이전에 비해 상당히 운신의 폭이 좁아졌다고 할 수 있다. 본문에서 지적한 바와 같이, 중일전쟁 이후 다양한 이유로 인해 전국 공업의 중심지인 上海의 공상자본가들은 국민정부의 공장설비 이전 요구에도 불구하고 그대로 上海 등 공업 중심지에 잔류하였으며, 전시 호황에 힘입어 막대한 수익을 거둘 수 있었다. 또한 진주만 공습 이후 일본 제국주의가 上海를 접수한 이후에는 일본 제국주의에 적극 협조하지 않을 수 없었으며, 비행기와 무기의 공출과 헌납운동에도 적극 앞장섰다. 이러안 이유로 말미암아 이들은 정치적 정당성을 상실하게 되었으며, 종전 이후 대정부 관계에서도 이전처럼 목소리를 높이기 어려운 처지에 놓이게 된 것이다. 이와 같은 조건이 바로 종전 직후 국민정부가 강력한 경제 통제정책을 추진할 수 있었던 배경이 되었던 것이다.

세 번째, 경제 통제정책의 실패 및 이로 인한 중국 경제의 전면적인 파탄과 그 책임 소재에 관한 문제이다. 국민정부의 입장에서 보자면, 종전 직후 경제건설의 관건은 공업 설비를 신속히 복원하는 데 있었음은 두말할 필요도 없다. 공업 복원의 지체와 물자 부족은 바로 물가 급등, 통화팽창, 노동운동 등의 사회문제를 야기하였을 뿐만 아니라 경제건설 및 정치안정을 위협하는 근본적인 원인이었기 때문이다. 따라서 국민정부로서는 시급히 적산의 생산을 재개하여 일자리와 생산을 증가시키는 것이 시급하였던 것이다. 이렇게 볼 때 국민정부의 입장에서 경제 통제정책은 실시를 위한 객관적 타당성을 지니고 있었다고 할 수 있겠다.

그러나 면업통제의 경우에서 보이듯이 통화팽창의 와중에서 생산 제품에 대한 과도한 판매가격의 억제 및 제한은 공업자본가의 이익과 근본적으로 모순관계에 있었으며, 따라서 이들은 이와 같은 정책을 달갑게 생각할 리가 없었다. 이것이 바로 경제 통제정책이 소기의 성과를 거둘 수 없었던 근본적인 이유였던 것이다. 비록 생산 제품의 판매가격을 억제하는 정책이 상당한 성과를 거두었지만, 그럴수록 생산 공장의 경영에는 불리한 영향을 미쳤다. 국민정부의 경직된 가격제한정책은 방직기업의 경영에 심각한 타격을 주었으며, 이러한 이유에서 적지 않은 민영사창들이 규정을 준수하지 않고 도리어 자사의 제품을 몰래 암시장으로 빼돌렸으며, 면사포의 가격을 고의로 높여 이익을 챙길 수밖에 없었던 것이다. 이와 같은 행위는 다시 국민정부가 시행한 경제 통제정책의 순조로운 진행을 가로막는 결정적인 걸림돌이 되었다.

국민정부는 국가정책에 대한 자본가의 비협조를 비난하면서 경제정책의 실패와 경제 파탄의 책임을 자본가들에게 전가하였으나, 자본가의 입장에서 볼 때는 생산원가가 이미 급등하였음에도 제품의 가격만을 극도로 제한하는 정부의 통제정책을 결코 받아들일 수 없었다. 따라서 경영을 유지하기 위해서는 불가피하게 통제를 이탈하여 이윤을 추구할 수밖에 없었던 것이다. 이렇게 본다면 경제정책의 실패와 중국 경제 파탄은 국민정부와 자본가 양자에 모두 일정한 책임이 있었다고 할 수 있겠다.

그렇다면 경제정책의 실패와 중국 경제의 파탄에서 결국 누구의 책임이 더 크다고 할 수 있을까? 필자가 보기에는 무엇보다도 정책 결정 과정에서 나타난 국민정부의 비민주성에서 찾는 것이 가장 합리적이라고 보여진다. 종전 직후 국민정부는 사실상 민영기업의 경영 및 이들의 주장과 입장에 대한 고려나 배려, 관심이 크게 부족했던 것으로 보인다. 왜냐하면 경제 통제정책이 이미 자본가들의 적극적인 협조, 심지어는 희생을 전제로 비로소 시행될 수 있는 것인데도 불구하고 국민정부는 이들 자본가의 입장이나 이익, 혹은 주장에 귀 기울이지 않았다. 1948년, 1949년의 경제위기 속에서 비록 국민정부가 자본가들이 요구하는 것처럼 전적으로 시장원리에 의한 완전한 자유매매를 허용하기는 어려웠겠지만, 그렇다고 하더라도 경제 통제정책의 골간을 훼손시키지 않는 범위 내에서 정책 시행의 유연성을 발휘할 여지는 있었으리라 생각된다. 이와 같은 경직된 경제 통제정책을 일방적으로 강요해서는 처음부터 정책의 성공을 기대하기 어려웠다고 보여진다. 국민정부는 공상자본가들이 자신의 작은 이해에 집착하여 국가의 큰 이익을 돌보지 않는다고 비난하면서 정책의 수용을 일방적으로 강요하였지만, 자본가들은 결코 국민정부의 경제정책에 선뜻 협조하지 않았다.

여기서 특히 강조하고 싶은 점은, 적산기업의 처리 과정 중에 국민정부는 이미 자신의 주요한 지지계급을 상실하였다는 사실이다. 대후방의 중소자본가들은 이미 전후 경제정책에 실망하여 국민정부에 등을 돌린 상태였다. 수복구의 공업자본가 역시 내전 시기, 즉 비상 시기에 자신들을 희생하여 적극적으로 정부의 정책에 협조해야 할 동기를 찾을 수 없었다. 왜냐하면 이들은 이미 항전 기간 동안 정부에 희생하고 공헌한 수많은 후방 기업들이 전후 정부에 의해 어떻게 처리되었는지 똑똑히 목도하였기 때문이다. 따라서 내전 시기 물가의 급등과 통화팽창의 와중에서 적지 않은 자본가들은 국민정부에 대한 지지를 철회하고, 산업설비 및 자본을 국외로 유출하는 데 급급하였던 것이다. 자신의 최대 지지계급인 자본가들마저 이탈하면서 고립무원의 상태로 몰리고 만 국민정부는 어쩔 수 없이 臺灣으로 후퇴하지 않을 수 없었던 것이다.

참고문헌

1. 檔案 및 문서사료

1) 南京 중국 제2역사 당안관

中國紡織建設公司：全宗号 475.

紡織事業管理委員會：全宗号 76.

紡織事業調節委員會：全宗号 77.

全國花紗布管理委員會：全宗号 73.

2) 上海市 당안관

上海市棉紡織工業同業公會：全宗号 S-30.

中國紡織建設公司：全宗号 Q-192.

上海市檔案館藏檔,檔號：全宗号 Q3-1-23：上海日僑管理處工作概況.

上海市檔案館藏檔,檔號：全宗号 Q1-17-649：征用日籍技術人員.

上海市檔案館藏檔,檔號：全宗号 Q1-17-703：該府關于在華日僑留華問題的訓令.

3) 上海市 도서관 소장 중국방직건설공사 사료

中紡公司 編.《紡建要覽》. 1948. 1.

_______ 編.《中國紡織建設公司》. 1948.

中國紡織建設公司.《中國紡織建設公司36年度工作報告》. 1948.

中紡公司工務處.《中國紡織建設公司工務輯要》. 1949.

中紡公司.《工務報告》. 1949.

《中國紡織建設公司上海第一紡織廠概況》. 1947.

《中國紡織建設公司上海第一印染廠概況》. 1947.

《中國紡織建設公司技術人員訓練班畢業紀念册》. 1948.
《中國紡織建設公司青島分公司36年度統計年報》. 1948.
《中國紡織建設公司青島紡織廠工務槪況》. 1947.4.
《中國紡織建設公司東北分公司第一週年紀念刊》. 1947.9.
《中國紡織建設公司高級業務人員訓練班畢業紀念刊》. 1947.
《中國紡織建設股份有限公司上海第5紡織廠槪況》. 1948.
《天津中紡一週年》. 中紡公司天津分會, 1946. 12.
《天津中紡二週年》. 中紡公司天津分會, 1947. 12.
《天津中紡三週年》. 中紡公司天津分會, 1948.
《青島中紡各廠設備之特点》. 中紡公司青島分會, 1948. 6.
《青島中紡各廠設備之特点》. 中紡公司青島分會, 1948. 11.
《青紡三年》. 中紡公司青島分會, 1948.
《青紡統計年報-35年度》. 中紡公司青島分公司, 1947.
《中國紡織建設公司青島報告書36年度統計年報》. 1948.
《青紡統計半年報》. 1947.

4) 정부기관 사료

工商部全國花紗布管理委員會. 《工商部全國花紗布管理委員會通訊錄》. 1948.
經濟部. 《經濟部紡織工業生產會議記錄》. 1947.
財政部花紗布管制局. 《花紗布管制之槪況》. 1943. 11.
重慶市農本局. 《棉業經濟參考資料》. 1943.
國防最高委員會對敵經濟封鎖委員會. 《敵僞在我淪陷區域經濟統制動態》. 1941. 5.
翁文灝. 《中國工業化的輪廓》. 中周出版社, 1944. 9.
蔣介石. 《中國之建設》. 建國出版社, 1945. 11.
______. 《中國之命運》. 中正書局, 1943. 3.
中央銀行經濟研究處. 《1943年上半期國內經濟槪況》. 1944.
國民政府財政部. 《國民大會代表詢問案財政部之答復》. 1948.
中國人民政府紡織工業部. 《上海染織會議專刊》. 1950. 7.
中央執行委員會秘書處. 《中國國民党第六屆中央執行委員會第二次全体會議宣言及重要決議案》. 1946. 4.

______.《中國國民党第六屆中央執行委員會第三次全体會議宣言及重要決議案》. 1947. 4.
上海區敵僞產業處理局秘書處 編.《上海區敵僞產業處理局章則彙編》. 1945. 12. 25.

5) 면업단체 사료

中華民國機器棉紡織工業同業公會聯合會.《全國紡織業聯合會第二屆大會特刊》. 1947. 10.
______.《全國紡織業聯合會第二屆大會紀錄》. 1947. 9.
______.《棉紗聯合配銷問題》. 1947. 11.
第六區機器棉紡織工業同業公會.《第六區機器棉紡織工業同業公會第一屆會務報告》. 1948.
中國紡織學會青島分會.《青島紡織學會年刊》. 1947. 7.
______.《中國紡織學會第十二屆青島分會第一屆年會紀念特刊》. 1941.
中國紡織學會上海分會.《紡織》(勝利特刊). 1945. 12.
______.《中國紡織學會上海分會會員錄》. 1936. 10.
中國紡織學會.《中國紡織學會第四屆年會論文集》. 1934. 5.
中國紡織工學院.《中國紡織工學院畢業紀念刊》. 1947.
中華民國機器棉紡織工業同業公會聯合會.《三十六年棉紡織業大事記》. 1948. 1.

6) 문사자료

顧毓瑔.〈回憶中紡公司〉,《工商經濟史料叢刊》4輯. 文史資料出版社, 1984.
周志俊.〈青島華新紗廠概況和華北棉紡業一督〉,《工商經濟史料叢刊》1輯. 文史資料出版社, 1983. 6.
孫越崎.〈記中紡公司迎接解放的經過〉,《文史資料選輯》10輯. 中國文史出版社, 1987.
顧毓瑔.〈在中紡公司迎接解放和接管〉,《上海文史資料選輯》46輯. 上海市政協文史資料編輯部, 1984. 5.
范澄川.〈關于青島中紡公司工作的回憶〉,《青島文史資料選輯》4輯. 中國文史出版社, 1983.
郝子芳 整理.〈接管上海中紡公司和所屬工廠的片段〉,《上海文史資料選輯》

46輯. 上海市政協文史資料編輯部, 1984. 5.
袁雪厓. 〈東雲章與雍興公司和中紡公司〉, 《工商經濟史料叢刊》 4輯. 文史資料出版社, 1984.
斯寄. 〈人物志-東雲章〉, 《工商經濟史料叢刊》 1輯. 文史資料出版社, 1983.
傅道伸. 〈我所知道的束雲章和雍興實業公司〉, 《陝西文史資料》 17輯. 陝西人民出版社, 1986. 1.
______. 〈我所知道的束雲章〉, 《工商經濟史料叢刊》 4輯. 1984.
徐耀祖 · 李鴻業 等, 〈記我國棉業專家吳味經先生〉, 《蘇州文史資料選輯》 10輯. 1983. 6.
翁文灝. 〈回顧往事〉, 《文史資料選輯》 80輯. 中國文史出版社, 1982.
范澄川. 〈我在湖南,青島從事紡織事業回憶〉, 《工商經濟史料叢刊》 1輯. 文史資料出版社, 1983.
資耀華. 〈國民党政府法幣的崩壞〉, 《文史資料選輯》 7輯. 1981.
龔春園. 〈解放前上海的棉花業〉, 《文史資料選輯》 49輯. 中國文史出版社, 1969.
徐崇林. 〈中國中小工廠聯合會在重慶〉, 《四川文史資料選輯》 19輯. 政協四川省文史資料研究委員會, 1979. 9.
______. 〈中國中小工廠聯合會紀錄〉, 《重慶文史資料選輯》 1輯. 政協重慶市文史資料研究委員會, 1979. 6.
顔耀秋. 〈抗戰期間上海民營工廠內遷紀略〉, 《20世紀上海文史資料文庫》 (3). 上海書店出版社, 1999. 9.
傳錫宝. 〈上海敵僞逆産接收查扣保管處理內幕〉, 《20世紀上海文史資料文庫》(2). 上海書店出版社, 1999. 9.
孫笨甫. 〈抗日戰爭時蘇浙皖紗廠業同業公會和原棉委員會〉, 《上海文史資料存稿匯編》 七. 上海古籍出版社, 2002.
汪鴻蓀. 〈舊上海棉紗行業概述〉, 《上海文史資料存稿匯編》 六. 上海古籍出版社, 2002.
陸修淵. 〈參與接管上海中紡公司的回憶〉, 《上海解放三十五週年文史資料紀念專輯》. 上海人民出版社, 1984. 5.

7) 기타 사료

全國商業統制總會. 《全國商業統制總會第一週年工作報告》. 1944. 8.

商會全國聯合會.《中華民國商會全國聯合會紀念刊》. 1948.
潘士浩.《敵僞强拍收買紗布剩余額應否發還之我見》. 大統書局, 1946. 1.
林繼庸.《民營工鑛內遷紀略》. 重慶, 1943. 1.
中國工業經濟研究所 編.《上海紗廠的生産效率問題》(工業經濟調查報告). 1949. 11.
________ 編.《上海棉紡織工業的電力供應問題》(工業經濟調查報告), 1949.11.
_______ 編.《關於新工業政策的檢討》(工業經濟調查報告). 1949. 3.
陳眞.《中國近代工業史資料》3·4輯. 三聯書店, 1961.
上海社會科學院經濟研究所 編.《榮家企業史料》 下册. 上海人民出版社, 1980.
_______ 編.《劉鴻生企業史料》下册. 上海人民出版社, 1981.
_______ 編.《恒豊紗廠的發生, 發展与改組》. 上海人民出版社, 1958.
中國科學院經濟研究所 編.《永安紡織印染公司》(中國資本主義工商業史料叢刊). 中華書局, 1964. 3.
上海社會科學院經濟研究所 編著.《上海永安公司的産生, 發展和改造》. 上海人民出版社, 1981. 6.
裕大華紡織資本集團史料編輯組.《裕大華紡織資本集團史料》. 湖北人民出版社, 1984. 12.
中國社會科學院經濟研究所 主編.《上海市棉布商業》. 中華書局, 1979. 7.
吳岡 編.《舊中國通貨膨脹史料》. 上海人民出版社, 1958.
中央農業部.《棉産工作參考資料》. 1950.
重慶檔案館 編.《抗日戰爭時期國民政府經濟法規》 上·下. 檔案出版社, 1992.
重慶抗戰叢書編纂委員會 編.《重慶抗戰大事記》. 重慶出版社, 1997.
中國第二歷史檔案館 編.《中華民國史檔案資料匯編》 第5輯 第3編(財政經濟). 江蘇古籍出版社, 2000. 1.
中國近代紡織史編輯委員會,《中國近代紡織史研究資料彙編》 第1輯-第12輯(1988-1992).
上海市檔案館 編.《舊上海的證券交易所》. 上海古籍出版社, 1992. 12.
中共上海市委党史研究室 編.《接管上海》 上. 1993.
吳修垣 譯, 馬軍 校注.《從上海市長到臺湾省主席-吳國楨口述回憶》. 上海人民出版社, 1999. 11.
商業部商業政策研究會 編.《建國前后商業工作實錄》. 中國商業出版社, 1988. 11.
上海市檔案館.《日僞上海市政府》. 檔案出版社, 1986. 12.

2. 연감 및 통계자료

吳大明 等 主編.《中國貿易年鑑》. 銀行通訊社, 1948. 1.
美援花紗布聯營處.《全國棉紡織廠調査統計》. 1949. 1.
《中華年鑑》下册. 中華年鑑社. 1948.
國民政府財政部.《財政年鑑》三篇 下. 1948.
陳文川 等 編.《中國經濟年鑑》. 太平洋經濟研究社, 1948. 5. 1.
傅潤華.《中國工商要覽》. 中國工商年鑑編纂社, 1948. 6.
中國科學院上海經濟研究所 編.《上海解放前後物價資料匯編》. 上海人民出版社, 1958.
嚴中平 編.《中國近代經濟史統計資料選輯》. 科學出版社, 1955. 8.
上海市.《中國棉紡統計史料》. 1950.
上海市通志館年鑑委員會.《上海市年鑑》. 中華書局, 1946. 12.
《大陸年鑑》. 1944, 1945.
朝日新聞社.《朝日年鑑》. 1947. 4. 30.

3. 보간 사료

1) 신문

《申報》.
《紗布日報》.
《大公報》(重慶 · 天津).
《經濟新聞》.
《中央日報》.

《新華日報》.
《民國日報》.
《時代日報》.
《文匯報》.
《商報》.

2) 면업방면 정기간행물

《紡織週刊》. 1945-1949.
《中國紡織學會會刊》. 1943, 1944.
《紡織染通迅》. 1946-1950.
《紡織染工程》.
《紡織季刊》.
《紡織建設》. 1947-1949.
《紡織年刊》. 1947-1949.
《棉紡會迅》.
《中國棉迅》.
《棉業月報》. 1947-1948.
《紡織建設月刊》.
《紡建》. 1947-1949.
《棉布月報》. 1947-1948.

3) 기타 정기간행물

《經濟週報》. 1945-1948.
《上海週報》.
《金融週刊》. 1943, 1945.
《東方雜志》.
《財政評論》.
《中國經濟建設》.
《中國工業》. 1944-1945.
《工業月刊》.
《中央銀行月報》. 1946-1949.

《公益工商通訊》. 1947-1948.
《中國建設》.
《中小工聯》.
《觀察》.
《傳記文學》.

4. 단행본

1) 1949년 이전

■ 中文

上海市商會.《紡織工業》. 1948.
《紡織》. 商務印書館, 1947.
中國紡織學會上海分會.《紡織》(胜利特刊). 1945. 12.
吳濟昌.《美援棉花的分配和運用》. 現代經濟通訊社, 1949. 4.
東北物資調節委員會.《纖維工業》. 1948. 2.
《紡織概論》. 上海商務印書館, 1947.
蔣乃鏞.《中國紡織染業概論》. 上海中華書局, 1946. 6.
_______.《中國紡織業概論》. 1949.
張一凡.《紗花布疋交易》. 著作人書屋, 1940. 11.
陳伯達.《中國四大家族》. 長江出版社, 1946. 12.
朱子爽.《中國國民党工業政策》. 重慶, 1943. 8.
中央銀行經濟研究處.《國內經濟概況》. 1944.
譚熙鴻.《十年來之中國經濟》. 中華書局, 1948. 3.
栗寄滄.《中國戰時經濟問題研究》. 華華書店, 1942. 11.
劉大鈞.《工業化與中國工業建設》. 1944. 6.
盧作孚.《戰後中國究應如何建設》. 1949. 11.
湯心儀.《戰時上海經濟》. 1945.
高叔康.《中國手工業概論》. 商務印書館, 1944. 7.
中國工業經濟研究所.《戰時工業管制檢討》. 1940. 3.
榮惠人.《最近商業統制法規及組織》. 上海市商會, 1943. 6.

■ 日文

石濱知行.《重慶戰時体制論》. 1942.

外務省調査局.《戰後における中國經濟》. 1948.

興亞院政務部.《重慶政府の西南經濟建設狀況》. 1940.

河合俊三.《戰後中國經濟の分析》. 慶友社, 1943.

增田米治.《重慶政府戰時經濟政策史》. だいやもんど社, 1943.

中國研究所.《內戰中國の經濟分析》. 同友社, 1947.

2) 1949년 이후

■ 中文

金志煥.《中國紡織建設公司研究》. 復旦大學出版社, 2006. 1.

_______.《棉紡之戰》. 上海辭書出版社, 2006. 12.

吳承明(金志煥 譯).《帝國主義在旧中國的投資》. 高麗苑, 1992.

吳景平.《宋子文評傳》. 福建人民出版社, 1992.

_______.《抗戰時期的上海經濟》. 上海人民出版社, 2001. 6.

劉志英.《近代上海華商證券市場研究》. 學林出版社, 2004. 5.

王菊.《近代上海棉紡業的最後輝煌》. 上海社會科學院出版社, 2004. 5.

杜恂誠 主編.《上海金融的制度,功能與變遷》. 上海人民出版社, 2002. 11.

汪朝光.《中華民國史－從抗戰胜利到內戰爆發前后》第三編 第伍卷. 中華書局, 2000. 9.

劉益涛 等.《二十世紀中國全史 1945－1949》第6卷. 中國青年出版社, 2001. 5.

許滌新.《官僚資本論》. 青木書店, 1953.

中國現代史資料編輯委員會.《抗戰中的中國經濟》. 抗戰書店, 1957. 5.

楊光彦.《重慶國民政府》. 重慶出版社, 1995. 8.

蔣順興 · 孫宅巍 主編.《民國大遷都》. 江蘇人民出版社, 1997.

黃逸峰 等.《舊中國的買辦階級》. 上海人民出版社, 1982.

_______ 等.《舊中國民族資產階級》. 江蘇古籍出版社, 1990. 10.

鄭友揆.《中國的對外貿易及工業發展》. 上海社會科學院出版社, 1984. 12.

史全生 主編.《中華民國經濟史》. 江蘇人民出版社, 1989. 6.

陸仰淵 · 方慶秋 主編.《民國社會經濟史》. 中國經濟出版社, 1991.

沈慶林.《中國抗戰時期的國際援助》. 上海人民出版社, 2000. 10.

巴圖.《國民党接收日僞財産》. 群衆出版社, 2001. 3.
胡素珊, 王海良 譯.《中國的内戰》. 中國青年出版社, 1997. 11.
許維雍 · 黃漢民.《榮家企業發展史》. 人民出版社, 1985.
虞宝棠.《國民政府與民國經濟》. 華東師范大學出版社, 1998. 12.
重慶抗戰叢書編纂委員會 編.《陪都人物紀事》. 重慶出版社, 1997. 5.
黃立人.《抗戰時期大后方經濟史研究》. 中國檔案出版社, 1998. 12.
郭太風.《王雲五評傳》. 上海書店出版社, 1999. 9.

■ 日文

高村直助.《近代日本綿業と中國》. 東京大學出版會, 1982.
中國現代史研究會 編.《中國國民政府史の研究》. 汲古書院, 1986.
姫田光義 編.《戰後國民政府史の研究 1945-1949年》. 中央大學出版部, 2001. 10.
中島太一.《中國官僚資本主義研究序說》, 滋賀大學. 1970.
滿鐵調査部.《支那抗戰力調査報告書》. 三一書房, 1970.

5. 단편 및 논문

1) 1949년 이전

■ 中文

許性初.〈我國後方之戰時經濟〉,《民國經濟史》. 銀行學會銀行周報社, 1948. 1.
王子嘉.〈民元來我國之棉業〉,《民國經濟史》. 銀行學會銀行周報社, 1948. 1.
朱仙舫.〈三十年來中國紡織工業〉,《三十年來之中國工程》. 1945. 9.
龍大均.〈十年來之物資管制〉,《十年來之中國經濟》. 中華書局, 1948. 3.

■ 日文

〈蔣政權の農業建設一,二〉,《東亞》14巻 7 · 8号. 1941. 7. 8.
池上杆德.〈事變下の支那綿業現地報告〉,《大陸と纖維工業》. 紡織雜紙社, 1940.

2) 1949년 이후

■ 國文

金志煥.〈中國 國民政府의 敵產紗廠 처리와 紡織資本家〉,《歷史學報》182輯. 2004. 6.

_______.〈抗戰勝利後 國民政府의 綿業統制政策〉.《東洋史學研究》89輯. 2004. 12.

_______.〈中國 國民政府의 綿業統制와 紡織資本家〉,《歷史學報》188輯. 2005. 12.

_______.〈抗戰勝利後 中國 紡織工業의 原棉問題〉,《東洋史學研究》93輯. 2005. 12.

_______.〈戰後 國民政府의 敵產 接收와 國營紗廠의 성립〉,《中國近現代史研究》28輯. 2005. 12.

_______.〈中國 國民政府의 戰後處理와 일본 기술 인원 留用〉,《歷史學報》193輯. 2007. 3.

■ 中文

金志煥.〈抗戰勝利后國民政府的棉紗布拋售政策研究〉,《安徽史學》2007年 1期.

_______.〈國營與民營之間的取舍〉,《中國社會經濟史研究》2006年 1期.

_______.〈中國紡織建設公司的民營化與股票發行探析〉,《近代史研究》2005年 2期.

_______.〈戰后初期中國紡織工業的發展性質研究〉,《河北經貿大學學報》25卷 4期, 2004. 4.

陸仰淵.〈中紡公司的建立及其性質〉,《近代史研究》1993年 2期.

朱婷.〈中紡公司-國家壟斷資本企業的特征,作用及影響〉,《上海經濟研究》1999年 4期.

吳景平.〈抗戰時期中美租借關係述評〉,《歷史研究》1995年 4期.

黃立人.〈抗日戰爭時期工廠內遷的考察〉,《歷史研究》1994年 4期.

朱秀琴.〈淺譚抗戰期間國民黨政府的經濟統制〉,《南開學報》1985年 5期.

陳昌智.〈抗戰時期的重慶機器棉紡織工業〉,《重慶社會科學》1986年 4期.

史建雲.〈論近代中國農村手工業的興衰問題〉,《近代史研究》1996年 3期.

虞宝棠.〈國民政府戰時統制經濟政策論析〉,《史林》1995年 2期.

孫宅巍.〈國民政府經濟接收述略〉,《民國檔案》1989年 3期.

劉殿君.〈評抗戰時期國民政府經濟統制〉,《南開經濟硏究》1996年 3期.
黃兆康.〈解放戰爭時期我党對民族資産階級及工商業的政策〉,《党史硏究與敎學》1991年 3期.
黎霞.〈舊上海紡織企業簡介〉,《上海檔案工作》1992年 2期.
陳梅芳.〈試論十年內戰時期國民党政府農村經濟政策〉,《中國經濟史硏究》1991年 4期.
許滌新.〈關于舊中國的國家壟斷資本主義〉,《中國近代經濟史論文選》下. 上海人民出版社, 1985. 4.
洪葭管.〈舊中國的通貨膨脹〉,《中國近代經濟史論文選》下. 上海人民出版社, 1985. 4.

■ 日文
川井伸一.〈戰後中國紡織業の形成と國民政府-中國紡織建設公司の成立過程〉,《國際關係論硏究》(中央大國際關係論硏究會) 6号. 1987.
_______.〈大戰後の中國棉紡織業と中紡公司〉,《紀要》(愛知大) 97期. 1992. 9.
_______.〈中紡公司と國民政府の統制〉,《戰後國民政府史の硏究》. 中央大學出版部, 2001. 10.
古廐忠夫.〈戰後地域社會の再編と對日協力者〉,《戰後中國國民政府史の硏究》. 中央大學出版部, 2001. 10.
齊藤哲郎.〈戰後中國の國民政府と民衆運動〉,《中國國民政府史の硏究》. 汲古書院, 1986.
國池一隆.〈重慶政權戰時經濟建設〉,《歷史學硏究》別冊特輯. 1981.
菊池一隆.〈農本局の成立とその役割〉,《大分縣立藝術短大硏究紀要》21卷. 1983.

색인

중국학총서·31

전후 중국경제사

초판발행	2009년 1월 5일
초판 2쇄	2010년10월 5일
지은이	김지환
펴낸곳	**고려대학교출판부**
	www.kupress.com
	kupress@korea.ac.kr
	136-701서울특별시 성북구 안암동
	02-3290-4230,4232
	Fax 923-6311
찍은곳	경주문화인쇄

ISBN 978-89-7641-673-5 94910
ISBN 978-89-7641-456-4 (세트)

값 14,000원

* 잘못 만들어진 책은 바꿔드립니다.